内藤湖南

NAITO Konan

近代人文学の原点

高木智見

TAKAGI Satomi

筑摩書房

内藤湖南——近代人文学の原点【目次】

内藤湖南——近代人文学の原点

天も失敗することがある。
人間に両眼をつける時、大いにその場所を間違えた。
他人を視るにだけ便利で、自分を視るには極めて不便になってしまった。

「両眼」（『内藤湖南全集』二巻三〇四頁）の意訳

序章

今こそ内藤湖南——湖南とは何者か

1　今なぜ湖南か

分かれる湖南への評価

内藤湖南とは何者か。知る人ぞ知るこの人物を紹介するのは、容易ではない。「明治以後における日本屈指の中国学者」と表現しても、伝わることは限られている。そこで本書への入り口として、その生涯を簡単に辿った後、彼に与えられている数々の呼称や形容を列挙し、そのイメージを検討しておきたい。

湖南・内藤虎次郎は、明治直前の一八六六年、旧南部藩領、現在の秋田県鹿角《かづの》市毛馬内《けまない》に生まれる。賊軍・南部藩の敗残兵（累代の儒学者にして地方名士でもある）の子として苦難の中で成長するも、学業優秀にして、二〇歳（数え年。以下同じ）で小学校の首席訓導となる。しかし、青雲の志やみがたく、二二歳で出奔同然に上京。以後、雑誌編集、代筆業務などで売文生活をおくりつつ、学問に精励。その文筆力と見識は当初、郷里の父親と政教社を中心とする一部の人士によってしか理解されていなかった。しかし、旺盛な執筆活動によって、しだいに頭角をあらわし、複数の紙誌で主筆、論説記者を務めた後、三五歳以降、大阪朝日新聞の論説を担当。四二歳で京大創設時のサプライズ人事として招聘されるも、帝大出身ではないため講師で着任、東洋史を講ずる。二年後に教授、三年後に文学博士となる。いわゆる京都支那学の領袖の一人として、めざましい研究業績をあげ、多数の弟子を育成するかたわら、記者時代同様、中国の帰趨・存亡に関する執筆・講演活動を精力的に展開。その活動スタイルは退官後も変わらず、六九歳で世を去るまで続く。

こうした遍歴を写しとるかのように、湖南に対する呼称として、操觚《そうこ》者、新聞記者、ジャーナリスト、漢学者、支那学者、東洋学者、東洋史家、シノロジストなどがあり、その本領である学者・研究者としての側面に着目して、四庫全書の化物、東洋学の不世出の巨匠、東洋史学の開拓者、世界史の未来を先取りした慧眼《けいがん》の学者、支那通、知的巨人などと称されることもある。また、文人的側面に関しては、美文家、無類の能書家、漢詩人、蔵書家、支那書画のコレクター、支那骨董の目利き、支那絵画の鑑定者などの形容がある。

これらの呼称や形容は、いずれも、その語に対応する湖南の一面を、ある程度正しく捉えており、湖南が極めて多面的な存在であったことを示している。しかし同時に、それぞれの語が表しているのは、湖南の一面でしかないという事実も確認しなければならない。

これに対し、評価が大きく分かれるのは、湖南の政治的言説や思想家としてのスタンスを形容する語である。すなわち、日本帝国主義のイデオローグ、侵略的な膨張主義者、日本が中国に派遣した密探（スパイ）など、極めて否定的な見方がある。一方、真の自由人、インターナショナリスト、ユニバーサリストなどは、肯定する立場からの形容である。またアジア主義者、文化的ナショナリスト、開かれた国粋主義者、パブリシスト（政治から距離を置き、公共の事柄について意見を表明する人）、現代の史官などは、それぞれ肯定・否定のニュアンスを含みつつ、湖南に即して湖南を捉えようと試みた結果としての表現である。

一人の人物に対する評価が、これほどまでに大きく異なるのは何故か。端的に言えば、文革中の激烈な孔子批判とその後の掌《てのひら》を返すような過度の「名誉回復」の事例の如く、その人物の実像をありのままに捉えることなく、時代思潮や研究者自身の価値観に基づいての評価（レッテル貼り）に陥っている場合があるからである、と考えざるをえない。

以上、湖南に対して賦与されてきた呼称や形容を総合して検討すると、それらには、ある程度正しくとも湖南の一側面を捉えているに過ぎないもの、あるいは研究者自身の価値観に基づく外側からの評価にとどまるもの、が多いということが分かる。一側面からの観察では、全体像は見えてこない。外側からの理解では、実像を捉えきることはできない。

湖南の実像をあるがままに捉える

必要なことは、湖南の一側面を選び取り、外側から評価するといった作業ではない。湖南が体現しているもの、その全体像・実像を、あるがままに捉え、あるがままに描き出すことである。そのためには、湖南の世界に入りこみ、湖南を内側から観察して、その本質を根源的に理解することに努めなければならない。

本書では、この多面的な知的巨人・内藤湖南を内側から捉える試みとして、その学問と思想の核心部に位置する歴史学と儒家思想に着目し、特にその「面白さ」に焦点をあてて考察を進めていきたい。すなわち、湖南の文章はなぜ面白いのか、湖南はいかにしてそれらの文章を書いたのか、さらにはどうすれば湖南のように面白い歴史叙述が書けるのか、といった単純にして素朴な問題に解答を与えてみたいのである。

このような問題意識のもと、湖南に関する最初の論文を書いたのは、すでに二〇年近くも前のことになってしまった。本書は、同じ観点から、湖南をめぐって書き継いできた六篇の論文を、一冊の書物としてまとめたものである。

今も生きる内藤湖南

本論に入る前に、湖南の学問的業績と研究状況を簡単に振り返り、湖南研究の現代的意義、「今なぜ湖南か」について述べておきたい。

湖南の業績は、筑摩書房刊『内藤湖南全集』全一四巻（一九六九〜七六年）としてまとめられている。簡単な内容構成を掲げて、一瞥《いちべつ》を加えてみよう。

1巻　近世文学史論　諸葛武侯　涙珠唾珠　雑纂
2巻　燕山楚水　続涙珠唾珠　追想雑録
3巻　大阪朝日新聞論説
4巻　大阪朝日新聞論説・雑文　時事論
5巻　時事論　清朝衰亡論　支那論　新支那論
6巻　雑纂　序文　旅行記　韓国東北疆界攷略　満洲写真帖
7巻　研幾小録　読史叢録
8巻　東洋文化史研究　清朝史通論
9巻　日本文化史研究　先哲の学問
10巻　支那上古史　支那中古の文化　支那近世史
11巻　支那史学史
12巻　目睹書譚　支那目録学
13巻　支那絵画史　絵画史雑纂

14巻　寶左盦文　玉石雑陳　湖南文存　湖南詩存　和歌　書簡

Ａ４判で八千頁を超える全集の内容をまとめることは容易ではないが、かつて京都帝国大学教授・羽田亨《はねだとおる》氏が、湖南の遺著『東洋文化史研究』に寄せた序文に、次のように記している。

此の書に収められた諸論だけに就いて考へても、その内容は、縦には殷周の古代から今の民国に亙り、横には政治経済社会民族交通学術美術等、有らゆる分野の題材が扱はれ、その上に加へられた見解は、各々前人未到の域に及び、学識博大の一斑を窺はしむるに充分である（八巻五頁）。

全集一四巻には、湖南の学識の「一斑」ではなく、その「全て」が収められており、東洋の全時代・全分野の題材を対象として、そのいずれにおいても前人未到の見解が打ち立てられている。あらためて羽田氏の総括が、大きな説得力を以て伝わってくる。

この質量ともに膨大な業績を残した湖南の著述人生は、明治二〇年代から昭和初期まで、ほぼ半世紀に及ぶ。大まかに言えば、この激動の時代の前半二〇年は、言論人・新聞記者として、後半二〇年は研究者として、旺盛な執筆活動を続けた。全集は、その成果としての文章五〇〇余篇、著書二四冊を十四巻に分け、ほぼ年代順に、その全体像が体系的に把握できるように、整理編纂されている。やはり大まかに区分すれば、六巻までが新聞記者時代の文章や時局論、七巻以降が京大教授時代の学問論ということになる。

特筆すべきは、死後八〇年を経た人物のこれらの著述が、今なお様々な意味で生命力を保っているということである。この点に関しては、湖南の著述が現在も単行本として次々と刊行され、特に近年では新書版や文庫版として出版され、また、つい先日（平成二八年八月）、全集未収の書簡集（本書第六章参照）が刊行され、それとは別に逸文集の出版計画も進められているということが何よりの証左である。中国においても近年、湖南の著書が以下に挙げるように、続々と刊行され続けている。確かに、国際管理論や満洲国に関する湖南の議論は頗《すこぶ》る評判が悪く、本質においては帝国主義的言説であるとして批判されることもある。しかし他方、湖南の評価が着実に高まってきていることもまた事実である。実際、これらの訳業が批判のための単なる「反面教師」として出版されているわけではなく、その学術的な価値を高く評価したうえでの刊行であることは、序跋や後記などから容易に読み取れる。とりわけ林暁光氏（浙江大学）の手になる『東洋文化史研究』（後掲）の「訳者序」は、湖南の学問を支える観点や思想に深い理解を示している。

『中国史通論——内藤湖南博士中国史学著作選訳』社会科学文献出版社、二〇〇四年（全集五・八・一〇巻）
『燕山楚水——近代日本人中国游記』中華書局、二〇〇七年（全集二巻）
『中国絵画史——日本中国学文萃』中華書局、二〇〇八年（全集一三巻）
『中国史学史——日本中国史研究訳叢』上海古籍出版社、二〇〇八年（全集一一巻）
『内藤湖南漢詩文集——日本漢文著作叢書』広西師範大学、二〇〇九年（全集一四巻）
『日本歴史与日本文化——日本学術文庫』商務印書館、二〇一二年（全集九巻）
『諸葛亮——外国人眼中的中国人』東方出版社、二〇一四年（全集一巻）

『東洋文化史研究』復旦大学出版社、二〇一六年（全集八巻）

このほか「概括的唐宋時代観」（八巻）が、『日本学者研究中国史論著選訳』第一巻（中華書局、一九九二年）に、「清国派遣教授学術視察報告」など全集六巻ならびに一二巻所収の書誌学関係の論考五篇が、『日本学人中国訪書記』（中華書局、二〇〇六年）に訳出されている。

なお、近年、関西大学内藤文庫所蔵の湖南関係文書の整理が精力的に進められており、その成果が、以下の如く次々と発表されている。玄幸子・高田時雄編『内藤湖南敦煌遺書調査記録』（関西大学東西学術研究所、二〇一六年）は、敦煌学の草創期、明治四三年九月に、湖南が京都大学の同僚とともに、北京学部（文部省にあたる清政府の機関）所蔵の敦煌文書を調査した際の目録「清国学部所蔵敦煌石室写経繙閲目録」、ならびに大正一三年にヨーロッパで行った同文書調査の際に利用した董康『敦煌莫高窟蔵書録』の抄録原稿二種を収録している。今後、整理・刊行予定とされるヨーロッパ調査の成果を記録した「十数冊のノート」とともに、いわゆる「トンコイズム（敦煌派）」の領袖であった湖南の調査活動の実態を知るための貴重な資料群である。

銭婉約・陶徳民『内藤湖南漢詩酬唱墨迹』（国家図書館出版社、二〇一六年）は、湖南が、長尾雨山、狩野直喜、小川琢治、さらに王国維、鄭孝胥、張元済など日中両国の名だたる学者文人と応酬した漢詩あわせて二一〇首（同文庫所蔵）を原作状態のまま収録したものであり、書道的な価値も高い。湖南の漢詩のうち、全集未収録の一八首（そのうちの三首は杉村邦彦氏が既に『書論』等で言及しておられる）は、それ自体が貴重な価値を有するが、全集既収録の漢詩も、本書に収められたそれとは字句の異同があり、詩作推敲の過程が如実に分かって、極めて意義深い。これとは別に、中国ならびに日本の文人との往来書信（同文庫所蔵）を収録した『内藤湖南往来手札』も、刊行予定であるという。いずれも、文人湖南の内面世界のみならず、東アジアにおける知識人の文化交流の具体相を示すものとして、かけがえのない資料である。

これらの全集未収文や翻訳書、資料集などの刊行は明らかに湖南研究を飛躍的に深化させ、数多くの論文や研究書が発表されるとともに、関連するシンポジウムや研究会が東アジア各地で開かれることとなった。

日中関係論

以下にはこうした湖南の見解が今なお生命力を持ち続けている具体例として、日中関係論、東西文明関係論、文化論、個別研究、学問論のそれぞれについて、その白眉と思われる部分を引用し、若干のコメントを加えることにする。

湖南は生涯にわたり、日中関係について様々な発言をしているが、その真意は、谷川道雄編『内藤湖南の世界』序説（三〇頁、河合文化教育研究所、二〇〇一年）が指摘したように、「広い意味の文化運動によって、支那人と共同しよう」（五巻五一〇頁）ということにある。湖南は両者のあるべき関係について、「両国国民性の理解と日支親善」（四巻六〇〇頁）なる一文において、相互理解が不可欠であるとして次のように述べている。

両方がその長所短所を理解して、自分の方の標準を以てのみ他を計ると云ふことをせずに、他の方の標準をも互に考へると云ふやうになつて、相互に尊敬心を失はなければ、両国民の交際は茲《ここ》に新しい進歩を持ち来たすことを得るだらうと思ふ。かくの如き点を先づ我日本人が注意すると云ふことが必要であつて、之れは単に支那人の疑懼《ぎく》心を去つて、それに安全を感ぜしめると云ふのみでなく、真に各々の長所を理解して、互に相親しむ感じを起さしめる基礎になるものと思ふ。真の日支親善といふものは、かくの如き所に帰着して始めて永久に成立し……。

親善なるものの本質を喝破したこの発言は、現在の両国関係においても、そのまま当てはまる。両国は、互いの短所については、すでに充分すぎるほど主張しつづけてきた。いま必要なことは、湖南が百年前に直言しているように、互いの価値観の違いに留意したうえで、それぞれの長所を認め合い、相互に敬意を以て共同することでしかない。しかもその場合、まず自らが相手に対して敬意を示さねばならない、というのである。ちなみに、前漢末の思想家・揚雄が「人必ず其れ自ら愛して後、人これを愛す」（『法言』君子篇）と明確に表現しているように、仁愛の心は、君子がまず他者に向けて発動し実践に移すというのが、儒家思想の基本的な考え方である。

東西文明関係論

明治以降の日本や中国が抱え続けている大きなテーマは、西洋文明の受容と自らの伝統文化の保持という問題を、矛盾と摩擦を可能な限り極小化しつつ、いかに理想的に進めていくのか、ということである。現在の言葉で言えば、グローバル化の問題である。湖南は言論人として出発した当初から、この課題と格闘し続け、基本的には、政教社の人々同様、西洋文明なくして日本の将来は有り得ないが、その受容は必ず東洋文化を主体としなければならない、と考え、それは死にいたるまで変わらなかった。したがって全集の諸処に、この問題に関する示唆的な言葉を見ることができる。
たとえば大正一〇年に行った講演「日本文化とは何ぞや」（九巻）では、東洋民族とその文化の将来について、二つの可能性を設定して、それに自ら答える形で「予言」を行っている。二つの可能性とは、東洋民族が滅亡し、西洋人がその東洋文化を吸収して新しい文化を形作る可能性と、東洋人が西洋文化を吸収・融合して、自らの新しい文化を作り上げて民族が永続していく可能性である。これは「余程むつかしい問題」としたうえで、次のように述べている。

今日の現状で、自分の文化に満足せずして、大に謙遜の態度であつて、他の文化を吸収する非常な熱心なる希望を持つて居る民族は、……私は東洋民族がそれであると思ひます。西洋民族はどちらかと云ふと、自分の文化に食傷し、自分の文化に自負自尊心を有しすぎて、他の文化を吸収するところの能力を余程減じて居りはしないかと思ふのでありますが、東洋民族は其点に於て、如何なる難解な、如何なる高尚な文化でも、どこまでも進んでそれを吸収して、さうして自分の文化と之を一緒にしてやつて行かうといふ大きな希望と決心とを有つて居るやうであります。……ここに東西文化融合の希望も達せられるのではないかと思ふのであります。……世界の最も完全なる文化を形作る為には、自分で従来有つて居つた文化の価値を十分に認めて、さうして何処までも其長処を保持して、更に他の長処も十分取入れるといふことが必要であつて、自分の文化に心酔して、他の文化を全く排除するといふことは、決して最良の手段ではないと思ふのであります。

湖南自ら、これは自分の考えの「骨組」にすぎないとしているように、議論がやや単純化されている点は否めない。しかしながら、この大きな課題解決の本質、すなわち自文化の価値を充分に認め、その長所を徹底的に保持したうえで、異文化を排除せず、その長所を取り入れていくという現代世界に最も求められている核心的な立場を、百年前に見事に言い切っている。

文化論

湖南はまた、その該博な知識と独自の歴史認識に基づき、文明批判の意味を込めた発言を行っている。たとえば「民族の文化と文明とに就て」（八巻）では、民族の文化とは、あたかも個人に智力能力徳義のほかに、人品とか教養というものがあるように、「国の富とか強大とか、経済組織、工業の進歩、国民生活の進歩といふことのほかに、民族として特別な教養に類したものを持つて」（同一四四頁）おり、それが即ち民族の文化であるという。さらに、その文化の程度を決める標準としては、「経済状態とか富とかいふものは殆《ほとん》ど論外であつて、むしろ科学、哲学といふよりかも、文芸、芸術といふものが正確な尺度になる」（同一四六頁）とする。

近世文明では、工業の進歩を以て国民の程度の標準とする傾きがあるけれども、その見方は決して正しくない。多量生産を主とする工業は常に人類の個性を滅却する傾きが多いので、人類の真の進歩の主意には適《かな》はない。最後には必ず個性の要求を満たす工業が起こらなければならないのであり、その中間の工業として工芸があり、最後には工芸の手工化を来さなければならぬ。……真の文化生活は、最初の原始生活から出発して、文明の進歩に従つて天然を征服する。しかし天然を征服するといふことが決して真の文化ではない。民族生活の極度のものではない（同一四七頁）。

天然を征服する、即ち人工の極度に出来たものを利用することに満足せずに、更に天然を醇化《じゅんか》するために天然の保護育成を努めることを考へて、人類が選択した最もよき天然と同化して生活するといふことを最後の目的としてゐる（同一五二頁）。

現代文明の状況をふり返ると、湖南からすれば「論外」でしかない「経済状態とか富」が唯一の価値基準となり、「工業の進歩」を以て国民の程度を測るという「決して正しくない」見方にとらわれている。その結果、「個性を滅却する傾き」が顕著となり、「人類の真の進歩の主意には適」わぬ方向に進んでいる、としか言いようがない。この意味において、工芸の手工化や自然との共存を先取りした湖南の見解は、生命力を保っているというより、碩学《せきがく》からの警告、あるいは叱責として受け取られるべきであろう。

個別研究

湖南の学問研究が、とりわけ歴史研究の面においてなお生命力を有する具体例として、直ちに唐宋変革論や加上説（古史伝説の形成に関する理論）、中国文化の波動相互作用発展説などをはじめ、多くを挙げることができる。ここではあまり知られていない例を挙げておく。それは『尚書』金縢《きんとう》篇の史料価値に関する湖南の見方である。この篇は、病に倒れた武王のため、周公旦が祖先神に祈禱を行い、自らの生命と引き換えに武王の延命をかなえられたい、と願った結果、無事に平癒した顚末を記している。『尚書』の他篇に比べ、呪術的色彩が強く、古来様々な評価がなされ、偽書あるいは扱いにくい材料として敬遠されることもある。湖南は、「今日の常識論者は、周公の如き聖人に迷信のある筈なしと言ひ、又金縢が尚書の他の篇と体裁を異にし、長い間のことを前後取揃へて書せる点などより疑ひを挿むが、然《しか》し此の身代りを禱《いの》る事は寧《むし》ろ当時有り得ることであつて、その禱る語も質朴で当時の状態をよく表したものと見えるから、是れは古い伝説によつて記されたものであらう……召誥・洛誥の如く初めからの記録ではないが、相当確実な記録と見て可《よ》からうと思ふ」（一〇巻八一頁）、と述べる。すなわち後世の価値観によってではなく、古代的論理に即して古代を理解しようとする立場に立ち、さらにテキストの成立年代と記載内容の年代を明確に切り離したうえで、信憑性を認めようとしている。

金縢篇に関するこうした湖南の見方は、甲骨文や金文、さらには包山楚簡など戦国簡牘《かんとく》に見える祈禱関連の一次史料と照らしあわせると、極めて妥当である。すなわち両者は、祖先観念、占卜を含む一連の祈禱手続き、祈禱の常套句などの点において、驚くほど一致している。なおかつ、最近、清華大学所蔵のいわゆる「清華簡金縢篇」（本来の篇名は「周武王有疾周公所自代王之志」）が公表され、その内容は基本的に『尚書』金縢篇と一致しており、偽書説はもはや学説史上の意味しか持たないこととなった。

湖南の見方が正確であったのは、決して偶然ではなく、古代の文化や文献に関する総合的大局的な見識に基づいていたからである。そうした見識の一端は、たとえば「尚書稽疑」（七巻）において、先秦古文献の伝承過程に関して次のように述べていることに明確に表れている。

所謂先秦の古書は其の最初編成されてより以後、或は増竄《ぞうざん》を生じ、或は錯脱を生じ、今日現存せる篇帙《へんちつ》（テキスト）が最初のものと異つて来てゐることは、何《いず》れの書にも通有の事実であつて、幾《ほと》んど原形のまゝの者はないと謂ふも過言ではあるまいと思ふ（同九頁）……当時は各学派に在りて後人が段々付け加へてゆくことが自由であつたので、斯《かく》の如き変化は偽作とか竄入とかの意味に解釈されずして、各其学派の学説の敷衍として視られたものである。或意味より言へばそれは其学派の発展であつて、これは其学派の発生した時より其発展の停止する時まで絶えず行はれてゐたものである。それでいづれかといへば九流諸子のごとく学派の発展が早く停止したものは、漢初までに其書籍の付加竄乱が止まつたのであるけれども、長く発展の継続した儒家の六芸の如きは、却つて其移動が其後までも継続したと見られ得るのである（同一〇頁）……先秦古書の批評の方法は古書の中の事実を辿るよりも、其事実の変化を来した根本の思想の変化を辿るべく、それ以外に正確な方法がない（同一二頁）……儒家が時代によつて、門派によつて、思想の変化を来した経路を辿り、其発展の次第を繹《たず》ね、之によつて種々に伝へられてゐる事実の変化をも追跡していつたならば、孔子以後、漢書芸文志までを幾らかの時代並に門派に大別することを得、それによつて其間に起つた六芸伝記などの発展の次第を考ふる事が出来ようと思ふ（同一三頁）。

「古書に対して観察の方法を誤らぬやうにするといふことは余程きはどい業である」（同一二頁）と自覚していた湖南の如上の議論は、一九七〇年代以降における大量の古代文献の出土と研究の深化によって獲られた現在の共通認識と一致している。すなわち従来の古文献の真偽に関する疑古派的な立場が相対化された現在、古代における書物の成立と伝授について、後世とは全く異なる状況がしだいに明らかになってきている。たとえば出土文献研究の権威・李零氏は、その著『孫子古本研究』（北京大学出版社、一九九五年)、『簡帛古書与学術源流』(三聯書店、二〇〇四年)などで、おおむね次のように述べている。

思想や学説が誕生すると、まず口授・筆録で伝えられ、その後、文章として整理され、篇にまとめて篇名が定められ、最終的に書物となる。こうした作業は、一人の思想家の手により果たされたのではなく、それを伝習する学派内部で、多くの人の手により、時間をかけて逐次的に完成された。それ故、伝聞や書写に異同が生じ、複数のテキストが生まれる。時には伝承者が参考した資料や会得した学説の要諦《ようてい》・蘊奥《うんのう》などが付加されることもあり、師の主張と弟子の主張に明確な線引きをすることはできない。したがって古代の書物は、個人の著作ではなく、一つの学派の書物と考えるべきであり、書物の形成過程は、当該学派の存続期間と重なり、その成立年代はかなりの幅を以て考えるべきで、明確に特定することはできない。また同一学派の複数の書物には、伝承過程における継承・影響関係が濃厚に存在するため、個別の書物を取り上げて云々すべきではなく、それら全体をある学派の主張の長期的かつ連続的な伝承の産物と考えるべきである。書中に見える一、二の名詞や人物、事件などからその成立年代を論ずることは危険であり、また成立年代の早晩を以て、書物の真偽を判定する基準とすることもできない。

両者を読み比べると、古代文献の取り扱いに関する湖南の所論は現在でも有効であり、その瞠目すべき先見性を再確認しなければならない。繰り返すが、それは中国文化や文献についての総合的大局的な見識に基づいていたからであり、二〇世紀初頭、湖南がいち早く甲骨文の信憑性を認めることができたのも同じ理由による。

学問論

湖南の学問論もまた多岐にわたるが、現代に生きる我々が、まさに「頂門の一針」として受け止めるべき所説がある。すなわち、学問の目的は本来、人格陶冶にあり、その第一歩は自己認識の目を養うことである、という根本的な主張である。これは、中国古来の考え方であり、『論語』里仁篇に「内に自ら省みる」、『大学』に「其の意を誠にするとは、自ら欺くことなきなり……故に君子は其の独りを慎む」、『中庸』に「反《かえり》みてこれを其の身に求む」、『孟子』離婁《りろう》下篇にも「君子は必ず自ら反みる」とあるように、自らを省みることは、儒家思想が唱える「克己」の不可欠の前提である。一方、『老子』三三章にも「自ら知る者は明なり」とあり、それを敷衍《ふえん》した『韓非子』喩老《ゆろう》篇には、「智の目の如きを憂う。目能く百歩の外を見るも、自ら其の睫《まつげ》を見る能わず……故に知の難きは人を見るに在らず、自ら見るに在り」の如く、まさしく自己認識の困難とその重要性・必要性を強調している。湖南はこうした古典を踏まえ、自らの言葉によって、自己認識が学問の起点であると主張した。

たとえば「昔の知識階級」(六巻)なる一文で次のように言う。学問とは、「官と為るための道具」ではなく、「物の道理に通じ、徳行を養成するだけの者」である。この点を自覚していた昔の儒者は、勤めてこれを守り、苦しんでも悔いず、「寧《むし》ろ隠れて見《あら》はれぬ覚悟」を持っていた。しかし、王朝権力の成立とともに学問が仕官のための「単なる芸」になると、学者の大部分は全く堕落し去る、と論じたうえで、次のように記している。

知識階級なるものは、多く芸が身を助ける不仕合を恥辱と感じない、知識はあつても、自覚のない連中である。人の頭の蠅を逐《お》ふことは知つてゐるが、自分の頭の蠅を逐ふことさへ知らぬ人々である……知識階級なる者の感じの鈍さは、随分驚くべき者である（同二一五頁）。

さらにまた、自己認識の困難に関して以下の如くにも述べる。

汝の双眼が尋常の位置に在りし丈に、己が容色の常に見えねばこそ……顧みて自己の面体恰好《めんたいかっこう》いかにと観よ。其茫然として目を眩《まわ》さざる者、幾ど希《ま》れならん（一巻四七一頁）。

人間の眼は、自分を見るには不都合な場所にあるというアイロニックな言い回しによって自己認識の困難を表現した湖南は、この問題に拘り続け、上引の文章から一〇年を隔てた後、その名もずばり「両眼」なる短文を書き、「造物（万物の創造者）にも失策あり、人間に両眼を賦与するに、頗《すこぶ》る其の処を失へり、人を視るにのみ便宜にして、自ら視るに極めて不便ならしめたり」（二巻三〇四頁）と記している。

ならば何故、こうした湖南の主張が、我々にとっての頂門の一針となるのか。

現代文明が依拠する科学技術（自然科学）の発展は、人類をかつてないまでの繁栄に導き、その恩恵は想像を遥かに超える。将来にわたって、それは確かに必要であろう。しかし、ひとたび今後人間はどこへ向かうのか、我々は何を目標にすればよいのか、といったことを真剣に考えるならば、はたと立ち止まらざるを得ない。

科学文明の加速度的な発展は、それに付随して、より高度な価値判断や倫理性をやはり加速度的に要請する。このことは、再生治療や遺伝子治療の実態を想起するまでもなく、自明である。しかし、この不完全な人間、すなわち神ならぬ身の我々が、新たな未知の展開に対して十全かつ周到な対応ができるとは到底思えない。ましてこれまでの物質文明の進展は、すでに家族や共同体の崩壊、倫理観の喪失、民族ならびに宗教対立、拝金主義・功利主義の蔓延、さらには資源獲得戦争、環境破壊、地球温暖化など、文明化による病理を充分すぎるほど進行・蔓延させているのである。現時点において、いったい誰が自信を以て将来を展望できるのか。

突き詰めて言えば、今、最も必要なことは、この「今」と「自分自身」を絶対視する驕《おご》りを棄て、現代文明の位置と意味、ならびにその中における自らの位置と意味を客観的に見つめ直すこと、すなわち、今をいかに見、何を為すべきかを自らに問い、自身の生き方を明確にすること、つまり自己認識にほかならない。

湖南は上述の如く、学問の第一歩は自己認識であるとする。しかも湖南の自己認識は、歴史認識を踏まえて行われる。すなわち、「数千年来の記録が示して居る所の変遷の中で、最も肝要な一節が、目前に一齣《ひとこま》の脚色として演出されて居る」(五巻三〇六頁)という言葉に表れているように、目前の事象に対し、それを過去からの歴史展開の一齣として見る。同時に、「潜運黙移《せんうんもくい》(潜《ひそ》かに運び黙して移る大勢の流れ)」を把握し、その流れの行く先を「透見」することが必要である(同前)、とも述べるように、現在はまた、将来の展開へ向けた起点として見られる。要するに、現在を、過去から将来へ向かう歴史の流れにおける一通過点として位置づけ、冷静な傍観者として相対視しようというのである。

かくて湖南の学問論の意味も、単に生命力を保っているという表現では足らない。それは、科学技術が我々に要請することになる価値や倫理の問題に対し、的確でより人間性に根ざした判断を下すためには何を為すべきかを明示している指針として、あるいは我々に深刻な反省を迫る教誡として受け取るべきであろう。同時にまた、科学技術と物質文明の進展に寄与するものだけが学問であるとする偏狭で本末を顚倒した謬論が横行する現状において、自己自身を研究対象に含み入れる、すなわち自己認識の学としての人文学に対する力強い激励ともなっている。

今こそ内藤湖南

以上、湖南の著述が今なお生命力を有する具体例を、日中関係論、東西文明関係論、文化論、個別研究、学問論のそれぞれについて見た。概括すれば、湖南の著述は、中国史に関して学ぶに足る数多くの個別的見解を含んでいる。のみならず、中国とは何か、日本とは何か、両者の関係は如何にあるべきか。人類社会はどこへ進もうとしているのか。歴史を理解するとはいかなることか。経世の志と学問はどう関わるべきか。文化の大衆化とエリート主義のより良い関係とは如何にあるべきか、などなど、現代の我々が抱える多くの根本的な問題を明確につかみ取り、先駆的に鋭くまた深く考察している。それらは読み手の問題意識に応じて、教訓、指針、警告、叱責、激励など様々な意味を有する見解として受け取ることができる。だからこそ、今なお読み継がれているのであり、読み継がれねばならない。かくて「今なぜ湖南か」という問いは、「今こそ湖南だ」という確信を導くこととなった。

2　不朽の理由

広範な議論と知的探求心、政治的関心

ならば、湖南の著述が今に至るまで生命力を保っている理由は何か。学問的に、より真理に近い所説として、継承し研究するに足る内容を備え、また政治や社会、さらには文化に関する言説が、現在の東アジア世界における種々の課題解決に当たり、さらには人類社会の将来を考えるに当たり、有効な観点や発想を豊かに含んでいる理由は、どこにあるのか。これに答えることは、「湖南の文章はなぜ面白いのか」という冒頭で述べた私自身の疑問を解くこととも重なる。つまり、面白いが故に生命力を持つと考えられるのであるが、その面白さは、どこからくるのか、何に由来するのか。さしあたって、湖南の学問の特徴について次の諸点を指摘することができる。

第一に、前述の如く、全集の内容構成を一見して分かるように、湖南の考察・認識の対象は、中国ならびに日本を範囲とする政治、経済、社会から学術や美術にいたる一切の現象であり、しかも時間的には古代から現代までの数千年をカバーしている。湖南の学問の特徴は、博大広遠、極めて豊かで多様性に富む議論を包含しており、あらゆる問題をそうした全体世界に位置づけることができたことにある。

第二に、湖南は、日本における甲骨学や敦煌文書研究の草分けの一人、満文文書研究の創始者、中国絵画史ならびに史学史、目録学の先駆者、富永仲基《とみながなかもと》や章学誠《しょうがくせい》といった埋もれた学者の顕彰者といった形容が可能なように、中国学の複数の分野において数々の先駆的な研究業績を残している。それらは、ひとえに湖南が研究者として類い希なる知的探求心と独創性を備えていたことの証である。

第三に、湖南は明治末期から昭和初期にいたる同時代の中国の動向を、上古以来の「潜運黙移」、すなわち中国史総体の展開過程に位置づけて正確に分析・理解したうえで、日本の政治や外交の方針

について踏み込んだ言及を行っている。同時にまた、日本全体の対中認識に大きな影響を与えるような啓蒙的、さらには通俗的ですらある時論や政論を世に問い続けた。これらは湖南が、単なる学究ではなく、現実政治と密接に関わり続ける経世の志の持ち主であったことを示している。

付言すれば、湖南の学問論と時局論は、それぞれ無関係に執筆されたのではなく、一方の深化が他方の深化に寄与するというような相乗的な関係にあった。すなわち東アジアの現実と将来に対する責任を自覚していた湖南は、現実世界を文化総体の歴史に位置づけたうえで理解し、有るべき進路を提言することが、自らの天職である、と考えていた。つまり潜運黙移を正確に認識するための努力が学問的業績として結実し、時局論は、それを踏まえて行われた。逆にまた、時局論の必要性が、学問論における新たな研究対象や分析視点などを生み出すこともあった。

美的表現と自己認識

第四に、湖南の学問の特徴として特筆すべきは、湖南がその生涯を通じて美的表現を追究し続けた詩文作家、書家であり、同時に中国絵画、美術に対する造詣も深く、他の追随を許さぬ鑑識眼を備えていたということである。詩文書画とは、湖南にとって、美を追究する表現者がその内面世界を、生命をかけて言語化、形象化したものであり、そこには、表現者の時代が反映されることが多いと述べている（一巻四一〇頁）。要するに、湖南は、美的価値の創造者でもあり、論理的追求を超越して直観的に美を把捉し、それを形象化することができる能力の持ち主であった。

第五として指摘すべきは、湖南が自らの所説を、典雅で美しく表現し、時に意表を突く表現や譬えを効果的に用い、また絶妙な古典引用によって説得力を増すことができる、達意の文章の書き手であったということである。湖南の文章力については、早くから定評があり、たとえば鳥谷部《とやべ》春汀《しゅんてい》（南部藩士の子。湖南より一歳年上）『春汀全集』三巻（二〇四頁、博文館、一九〇三年）は、「其の格調全く漢文より来ると雖も、亦一種独特の手法ありて、意の到る所筆之《ところふでこれ》に従はざるなく……且つ筆に風雲の気ありて奔放無碍《むげ》、朗々として誦すべし」と称え、奥平梅皐《ばいこう》『大阪人物管見』（七八頁、小谷書店、一九〇三年）も、「氏は美文も甚だ旨い、創作と云つて小説を作る人ではないが、兎《と》も角《かく》も叙記写実の文は、優に一家の風標（品格）を備へて、優婉典雅のおもむきがある」と記す。佐々政一『新撰叙事文講話』（目黒書院、一九一六年）は、湖南の著である『燕山楚水』禹域鴻爪記《ういきこうそうき》の一節を選び出し、「萬里の長城を観る」という題をつけ、「叙事文範」の一例として、漱石、露伴、藤村といった名だたる文豪達の文章と並べている。

　第六として最後に強調すべきは、前述の如く、学問の本質を人格陶冶《とうや》とし、自己認識がその第一歩であると考えることが、湖南の学問の最大の特徴であるということである。

　言うまでもなく湖南の著述とは、湖南が直面した学問的、社会的政治的な課題に対し、如上の六つの特徴を「総動員」して出した湖南なりの解答である。それが今なお生命力を保っているということは、解答自体、あるいは解答を導く方法、さらには、それらを背後から支える六つの特徴がいずれも、時代を越えて通用する普遍的な価値を有するまでに高められていたということである。

　以上は、あくまで常套的な議論にすぎない。湖南が保ち続けている生命力とは何か、時代を越えて通用する普遍性とは如何なることか、といった問いは、湖南の読者一人ひとりが自らに発し、自らが具体的に明らかにすべきことでなければならない。本書はささやかながら、その問いへの私なりの解答である。

3　本書のねらいと各章の概要

本書のねらい

冒頭で述べたように、私が湖南の文章に接して最初に感じたのは、なぜ今読んでもこれほど面白いのか、湖南はどのようにして面白い歴史を描いたのか、可能ならば自分もまたそのような歴史叙述を行いたい、といったことである。つまり私にとって湖南の著述の生命力とは、まず、その面白さであり、また、それを生み出した湖南史学の方法論、ならびにそれを学んで自らの歴史研究の糧にしたいと思わせる魅力である。

本書に収めた論文は、いずれもそうした湖南の魅力に、私が動かされ、湖南史学のある側面を明らかにし、それを学び取りたいという意図のもとに書かれたものである。

私が湖南の歴史著述に最初に感じたのは、読者に臨場感を以て歴史世界を体験させ、その時代の人物と接触させ、時代と人間の特質を目に浮かぶが如く生き生きと描き出している、という「面白さ」である。その後、湖南研究を進めていく過程で、それとはやや質を異にする面白さも意識するようになった。すなわち、湖南の著述にうかがえる理想に対するひたむきな純粋さ（時に過激で激越な現実批判となる）は、自ずと読者に共鳴・共感の情を興させ、自己反省の契機として受け取ることができる。そのような時に感ずる粛然とした一種の爽やかさ、好ましさもまた、「面白い」という語を以て表現できる。

今の時点でふり返って考えると、湖南が言論人・新聞記者として活躍した早期の文章には、二種類の面白さのうち、後者の、すなわち粛然とした爽やかさ、好ましさとでも表現すべき面白さをより多く感ずる。また研究者時代の文章には、前者の、すなわち歴史世界を臨場感を以て追体験させてくれる面白さをより多く感ずる。

本書第一章、第二章においては、主として早期湖南の著述をとりあげ、読者に内省を迫るような緊張感（面白さ）を持つ理由を、当時の湖南が強く規定されていた孟子の思想に求めた。ついで第三章以降では、研究者時代の文章を中心として、過去の人間や社会をよみがえらせるような面白さを持つ歴史叙述を創造しえた理由について考察した。すなわち第三章では、歴史的特徴をつかみ取る湖南の抜群の感性にその理由を求めた。第四章では、湖南の歴史学を、対象論、史料論、認識論、表現論という四段階に分け、その特徴と形成を全面的に検討した。第五章では、湖南の面白さをその根本において支えるテキスト理解の特徴が、当事者の立場に立って内側から理解しようとする「心知」の能力にあると考え、それをどのようにして獲得したのかを論じた。最後の第六章では、『内藤湖南全集』の収録や著録の基準について史料論的な観点から再考し、湖南の文章を弁別するための最終的な方法は、まさに湖南の面白さを可能にした「心知」によるしかない、と論じた。さらに終章では、湖南の叙述が有する二種類の面白さは、湖南が本質的に儒家の徒であり、文筆において儒家思想の修己治人（己を修め人を治む）を実践していたからこそ生みだされた、と考えた。

各章の概要

以下、各章の内容とその意味について、もう少し詳しく記しておきたい。

【第一章】 本章では主として『大同新報』掲載文に基づき、中国学者・内藤湖南誕生以前の学問と思想の状況について論じ、後章における議論の導入とした。周知の如く、研究者がほぼ無前提に信頼・利用している『内藤湖南全集』には、湖南が執筆した文章の全てが網羅されているわけではない。とりわけ上京してから政教社に入るまでの四年間に執筆した文章に、未収録の割合が高い。たとえば『大同新報』掲載文について見ると、全集「著作目録」に著録された五三篇のうち、実際に収録されたのは一三篇にすぎない。しかも未収録文の多くは、『大同新報』の社説に相当する巻頭文、あるいは同程度の重要な文章である。本章では、それらを主たる対象として、早期湖南の学問と思想の一端を明らかにした。

まずこの時期の未収録文全般に関わる状況、すなわち掲載各誌の概要、執筆文の時代背景となる外交、内政、学術思想文化の一般状況、湖南自身の身辺などについて略述した後、如上の社説に相当する未収録文の特徴や傾向を、四点に分けて記した。この時点の湖南はいまだなお中国を直接の論及対象としてはいないが、文章表現や構想などに、中国文化や古典に対する深い造詣《ぞうけい》が色濃く表れていること。万物を変化の相に位置づけて理解する湖南の歴史認識の方法が、すでにこの時点で確立していたこと。同時代日本における倫理観の喪失に強い危機意識を表明していること。仏教尊崇とそれに基づく耶蘇教《やそきょう》排撃の立場が鮮明なことである。湖南の中国学者としての方向性は、この時期を過ぎた頃に明確になってくる。なお、これらの未収録文を読んだことが契機となり、早期湖南における孔孟思想、とりわけ孟子思想の重要性に気づき、それが第二章につながることとなった。

【第二章】早期湖南の文章は、同時代人から「勁錬雅健《けいれんがけん》」「風雲の気あり」などの語を以て形容されたように、激越で硬派的な側面を有する。読者は読み進めるうちに自ずと背筋を伸ばし、しばしば自らをふり返る契機を得るという意味で面白く身に沁みる。湖南の文章のそうした側面の思想的な由来について考えるため、伊庭想太郎による星亨刺殺事件に関する湖南の議論を手がかりとした。湖南は刺客行為が犯罪であることを認めつつも、それが至誠に基づく限り、必ずしも全否定を以て臨むことはなかった。当時の湖南は、儒家の修己治人説に基づき、理想社会は、士が民を感化することにより実現されると考えていた。理想を希求する士が、先駆けとなって犠牲的行為を行うことによって民を動かし、社会全体を理想実現に向かわせることが不可欠であるというのである。理想を追い求める士を、湖南は豪傑と呼び、現実世界に出現することをこいねがっていた。それ故、地位と名誉の一切を投げ捨てた上での伊庭の行為は豪傑のそれに重なることとなり、全否定はできなかったのである。

こうした湖南の豪傑観は、明らかに孟子に基づく。それのみならず、当時の湖南は、処世観を含め、全体として孟子思想に強く規定されていた。その直接的な理由としては、父祖以来の家学による影響、さらには政教社時代の諸先輩の影響を指摘することができる。加えて歴史的・時代的な理由として指摘すべきは、独立自尊や四民平等など、社会や国家の新たな体制を模索していた幕末維新期の人々にとって、日常的に接する中国古典のなかでは、儒家的理想国家像を明示している孟子こそが、彼らに処世の方針や新たな秩序規範を提供するという意味で、最も依拠するにたる書物であった、という点である。早期湖南における激越で硬派的な側面は、理想実現へ向けての実践を強調する孟子の影響であったのである。

【第三章】 湖南に関して私が最初に書いたのが、この論文であるが、本書では構成上の必要から、この位置に配した。今の時点で読み返すと、様々の点において不備が目立つ習作であると言わなければならない。しかし、私の湖南研究の方向はこの論文の執筆を契機として明確化したのであり、湖南の文章の面白さにこだわり、湖南史学の特徴を全面的に理解・把握して、自らの糧にしたいという思いは、現在まで変わらない。

この論文は、湖南に対する三つの素樸な疑問を出発点としている。湖南の文章は、なぜ「面白い」のか。なぜ、中国史を通史として認識しようとしたのか。なぜ、富永仲基や章学誠など埋もれた学者を発掘できたのか。これらの疑問に対する解答を得るため、湖南の歴史認識の特徴と背後にある思想について考察した。

湖南の歴史認識の特徴とは、自らを含む一切万物を、その発生から消滅に至る展開過程に位置づけて、すなわち変化の相において認識しようとする点にある。そのような目を以て歴史に臨む湖南には、それぞれの時代の歴史的特質や対象の歴史的意味を明確なイメージを以て把握することが可能であった。したがって湖南の歴史叙述においては、事件や人物が生き生きと「活動」し、時代そのものが鮮明に立ち上がる。これこそ湖南の文章が面白い理由である。また、中国史を変化の相において認識するためには当然、古代から現代までの通史が明らかにされねばならない。さらに、時代の歴史的特質に対する明確な把握は、歴史の流れから突出した天才や埋もれた学者の発掘につながった。

歴史を変化の相において認識しようとする湖南史学の背後には、「始めを原《たず》ね終わりを察する」、「古今の変に通ずる」といった語に象徴される『史記』の歴史認識、さらには一切万物は変化流転の中にあるとする仏教の諸行無常観があると考えた。

【第四章】おおよそ碩学の業績とは、その学問的到達点を学ぶだけではなく、研究の方法や姿勢の面において学び吸収し、自らの方法論を豊かにすることを可能にさせる内実を備えている。湖南自らもまた、過去の第一級の学者の研究法に学び自らの方法論の確立を模索しようとしていたことは、『先哲の学問』などを一読すれば直ちに了解できる。それ故、湖南に対してもまた、湖南の学問を通底する精神や方法を学びとることが必要であると考えられるが、それを実際に試みたのが、本章である。

歴史研究とは、まず研究対象を明確にし、関連する史料を吟味したうえで、解読・分析・総合することによって自分なりの結論に到達し、それを分かりやすく表現するという四段階、すなわち対象論、史料論、認識論、表現論によって果たされる。この点は、面白い歴史叙述を大量に残した天才湖南と雖も、我々と異ならないはずである。そこで湖南史学の研究手法を、それらの四段階に即して、それぞれにおける考え方や技量の特徴を明確にし、湖南がそうした能力を如何にして獲得・形成したのかを考察した。

ちなみに言えば、湖南史学に対する過去の研究は、これら四段階のうち対象論と認識論に関するものが主であり、時に加上説などの史料論が問題とされることもある。しかし湖南史学の本質ともすべき表現論に関する研究は少なく、認識論についての分析も不足している。いずれにしても、湖南史学に対する理解が今なお充分であるとは言えない理由の一つは、これら四段階の一部分に対する評価を以て、湖南史学全体の評価につなげてきたからではなかろうか。それ故、湖南史学の四段階がどのような特徴を持つのかを明らかにし、あわせて私自らの古代研究の立場の確立にもつなげたいと考えた。

各段階の詳細については本論の当該箇所を見られたいが、最終的な結論として、湖南史学を根本から規定していたのは、終生持ち続けた経世意識、対象を冷徹かつ客観的に観察する変化の思想、対象を対象自体の立場に立って捉える異文化理解、より良い表現を求めてやまぬ芸術家としての資質と執念、中国と日本の歴史や文化・学問に関する深い理解と知識、飽くなき知的探求心と学的向上心などである、と指摘した。さらに湖南が、賊軍として破れた南部藩士の子孫であったことが、歴史の中の人間を内側から同情と共感をもって見る視点を獲得させた、と考えた。

【第五章】湖南の学問的業績に対する高い評価に比して、その時局論に関しては毀誉褒貶《きよほうへん》が著しい。それを象徴的に示すものに、「支那人に代つて支那の為めに考へる」という語がある。一般にこの語は、湖南の中国に対する支配の欲求を表しているとして批判の対象とされる。しかし私の考えでは、この語は、湖南の知的営為全般を貫く根本的な姿勢を表現していると理解でき、本章ではそこに込められた真意を探った。その結果、湖南のテキスト理解の特徴は、自らを歴史的世界に没入させ、過去の時代や人物を目の当たりにし、同情と共感を以て観察・思考するという読み方であり、そのように対象を内側から理解する、すなわち「心知」する能力を、湖南は主に書家としての修錬の過程で身につけた、と考えた。この語によって湖南は、自分自身を中国の人々の立場に置き、とりわけ政治を担う人物になりきって、東洋文化の主たる担い手である中国の自立のために考える、という自らの中国文化に臨むスタンスを表明していたのである。この心知する能力こそが、湖南史学の核心にあって、その歴史叙述の面白さを生み出す最も有力な要因である、と今の私は考えている。

【第六章】以上の諸章を含め、私の湖南研究は、全集一四巻の「著作目録」に多くを負っている。湖南の執筆した文章を網羅するうえで、この「著作目録」が最良の拠り所であることは言うまでもない。とりわけ新聞記者時代の無署名文は、これによらなければ、ほとんど知ることができない。ところが、編者の「著作目録」作成作業を改めてたどってみると、その著録基準に疑問とせざるを得ない点があることに気づかされる。本章では、この疑問を契機として、湖南執筆文に史料論的検討を加えた。史料論とは、史料の成立や性格、蓄積、伝承などに関する状況を知悉《ちしつ》することにより、その限界と可能性を明確に認識し、それに応じた扱いができるようにする作業、及びそうした作業に関する考え方を指す。湖南執筆文に対する史料論的検討は、湖南を以て湖南を論ずるための基礎作業として不可避であるにもかかわらず、従来の湖南研究においては、ほとんど顧みられてこなかった。

検討にあたっては、湖南執筆文を、湖南署名文、他者署名の代作文、他者署名の代筆文、無署名文、以上の四種に分類し、それぞれについて、湖南の著作として認めることの可否について考察するとともに、編者による弁別を検証した。編者の弁別は、客観的な根拠によることを基本としているが、それを見出し難い場合など、時には湖南に対する内在的理解に基づく直観によっている。

直観による方法は、本質において、本書第五章で述べた、当事者の立場でテキストを理解しようとした湖南の心知と重なっており、今後、研究者が湖南執筆文に史料論的な検討を加える際にも、効力を発揮すると考えられる。その有効性は、湖南に対する内在的理解の深度に比例して向上するものであり、研究者各自は、努力と研鑽によって湖南理解を一層深め、心知を可能とする前提を確実なものとしなければならない。

なお、本章は、妻・高木尚子との共著である。

【終章】以上の六篇で見たように、早期湖南の叙述に感ずる面白さは、そこに表れた湖南の理想追求の誠実さが、読者に粛然とした自己反省を迫るという点にある。その誠実さは、湖南が儒家（孟子）思想を自らの思想の基盤としていたことに由来する。一方、研究者となってからの歴史叙述の面白さは、歴史的世界に没入し、同情と共感を以て観察・思考する湖南の方法によって、読者もまた臨場感を以て歴史的世界を追体験でき、時代と人間をリアルに感じ取ることができるという点にある。古人の境涯に身を置いて古人を理解すべしという湖南の歴史認識の態度は、やはり儒家の重要な徳目である「恕《じょ》（己の欲せざる所を、人に施すことなかれ）」の実践にほかならない。

このように、内藤湖南の面白さは、湖南が儒家の徒であり、その文筆生活において、自らの信ずる儒家思想を実践していたことに由来すると言える。ひるがえって考えれば、そのような湖南の歴史叙述が、いま注目を浴び面白いと感じられているのは、現代社会に生きる我々が、理想を追求する誠実さと恕の精神を全く顧みないという状況に陥っており、まさにそれらを希求しているからではないか、と思われる。これが湖南の面白さを追究してきた私の現時点における結論である。

以上が、湖南について書き継いできた六篇の概要と結論である。要するに、湖南の歴史叙述の面白さにこだわり、それがなぜ面白いのか、どのようにして生み出されたのか、を考え続けてきたのである。無論これらによって、湖南の著述の面白さとそれを生み出した方法・手段・要因のすべてが完全に明らかになったとは言えない。しかし、碩学湖南の全体像に近づく私なりの方向性は確立しえたと考えている。

【本書の凡例】 なお、六篇のうち既発表の五篇は、単独の論文として執筆したため、本書への収録に当たり、若干の補筆・移動・削除のほか、字句の訂正、書き換えをした箇所があるが、論旨や行文は基本的に初出時と変わらない。そのため若干の重複した記述が見られることは御容赦願いたい。如上の作業で対応できない訂正や補筆、補注などについては、各章末尾に「付記」として記した。本文ならびに引用史料の漢字は、読みやすさの便を考えて一律、現行の新字体とし、難読文字のルビは引用史料にもふった。また引用史料の仮名遣いには変更を加えなかったが、原意を損わない範囲で濁点を加えるなどの工夫をした箇所がある。難解な語句や文章については適宜、注を加え（　）で示した。

第一章

中国学者・湖南の誕生――湖南はいかにして「湖南」になったのか

1　早期湖南へのアプローチ

いささか意外に感じられるが、湖南は当初から中国学者であったわけではない。全集一四巻の「著作目録」を一見すれば直ちに理解できるように、早期湖南の論述対象は日本社会の文化や思想であり、その点は、処女作として発表された『近世文学史論』（一巻）が、江戸の学術思想の変遷を論じたものであることによっても確認できる。したがって早期湖南の文章や経歴は、内藤湖南がいかにしてその学問と思想の基礎を固めたのか、またいかなる経緯から中国学者となったのかという問題を解明・考察するうえで極めて重要な意味を有する。

本章の視点――『大同新報』期の学問と思想

湖南が上京してから政教社に入社する以前、すなわち二二歳から二五歳までの四年間に執筆した文章として、「著作目録」には、あわせて一〇六篇が著録され、そのうちの二九篇が全集に収録されている。しかしこの時期に湖南が執筆した文章は、これら以外にも間違いなく大量に存在する。たとえば『大同新報』時事欄の湖南執筆文に限って見ても、全集編者は第四号掲載の一一篇を著録するのみで、「以後毎号執筆しているが、いま細目を略す」（一四巻六七五頁）という扱いをしている。そこで試みに四号から三一号までの時事欄掲載文を数えると何と約四二〇篇にも達する。そのうち内藤文庫所蔵の『大同新報』に付けられたしるしによって、湖南執筆文と判断できるのは約二八〇篇にのぼり、残りのしるしがない文章の中にも湖南執筆文が含まれている可能性は極めて大きい。同様に編者は、

『万報一覧』時事評論についても細目を省略している。この時期における湖南執筆文のより完全なる収集・精査・弁別は、今後の湖南研究の重要な基礎作業であると言わねばならない。

筆者はかつて内藤湖南研究会による全集未収録文の収集作業に参加し、湖南がこの明治二〇年から二三年に至る四年間に執筆した未収録文を集中的に読む機会を得たことがある。以下、本章では、それらのうち、『大同新報』巻頭の文章（社説）を主たる対象として、その全般的な内容紹介と読後感を解題風にまとめ、早期湖南の学問と思想の状況の一端を明らかにし、また本書における議論の導入としたい。次節では、この時期の未収録文全般に関わる状況、すなわち掲載紙誌に関する書誌情報、執筆文で湖南が論及・考察した諸問題の歴史的背景、湖南の身辺状況などについて略述する。ついで第三節では、上記『大同新報』の社説に相当する未収録文の特徴や傾向を、中国古典に対する造詣、歴史認識、危機意識、耶蘇教排撃の四点に分けて記し、さらに第四節では、この時期の湖南の危機意識に基づく激越なる言辞の一端を見ておきたい。

2　『全集』に収録されなかった早期の論考

掲載紙誌

この時期に湖南の執筆した文章が掲載された紙誌は、『明教新誌』・『万報一覧』・『大同新報』・『江湖新聞』・『三河新聞』の五誌であり、このうち『三河新聞』を除く四誌の編集・発行には、いずれも湖南の庇護者とも言うべき大内青巒《せいらん》が関わっている。

『明教新誌』（隔日刊）は、大教院が機関誌として発行していた『官准教会新聞』（明治七年創刊）を前身とする。大教院とは、明治政府が宗教政策を統括する教部省に設けた機関であり、神官や僧侶に対する教学管理を職務とした。ちなみに湖南は教部省について、「神仏二道の管理をなし、政府の手にて政教の全権を握り、一定の考試を経て官吏同様に宗教者を任命したり」(一巻四七四頁)と述べている。当初、『官准教会新聞』は、神道色が濃厚であったが、明治八年、大教院の解体にともなって大内青巒が主宰となるや、『明教新誌』と改称のうえ、仏教を中心とした宗教全般の時事問題を扱うことになる(明治三四年終刊)。湖南は、明治二〇年八月に上京後、この雑誌の編集によって糊口をしのぐことになった。

『万報一覧』(旬日刊)は、明治一六年の創刊で、新聞や雑誌から重要記事を抜粋して掲載する評論誌であった。湖南がこの雑誌に執筆した最初の文章は、明治二一年一月一五日号「万報一覧改正の旨趣」(一巻所収)である。その後、一月二五日号から編集名義人となるが、同年九月には廃刊となる。

『大同新報』(半月刊)は、大内青巒が組織した尊皇奉仏大同団の機関誌であり、明治二二年三月創刊。尊皇奉仏大同団とは、尊皇の大義により仏教徒は小異を捨て大同団結すべしと主張した国粋主義的仏教団体である。湖南は、明治二二年四月から『大同新報』の編集に携わり、二三年七月の廃刊まで、極めて多数の文章を執筆している。注目すべきことに、『全集』一四巻「著作目録」は、あわせて五三篇の『大同新報』掲載文を著録しながら、実際に『全集』に収録されたのは一三篇にとどまる。『大同新報』掲載文の未収率は、他誌掲載文のそれに比べ顕著に高く、これについては、後文で若干の私見を述べることとしたい。また、上述の如く「著作目録」に未著録の文章も、多数にのぼる。

『江湖新聞』(日刊)に関して、『全集』一巻「あとがき」では未見とされているが、同紙の沿革・内容については、西田長寿『日本ジャーナリズム史研究』(二一五頁、みすず書房、一九八九年)に詳しい。それによれば曹洞宗の機関誌として、明治二三年二月に創刊。資金難により立憲自由党に譲渡され、同年一〇月一七日に同党機関誌となり、一二月に『立憲自由新聞』と改称される。『江湖新聞』時代の主筆は、三宅雪嶺であり、寄稿者として杉浦重剛、志賀重昂《しげたか》、陸羯南《くがかつなん》、長沢別天、大内青巒らが名を連ねている。

『三河新聞』(日刊)は、第一号が明治二三年一〇月に現愛知県岡崎市で発行された言わば地方の小新聞である。その前身紙や湖南がわずか三カ月ではあるが主筆として関与した経緯については、『全集』一巻「あとがき」に詳しい。

歴史的背景

この時期、帝国日本は維新当初における混乱状態を脱し、ようやく軌道に乗り始めようとしていた。しかし明治十年代における性急な新秩序形成の試みは、欧化主義・国家主義の面で行きすぎであるとして、国粋主義・平民主義による揺り戻し(湖南のいう反動)を引き起こしていた。矛盾がとりわけ先鋭化したのは、条約改正と立憲政治確立の課題においてであった。

まず対外的には、外相・井上馨は条約改正を意識して鹿鳴館舞踏会に象徴される極端な欧化主義を採るとともに、領事裁判権の撤廃と引き替えに外国人法官を任用する案(あわせて外国人の内地雑居を認める)を進めた。これに対し国論は沸騰し、憤慨した農商務大臣・谷干城《たにたてき》が辞職するなど、国粋主義者や民権主義者の猛烈な反対にあって井上が挫折したのは、明治二〇年である。その後を承《う》けた外相・大隈重信は、外国人法官を大審院に限って任用する案(あわせて外国人の土地私有を認める)を提出したが、やはり反対派の爆弾テロに遭って失脚。その結果、黒田内閣が総辞職し、第一次山県内閣が成立したのは明治二二年末であった。

内政では、内閣制度の創設や官制改革、地方自治制(市町村制)の制定・公布に続き、明治二二年二月には伊藤博文、井上毅《こわし》らが中心となって作成した帝国憲法が、新設枢密院の議を経て発布された。その発布当日、国家主義・欧化主義的な立場から学制改革に邁進した文相・森有礼が暗殺されている。二三年七月には、第一回衆議院選挙が実施され、諸党派の合流後、いわゆる民党側が過半数を占めるなか、同年一一月に第一回帝国議会が召集される。また、自由民権運動の昂揚と過度の欧化主義に対する反動として、国家主義的国民教育を推進するための教育勅語が発布されたのは、二三年一〇月である。なお、湖南のこの時期における何篇かの文章に直接関連する背景として付言すれば、当時の選挙法では、政教分離の観点から、神職や僧侶には被選挙権が与えられておらず、普通選挙法が成立する大正一四年まで、いわゆる僧侶被選挙権獲得運動が継続している。

このような状況の中、在野の動きに目を向けると、明治二〇年には、西欧的な平民主義・自由主義を主張する徳富蘇峰らが民友社を創設し、『国民之友』を創刊した。一方、東洋思想や日本文化の再認識・再評価を唱える三宅雪嶺、志賀重昂らが政教社を創設し、『日本人』を創刊したのは、明治二一年であった。周知の如く、湖南はこの政教社に入社することになる。また、後に大阪朝日で湖南と同僚になる天囚・西村時彦が放蕩三昧の生活をおくるなか、政治と社会の腐敗堕落、行き過ぎた欧化主義などを批判・諷刺した小説『屑屋の籠』を発表して、脚光を浴びたのが、明治二〇年のことであった。

当時の学術界を一瞥すれば、湖南とも因縁ある那珂通世の『支那通史』が明治二一年に刊行されている。翌二二年には東大教授・重野安繹《やすつぐ》が、歴史とは客観的実証主義の立場から帰納的考証によって事実を明らかにするものであるとの主張に基づき、伝説上の出来事や人物の実在を否定する論文を発表し、国学者などから「抹殺博士」として激しい反発を招く。この時、陸羯南も、重野を論駁する「歴史家及考証」なる文章（明治二三年）において、重野の研究は考証ではなく「穿鑿《せんさく》」にすぎず、「尽く書を疑はば書なきに若《し》かず」と『孟子』の語をアイロニックに改変して談じている。その後、東大教授・久米邦武が、重野と同様の立場の論文「神道は祭天の古俗」が天皇制の忌避にふれたとして免職処分となっている。

湖南の身辺状況

一八六六年生まれで、帝国日本と年齢をほぼ等しくする湖南も、この時期には、人生を軌道に乗せようと模索していた。政教社入社後、その状況をふり返って、「思ひ出づれば六年前、家郷を辞して出京候節は、身に三月の蓄《たくわえ》もなけれど、気は張弓《はりゆみ》の岩をも透すべき勢にて……且つ食ひ且つ学ぶことを得しも更に難儀とも思はず、只だ前途赫々《かくかく》の希望を目あてに猛進して傍目もふらぬさま、我ながら勇ましかりしなり」と回顧し（一巻六一六頁）、上京後一年あまりを経た義兄宛の書信では「私も大学へはひるつもりに御座候」（一四巻三八〇頁）と青雲の志を明かしている。その一方、上京以前に赴任していた小学校の教え子宛の書信には、自分がこれから入ろうとしているのは、「各種社会中最も繁雑に最も匆忙《そうぼう》に最も多難なる」社会であるとの不安を漏らし（六巻一六五頁）、また未収録の「為之《これをなすを》奈何《いかん》」（『大同新報』一一号）でも「都門煩熱、紅塵《こうじん》百丈の裏《うち》に頭を埋め（喧騒と熱気に満ち、俗塵が立ちのぼる大都会に身を置きながら）、矻々《こつこつ》として書を読み、当世の務を察し、国家に力を効《いた》さんと欲」している自身について、徒労・僭越の所業ではないか、筆を棄て帰農すべきでないか、と心の揺れを吐露している。

しかし学問への志向は一貫して変わらず、とりわけこの時期における精進には鬼気迫るものがあった。『上野理一伝』（四四二頁、朝日新聞社、一九五九年）によれば、「なりふりも、食事すらも構って居られない、というほどの熱心さで、遮二無二、新しい書物を読み漁った。それはもう単に仏典の研究や、仏教論の討議などという狭い世界ではなく、そこから発展して東洋思想に及び、ヨーロッパ思想に及び経済学、文学、史学にも及んだ。書は天稟《てんぴん》といわれたが、書道の学理的追求も早くから手がけていた」。さらに英語学校にも通うなど、すさまじい勢いで精進していた。

【七人の先輩】そうした努力は、大内青巒以下、西村茂樹、志賀重昂、三宅雪嶺、杉浦重剛、高橋健三、陸羯南などが与えた環境や刺激が触媒となってより一層進み、湖南の学問・思想をさらに深化させたに違いない。これらの人々は、いずれも明治日本を代表する言論人にして、第一線の学者・知識人であり、当時の思想界に多大な影響を与えていた。湖南は彼らを通して、哲学や思想などの人文諸科学のみならず、自然科学も含めた学問の最前線に直接ふれることができたのである。なおかつ彼らは、いずれも日本という国家や社会のあり方に自ら責任を感じて行動する経世の士であり、湖南は「諸先輩が国士をもつて自ら任じて苦労をする状態、それから当時の先輩達が政治に対して極めて純粋な考えをもつてをつて、今の政治家などに見られない態度であつたことを」（二巻七四三頁）間近で観察する機会を得ていた。

加えて湖南は、彼らの代筆をつとめている。言うまでもなく代筆とは、著者の思索過程を本人と一体となって経験し、本人に成り代わって客観的に表現する作業である。著者の思想や学問を学び取るこれ以上の機会はない。本書第五章で述べるように、そうした代筆作業は、依頼者の思想に肉薄する能力、言い換えれば、当該人物（認識対象）と同じ立場に立ち、同情と共感を以て理解する「心知」の能力を養い、それが、やがて碩学湖南の学問を特徴づける基本的な認識姿勢となった。

上京後の湖南を庇護し教え導く一方、いわば若き同志としての湖南に一目《いちもく》を置きもした上掲の大内以下の人々から湖南が受けた学問的・人間的な影響は、計り知れない。彼らと湖南の年齢差は、西村三八歳、大内二一歳、杉浦一一歳、高橋も一一歳、陸九歳、三宅六歳、志賀三歳であった。彼らの主張は、西洋文明の受容なくして日本の将来は有り得ないが、その受容は必ず東洋文化を主体としなければならないという点で共通し、湖南もまた同様の主張を展開していた。当時の湖南は、傑出した庇護者や先輩達を中心として、同じ雑誌・新聞に集う同僚や後輩達とともに、極めて理想的な一種の学問共同体を形成し、知的刺激と思想的緊張感の中で互いに切磋《せつさ》琢磨《たくま》していたのである。この時のたゆまぬ研鑽と蓄積が、明治以降第一の中国学者とされる内藤湖南の揺るぎない素地を築いたことは間違いない。以下、湖南に大きな影響を与えたと考えられる人々の人となりと言説を簡単に見ておきたい。

【西村茂樹】まず、上京直後の湖南に対し「東西道徳の長短、我邦の倫常の標準などに就きて、その経験深き高見」を説いた西村茂樹は、幕末に佐倉、佐野両藩の藩政に関わり、維新後は文部省で教科書や辞典辞書ほかの編纂業務の統括にあたった。安井息軒や海保漁村から漢学の神髄を学び、さらに佐久間象山から富国強兵の手段としてではなく、西欧文化自体を学ぶ必要を教えられた西村は、維新当初、西欧文化の普及・啓蒙につとめ、『万国史略』など多くの歴史書を訳述し、加えて経済学、教育史、天文学、地理学、倫理学などの訳書も刊行した。しかし西洋文化に対する深い認識は、東洋思想の特質をより明確に理解させることになり、特に「東西国体人情の差異あるを弁ぜず古来我邦に行はれし、忠孝の教を棄てて西洋の権利義務の説を用」いようとしている風潮を憂い、道徳教育の振興を志す。明治二〇年、政府による欧化主義が頂点に達したともいえるこの年、頑迷固陋の譏《そし》りを顧みず、『日本道徳論』を刊行して、知行を重んずる東洋の儒学と真理を究める西洋の哲学とを兼採して日本道徳の基礎とすべしと主張した。

【大内青巒】 湖南はその死の直前、若き日の庇護者・大内青巒に対して、「余の如き衰病の遺弟」と称し、また「一生公私の事、先生の庇蔭《ひいん》を蒙らぬことなかつた」、「余が大法に於ける多少の知解は、先生の此等の教訓で一生受用不尽である」（二巻七二〇頁）、と述べている。仙台藩士の子として生まれた大内は、出家した父の影響もあって深く仏教に傾倒し、近代日本仏教の再興に寄与した。明治初年の廃仏毀釈や十年代の極端な欧化主義により、衰滅の状況にあった仏教を救うため、布教啓蒙活動、雑誌公刊、教育機関の設置、尊皇奉仏大同団の結成など、数々の社会運動を実践した。湖南が大内の一生を総括した「藹藹《あいあい》居士大内先生碑銘」（一四巻）によれば、大内は明治仏教の変遷について、明治一二年までを「弁護期（廃仏に対する）」、次の一〇年を「破邪期」、その次の一〇年を「顕正《けんしょう》期」、明治三三年以降を「新仏教期」との区分をしたが、これは教法の起伏消長を言い当てるとともに、大内自身の仏教に対する関わり方を示しているという。さらに大内の学問について「渉覧潜思し、心に其の意を知る。故に其の道に於けるや、枝蔓《しまん》を芟刈《さんがい》し、直ちに本源を見る」（同前）とも記している。すなわち、事物の末梢を突き抜けて、その本源を見るためには、「渉覧潜思し、心に其の意を知る」ことが必要であるとしているが、これは本書第五章で詳述する湖南自身のテキスト理解の方法「心知」と重なっている。仏教信仰の問題ともあわせて、湖南理解のうえで、大内との関係は重要な位置を占めている。

【杉浦重剛】 後に教育思想家として知られることになる杉浦重剛は、イギリスで化学を学んで帰国し、東大予備門で教育・指導に携わった後、読売新聞に論説を寄稿しつつ、国粋運動の重鎮として、政教社にも深く関わった。その杉浦が明治二〇年に刊行した『日本教育原論』の主旨は、日本の教育の基礎は「古来日本人に特有なる精神を保存する」ことで、「外国の風俗文物制度を習熟すればする程に益々此事の必要を感ずるなり」と述べている。また翌二一年には、自らも創刊にあたった雑誌『日本人』第一号所載の「日本学問の方針」で、西洋のすぐれた学問を採り入れると同時に、日本の学問の長所を伸張させる必要を説き、同じく「日本学問の前途」では、日本固有の事物を西洋理学の方案で研究するならば、「世界の学問社会に利益を与ふる」などと主張した。教育学者・海後《かいご》宗臣《ときおみ》は、杉浦重剛と上述した西村茂樹の教育思想を取りあげて、彼らが東洋思想を顕揚したのは、その残滓を維持するためではなく、「今迄には存在しなかつた目途に役立」てるためであったとしている。

【高橋健三】つぎに高橋健三に対し、湖南は「臥龍《がりゅう》」、「真士夫の風格を具へたる者」、「一代の偉器」と呼んで敬意を示し、また読書と芸術の双方に精通したその学問についても、世俗学者とは異なり「思想乾枯の通弊」に陥っていないと称えている。高橋は、東大中退後、政府の広報ならびに情報機関である官報局につとめながら、明治二二年、杉浦重剛とともに国粋運動の領袖として、かつての部下・陸羯南の『日本』発刊を助ける。ほぼ同時に、旧知の岡倉天心と日本美術の伝統を鼓吹する美術誌『国華』を創刊。ちなみに、この時、『国華』の編集に当たったのが、東大古典講習科を卒業したばかりの長尾雨山であり、周知のごとく長尾は、湖南と親交を結び、最晩年に至るまで学問や詩文書画の面で切磋琢磨を重ねている。高橋はその後、明治二五年に退官し、翌二六年には湖南を引き連れて大阪朝日新聞に入社して論説委員をつとめ、居留外国人の「跋扈《ばっこ》」の状況を伝える『内地雑居論』を刊行し、国会を解散に追い込んでいる。

【陸羯南】陸羯南もまた、湖南が、父親宛の手紙に「次便には陸実氏に就ての考可申上候《かんがえもうしあぐべくそうろう》」と記しており、三宅雪嶺や高橋健三同様、その存在を強く意識していたことが確認できる人物の一人である。陸は苦学の末、司法省法学校に入学するも、退学となり帰郷。その後、地方新聞を経て再度上京し、高橋健三のもと内閣官報局において編集にあたるも辞職し、『東京電報』を経て、明治二二年憲法発布当日に創刊された新聞『日本』の主筆となる。その後、社主も兼ね、十数年間、終始一貫して国粋主義的立場から論陣をはり続ける。その新聞『日本』に寄せた創刊の辞で、「苟も自立の資を備ふる者は、必ず毅然侵すべからざるの本領を保つを要す。近世の日本は、其の本領を失ひ、自ら固有の事物を棄るの極、殆ど全国民を挙げて泰西に帰化せんと」しており、この状況において求められるのは、狭隘なる攘夷論に回帰することでなく、「日本の利益及幸福に資するの実ある」泰西の事物を採り入れ、「博愛の間に国民精神を回復発揚する」ことである、と論じている。

【三宅雪嶺】湖南が、「世間の病弊を見るの眼光鋭きこと実に今世無比なるべし」とたたえた三宅雪嶺は、明治二一年に『社会学』（翻訳）、二二年に『哲学涓滴《けんてき》』、二三年に『論理学』、さらに二四年に『真善美日本人』『偽悪醜日本人』、二五年に『我観小景』を刊行している。このうち二四年以降の三冊は、各書の「凡例」によって湖南の代筆であることが分かる。また『哲学涓滴』は、凡例に「単に学説を叙述する所は往々他に筆記を依頼せしことある」とあり、湖南か否かは不明であるが、やはり一部は代筆になる。その書中、「嗚呼《ああ》東洋哲学、爾《なんじ》久く垢塵《こうじん》を被り、髪乱れ頬黷《けが》る、方《まさ》に鏡を把《と》て新粧し、花顔笑《えみ》を帯びて寰区《かんく》（全世界）の観者《みるもの》を悩殺せんか……我国仏教にて印度に踰越《ゆえつ》し、儒教にて支那に対抗すれば、若し欧洲の哲学を考究し、転じて修行の法則を完備するに於ては、哲学に関して世界の中心たるを得ん……我国儒教を伝ふる久し。仏教を伝ふるも久し。若し泰西の哲学を注入し、渾然和合して新たに進化開達するに及びては、東海に於て宇内第二十世紀の哲学界を支配するを得ん」と論じている。

【志賀重昂】湖南が父宛の手紙に「想像極めて大なる人物にて、将来の事に達識あり」と記した志賀重昂は、東大予備門、札幌農学校を経て、中学教員を務めた後、海軍練習船に乗じ、日本周辺ならびに南太平洋における西欧列強による帝国主義的侵略を実見した。その見聞録『南洋時事』は、明治二〇年に刊行され、そこでは日本の南洋進出の必要性を説くとともに、列強と競争しこれを防禦するためには、支那と「協同連盟」することが必要であると述べている。この時期の志賀は、生物進化の原則をはじめとする自然科学的認識を重視し、あわせて地理学にも造詣が深く、一切の人文現象は自然地理的条件によって説明できると考えていた。それ故、日本の近代化は、日本文化の内発的な展開により果たされるべきであるとして、欧化主義に反対、国粋保存を唱道することとなり、政教社創立、『日本人』創刊に中心的な役割を果たした。当初は『日本人』の事実上の主筆として、政府と厳しく対峙《たいじ》し、無署名で執筆した論文が発行停止処分の原因になったともされている。

3　未収録文に見える湖南の思想的原点

さて、後年の湖南の著述を念頭に置く時、この時期の未収録文全般にわたる特徴として指摘すべきは、中国を本格的直接的な考察・論及の対象とした文章が皆無だということである。確かに、中国古典からのおびただしい引用やそれに基づく発想は容易に指摘できる。しかしこの時点では、なお未だ中国文化は直接的な論及対象とはなっていない。また全体にわたり、仏教的な無常観に満ちた文章が多いだけでなく、仏教の護持喧伝、さらには仏教の立場からの激しい耶蘇教批判が目立つ。そうした文章は、この時期を少し過ぎて以降、ほとんど見られなくなる。無論、それは湖南が仏縁を絶ったことを意味するわけではなく、仏教を言説の対象としなくなったにすぎない。以下には、未収録文に見られる特徴として、四点を指摘しておきたい。

中国古典に対する造詣

第一は、中国文化や古典に対する深い造詣に基づく文筆力、さらには構想力である。湖南の思想の背景に中国文化や古典の豊かな造詣があることは改めて指摘するまでもないが、この時期すでに完成の域に達していた能力が遺憾なく発揮され、随所に中国古典の引用やそれに基づく表現・発想が見える。

まず、中国古典に見える語を直接、文章の題名とすることも少なくない。「国家の将《ま》さに興らんとする必ず禎祥《ていしょう》あり」(『大同新報』五号)は『中庸』、「殷の鑒《かがみ》遠からず」(九号)は『詩経』大雅・蕩篇《とうへん》、「為之《これをなすをい》奈何《かん》」(一一号)は『漢書』賈誼伝、「一言而喪邦《いちげんにしてくにをほろぼす》」(一三号)は『論語』子路篇、「至誠而不動者未之有也」(一四号)は『孟子』離婁上篇が典拠である。

また文章の要所において、しばしば慣用句やそれに基づく表現を効果的に用いている。たとえば「再び候補を論ず」(二九号)は、第一回衆議院選挙にあたり、候補者に対し「議員の任に当たるの覚悟」を説く文章である。論点は明確であり、代議士は選挙民の利益代表ではないこと、政党は政見や主義によって組織されるべきで感情や私情により団結・離合してはならないこと、候補者は他者を攻撃するよりも自ら自覚・反省する必要があること、などを訴えている。文中、とりわけ目立つのは、

「恒産なくして而も恒の心あるの節を持する者、落々として晨星《しんせい》の如し（安定した物質的条件がないなか、恒に理想を貫く節義を持つ者は、寥寥《りょうりょう》たること暁の星の数のようである）」、「造次《ぞうじ》の際も仁に離れざらんは、君子もこれを難《かた》んず（緊急事態にも仁の心を見失わないことは、君子もまた困難であるとする）」、「人を正しうする者は、先づ己を正さざるべからず。人の私を責めて之を公ならしめんと欲せば、我自ら公にして始めて可なり（他者を正しく導こうとする者は、その前に自らを正しくすることが求められる。他者の私心を責めて公心を起こさせようとすることは、自分が公心を持つことができた後にようやく可能になる）」といった語である。これらはそれぞれ、『孟子』梁恵王上篇、『論語』里仁篇、『論語』子路篇に基づく。当時における読者層の漢学の素養を考慮すれば、こうした語句の引用が説得力を格段に向上させたことは疑いない。

　同様の例はまさに枚挙に暇がないが、中国文化についての学識を縦横に用いている例としていま一つだけ挙げておきたい。たとえば「不怒則笑之矣」（一五号）では、時代の潮流や文化の変動に関する先見の明の持ち主は、しばしば同時代に受け入れられないばかりか、社会から総攻撃を受け、狂人や痴人扱いされるとして、「林子平海防を談ずれば、俗吏其の妖言世を擾《みだ》すを咎《とが》む、天津橋上の杜鵑《ほととぎす》は、唯《ただ》康節先生のみ其乱兆なるを知る、荆公（王安石）の垢面《こうめん》蓬髪にして人情に近からざる、老蘇の明独《ひと》り之を洞看するなり」と述べている。

　すなわち江戸・寛政年間、林子平が『海国兵談』を著し海防の必要性を唱えると、世を惑わしたとして幕吏に咎められたことに続け、中国宋代の王安石登場に関わる二つの逸事が挙げられる。まず北宋の易学者である康節先生・邵雍《しょうよう》は、洛陽の天津橋で洛陽には生息しないはずの杜鵑の鳴き声を聞き、そこに天下の乱兆を認め、王安石の変法を事前に察知したとされる。ついで老蘇・蘇洵《そじゅん》もまた、「微を見て著を知る」、すなわち微かな前兆から、事態の顕著な成り行きをうかがい知る具眼の士であり、王安石の身なりや容貌を全く顧慮しない程度が尋常ではなく、人としての情を失ってすらいることを見て、将来、「大奸慝《かんとく》（悪事）」を引き起こすに違いない、と先見したとする。二つの逸事の典拠は、前者は『十八史略』巻六、後者は『古文観止』巻一〇であり、決して稀覯書を博捜して論拠を挙げているわけではない。しかし、興味深い事実が歯切れの良い漢文調でリズミカルに挙げられており、読者は文意の妙とリズムに引き込まれ、湖南の主張自体に納得させられてしまう。

以上のように中国古典に対する深い造詣に裏付けられた湖南の文章が、同時代に如何に評価されたかについては、鳥谷部春汀「当今の時文家」（『春汀全集』三巻二〇四頁、博文館、一九〇三年）に、示唆的な記述がある。曰く、『大阪朝日』に於ては、内藤湖南の文観るべし。其の格調全く漢文より来ると雖も、亦《また》一種独特の手法ありて、意の到る所《ところ》筆之《これ》に従はざるなく、夫《か》の生硬未熟なる漢文崩しとは固《もと》より其の撰を異にせり。且つ筆に風雲の気ありて奔放無碍《むげ》、朗々として誦すべし、最も青年輩に悦ばるべし、と。

歴史認識

第二の特徴は、目前の状況を、過去から未来へと続く歴史変化の相の中に位置づけて分析し理解する、という認識方法である。この時期の執筆文によれば、遅くとも明治二三年、湖南二五歳の時点ですでに、「歴史」が世界を認識する方法となっていた。

たとえば、「反動の大勢」（『大同新報』二〇、二一、三一号）なる一文では、現在および将来を大局的歴史の流れに位置づけて見ようとする立場を、次のように明確に論じている。「正当の序を逐はゞ、先づ建国以来幾千年の変遷を推して、而る後今時の状態に及ぶべきなり……姑《しば》らく近時の状態に就て、観察し、分析し、而して其変遷の次第、進路の脈絡を繹《たず》ね、遂に現時の世態が生ずべき将来数年の世態を予想して、国家社会の事を以て自ら任ずるの士に注意を促さんとす。かくて都合よくば、希《ねがは》くは更に既往数千年の変状を添へ説て、以て現時の状態と相関渉する所以を略論《りやくろん》すべし」（二〇号）、「大勢の運行、皆一定の規律あり、整整然として動くが如し、人自ら知らざるのみ。……かかれば人間は何如に其霊異を誇るも、個人として社会の大法を明にすること、至難の事たる也。宜《むべ》なり大勢の運行、潜運黙移して、人未だ曾《かつ》て其端倪《たんげい》を究むること能はざるや。唯慧眼《けいがん》の者、其心《こころ》天地の妙機に通じ、因て以て直ちに宇宙の玄理と語を接するを得るのみ」（三一号）。

　こうした記述は、四半世紀を経て四九歳となった湖南が『支那論』緒言に記した印象的な表現を直ちに想起させる。「今日支那を統治すべき最善の政策は、その国情の惰力、其の国土人民の自然発動力が、如何に傾いて居るか、ドチラへ向つて進んで居るかといふことを見定めて、それによりて方針を立てるより他に道あるべしとも思はれぬ。此の惰力、自然発動力の潜運黙移は、目下の如く眩《まぶ》しいまでに急転直下して居る際に在つても、其の表面の激しい順逆混雑の流水の底の底には、必ず一定の方向に向かつて、緩く、重く、鈍く、強く、推し流れて居るのである。此の潜流を透見するのが、即ち目下の支那の諸問題を解決すべき鍵である……余等の如き歴史を専攻する者に取つては、数千年の記録が示して居る所の変遷の中で、最も肝要な一節が、目前に一齣《ひとこま》の脚色として演出されて居るといふのは、此上もない興味あることである。……試みに目下最も重大視せられて居ると思ふ幾つかの問題を提《かか》げて看て、それを一々かの大惰力、自然発動力の標準によつて見るといふのが、此の小冊子の出来る由来である」（五巻三〇六〜三〇七頁）。

日本であれ中国であれ、「大勢」、「大惰力」、「自然発動力」と表現される大きな歴史の動きをとらえ、その変化の相に位置づけたうえで、すべての事象を理解・分析し、さらにその将来の姿をも見通す、という世界認識の姿勢は、湖南の生涯を通じて変わることはなかったのである。

危機意識

第三の特徴は、日本人の倫理観の喪失に対して強い危機意識を表明していることである。上述の如き認識に基づき、湖南は、当時における過剰な欧化主義の問題点や、日本人は何を大切にすべきかという点について、明白な主張を持っていた。しかも、すでに確立していた経世の志は、日本社会を覚醒すべく、それらを発信せしめないではおかなかった。

まず経世の志の確立については、「僧侶と被選権」(『大同新報』一〇号)に見える、「国家の憂を以て真に己れが憂となす者ありて、自国の歴史を探究し、自国の宗旨を研精することあらば」という語によって明らかである。さらに「反動の大勢」(『大同新報』二〇号)なる一文の執筆理由について、「国家社会が由《よっ》て受くべき向後《こののち》の変化に思はしからぬ事のなかれかしと祈らんとて、爰《ここ》に既往《きおう》に徴し、現在に鑑み、以て将来を推し、益々此の日本の国家をして盛衰興亡の外に超出せしめんとは思ひ」立ったからであり、また「国家社会の事を以て自ら任ずるの士に注意を促さん」とするためと記している。

倫理観に関しては、「国家の将さに興らんとする必ず禎祥《ていしょう》あり」(『大同新報』五号)で、社会が暗黒化していく原因は、「旧秩序」が破壊され、「旧信仰」が奪われたことにある。その結果、「倫常の守りを失ひ、因果の理《ことわ》りを恐れず、曾て気節の何たるをも顧みず、口に美言を吐き、身に醜行を行ひ、以て恥とせざるに至れるなり」と述べる。維新後における西欧文明の受容は日本社会に激変をもたらし、その「採長補短の主義」は次第に「外風崇拝の風」を来たし、単に「用を利し生を厚うする有形上の物質」のみにとどまらず、「国民の元気特質たる内部無形上の精神までも……一にも欧米、二にも欧米、欧米ならでは夜が明けず、国を挙げて欧米に化し、然る後満足せんと」する浅はかにして憐れなる状態になった。それ故、生活が便利になった反面、黙視できないのは「無形精神上の耗費」であり、「其道徳は如何、其気節は如何、其忠君愛国義侠勇武の気象は如何」、「決闘果し合だも一場の戯談として容易《たやす》く申込み、容易く申込まる、世の中、其言論に自ら責を負ふ覚悟ありやと問ふ丈が不粋なり」と嘆いている。

失うべからざる「旧秩序」・「旧信仰」の根底に湖南が見出していたのは、「武人」・「士人」の「廉恥節義」の精神であった。すなわち「再び候補を論ず」(二九号)において、維新政府の権要の地位にいた人々は「多くは武人の教育を受け、廉恥節義の中に成長したる者」であり、彼らが維新に成功しえたのは「武風の尤も盛んに、節義の尤も高かりし結果」と見なしている。「至誠而不動者未之有也」(一四号)でも、条約改正問題で反対派人士に欠落しているのは、至誠の心であるとして、維新直後に政府の方針に異を唱えて割腹自殺した横山正太郎(森有礼の兄)に言及し、その行動は「矯激に過ぎて之を中道と称することは得まじきも、其私に求むるなき潔白公明の心腸《こころね》(心根・心持ち)は、万古を照らして昭々たるにあらずや」と指摘する。さらに「明治四、五年は封建の気習、猶社会の全面に充ち充ちとして、今の文明紳士が野蛮と呼び、未開と笑《う》ふ時代なりしも、士気の充実して正義の為に生命を軽んずるの風は失せざりしに、二十年後の政治論客は己が言に責任を負ふの決心なきこと、かくも欺くべからざる事実なりせば、世人が長足の進歩といふ進歩は果たして何事の進歩とか見るべき」と述べ、江戸の士気、士風に共鳴・共感している。

士人の廉恥に対する肯定は、「再び条約改正を論ず」(一二号)においてさらに明確となり、司馬遷「任少卿に報ずる書」と劉向《りゅうきょう》『新序』節士篇に基づき、士たる者は廉恥を忘れず、自らの節義を励まして覚悟を決めなければならない、と論じられている。特筆すべきは、廉なる行為に対し、「清きこと秋旻《あきぞら》の如く月朗《あきら》かに星輝くなり」と激賞するだけでなく、司馬遷や劉向が示す廉なる行為によって自らの廉恥節義の心を奮い立たせることができない者は「士人の列」には入らない、と湖南が断言していることである。

以上の如く、湖南はその歴史認識と経世の志に基づき、日本人は士人としての廉恥節義を失ってはならないと主張したのである。しかも「正義の光漸《ようや》く明かならんとす」(『大同新報』一七号)では、「大勢」から未来を予測し、「勢極まれば則ち変ず。欧化主義衰へて国民主義之に代り、以て今日にいたりて士風の興隆せしこと復た観るべきあり」のように、士風復興の可能性を指摘している。

湖南は晩年に至っても、「徳義」の確立の必要性を訴え続け、「政治上の徳義及び国是」と題する『支那論』最終章(五巻四〇七~四〇八頁)で、次のように論じている。国家を永遠に安全に存立させるためには、機会主義に陥らず、たとえ一時的に不利益があっても、そのために動揺せず、守る所は十分に守って主義方針を軽々しく変えることのないような徳義を持たねばならない。徳義公道を守る必要があるのは、中国のみならず、世界列国も同様である。こうした議論は、機会主義の政治家からすれば、迂闊な空論としか思えぬであろうが、この中にこそ立国の永遠なる真理が含まれている、と。廉恥節義の重視もまた、湖南の生涯を通じて変わることはなかったのである。

第四の特徴は、仏教尊崇と、それに基づく耶蘇《や》教排撃《そきよう》の立場が鮮明なことである。この点は、『全集』からも明確に読み取ることができる。湖南の仏教信仰を示す文章や語句は、『全集』の諸処に散見している。また「仏教復興の現象」（一巻四九〇頁）には、「人間の性能が真理を認知する力を失はざらん限りは、千万劫《ごう》を経るとも其立言の摩滅すべき期とてはあるべからざるなり……千聖継ぎ起るとも、釈迦如来の言、半句も易へじ」とあり、仏教の不磨を確信していたことが分かる。

仏教への尊崇と確信は、自ずと耶蘇教批判・排撃へと導き、それも『全集』の諸処に見えている。たとえば、すでに一九歳の時点における父親宛の書信（一四巻三五六頁）で、耶蘇宗門などは「中等以下の人を教ふるの道具」であり、西洋人も見識ある者は排斥して信仰しない、と述べている。また『全集』一巻「已むを得ざればなり」（『大同新報』四号）では、耶蘇教徒に対しては、本来、これを感化すべきであるが、現時点では、やむなく「駁邪《ばくじや》の拙手段（邪悪なものに正面から反駁するという拙い方法）」に出て、「其面皮を剝ぎ、正面より痛く之を鞭箠《べんすい》してなりと、速やかに之を矯正してやる」ことが望ましい。「多少理論の解釈を待て、得心信仰」したと考えられる教徒には、懐疑をおこし「浅はかなる信仰」であることを自覚させ、ひいては仏教に対する信仰を生ぜしめるべきである、と述べている。前引「仏教復興の現象」でも、古来、日本の道徳を支えてきたのは仏教であったが、維新により、「欧風の感化」が社会全般に及び「人心を敗壊し、道徳の衰を極」めることとなった。しかし、「一国の元気たる道徳の根拠を変換すること、亡国の前兆なりとは、欧風崇拝の夢醒《さ》めたる人士は皆覚悟せる所にてあり、耶蘇教理の卑賤にして早晩世界道徳の支配権を失ふべきことも率《おおむ》ね聞知りたり」。それ故、「国家の柱とも礎ともなりて日本国の独立を維持せんと志す人は、晩かれ早かれ、仏教の加担人となりて日本道徳元気の維持を図らねばならない」。しかも、欧米社会において道徳維持の機能を果たすことができなくなっている耶蘇教にかわり、日本の仏教こそがその役割を果たす日が来ている、とまで述べている。

未収録文には、如上の『全集』収録文と同一の見解が、仏教尊崇については、より具体的かつ内面的に、また耶蘇教に対する批判や排撃は、いっそう忌憚《きたん》なく激越な調子となって展開されている。まず仏教に関しては、日本文化における仏教の位置を繰り返し明らかにし、それが果たした役割を高く評価している。「僧侶と被選権」（『大同新報』一〇号）では、仏教は単なる宗教ではなく「宇宙の六法を説く」教えであり、あらゆる宗教は「仏教中に包括」されるとし、「日本人の思想と名くべき一の国粋ありとせば、それ必ずや仏教の思想たらん」とまで位置づけている。「文学上仏教の功績」（一八、一九号）では、日本における文学の変遷を通観すれば、「意想趣味の上に於て、仏教が感化を与へたること十に八九」であり、儒教の影響ははるかに浅い、とする。

さらに、その名もまさに「欣求《ごんぐ》生《せい》（浄土に往生することを希求する者）」なる筆名を用いた「青年の学仏者に物申す」（八号）においては、自らの仏教悟得の体験を具体的に記している。「拙生は……性来感じ易きたちにて動輒《ややもすれば》潜思黙考の癖有之《くせこれあり》。嘗て仏教中の一二語を読み、演説説教を聞かぢりて、探究好きの癖《くせ》勃々として興り、寝食を忘れて思之《これをおもう》、思之心《おもうのこころ》を師として工夫すること幾日月。真理の光輝漸く心頭に照り渡り候様にて、其後多少世故を経歴して実験の考へいよいよ加はり、即今にては六十路の阪は尚ほ遠く候へども、耳順の境遇は其庶幾《ちかき》を得ること不少と自信罷在候《まかりありそうろう》也」、と。

未収録文には、篤い仏教信仰に基づく激越な耶蘇教排撃の語を随所に見ることができる。「不怒則笑之」（『大同新報』一五号）では、歴史に照らせば、日本に耶蘇教が適合しないのは明白であるとして言う。「唯々夫《ただただか》の西来の一教、自ら神子と称する増上慢漢が、衆生を下瞰《かかん》して平等の真理を毀《やぶ》る所の宗旨に於ては、頗る相容れざる所あり。至真《ししん》二なし、彼の迷妄の邪見たるは論なし、至善も亦二なければ、彼の尊皇の義に協《かな》はざるや、理の必至なり、是を以て彼れ教徒は、其経典に尊王の語あるを強弁して国躰に妨なきを言ふと雖も、彼れが世界創造の説彼が唯一真神の義、我国史の実迹と我尊王の大義に於て氷炭相容れざるは眼ある者皆之を観るなり。吾党断じて言ふ、邪見外道の教は論なし、神儒二教始めより理論を主とせず、今に於て尊皇の大義を解釈して、昭々として明確、易ふべからざらしむる者はそれ唯我仏教乎、性情の正しきを得るは、天理の流行と合すべし、尊皇の情至る者亦奉仏の教理に合せざるを得ず、尊皇奉仏の日本道徳の根抵淵源たる。義は則ち此の如し」と。

それにもかかわらず、維新以降、日本人の中に儒仏を棄て耶蘇教に走る者が少なくないのは、「殷の鑑遠からず」（『大同新報』九号）によれば、無知ならびに「迷妄執着」のなせる所業である。「渠儂《かれら》は邪神を妄信しつらん、そが為には道徳の根原を謬りつらんこと已むなき勢なれど、こは渠儂が意思の悪きが為めといはんよりは、渠儂が智識の足らざるに依ること寧ろ多かんめれば、其意思にめんじて恕《ゆる》さば恕さなん」。「国家の将さに興らんとする必ず禎祥あり」（五号）でも、「一千数百年来、已が祖先の文化を資《たす》け、智識を増したる、礼義を重ずるの儒教、智慧と慈悲とを勧むる仏法をば、一部の腐敗の為ゆゑに、破れたる履を棄てんよりも容易く之を棄て、其教理の高下だに比ぶべくもあらず、其伝播の心の程も測られぬ耶蘇の教を、社会改造の為と唱へ、国際交通の便宜なりと道《い》ひ、利欲の肌に信仰の衣を着て伝道する偽信神者」が多い、と慨嘆している。

さらに、「耶蘇教徒の尊皇」を副題とする「正義の光漸《ようや》く明かならんとす」（『大同新報』一七号）では、「自ら其美性を傷《やぶ》り、魔酔剤中に其の心神を浸」してきた耶蘇教徒が、「尊皇奉耶主義」を以て

「尊皇奉仏」に対抗しようとしている、と警告する。すなわち、いま日本国民は、「腐朽壊爛、醜汚万状なる白人の現状を知らず、苟《いやしく》も彼の有る所、一物も学んで遺《のこ》すまじ」としている。耶蘇教徒が、この「崇外的悪弊の全国に充満せるを機会として、華奢無用贅沢の西俗を輸入し」、日本国民の「眼をして益々眩《げん》せしめ、是非顚倒、錯乱の心神に浸み込ますに其教義を以てせんと企てしは実に危険の極」である。彼らの「尊皇」は、見え透いた「術数」、「世に阿《おもね》るの説」に過ぎず、「自ら欺く」こと甚だしい。しかし、彼らが一旦、尊皇という「正義には屈服した」以上、それが彼らに「正しき感情を呼び起し」、「嘗て奉じたる迷妄の理」との内面的葛藤を経て、最終的に「真如実相の理、彼等が霊性枯薪に点火せば（宇宙の全存在に関する真理が、彼らの生気を失った本性に着火すれば）、彼等は始めて尊皇の正義に心底より奉じ、而して仏教の醍醐味を咀嚼するの日に遭逢せん」と論じている。

【日本仏教の可能性】過度の欧化ならびに耶蘇教の影響を克服したあかつきの日本仏教こそが、アジアのみならず白人をも救済する、という主張は、全集のみならず、「仏教の前途」（二七号）にも見えている。「今後百年、仏教はそれ必ず全世界の勢力たらん、仏陀無量光の照射は、啻《ただ》に亜細亜一州に被るのみならずして、必ずや白人の大半を以て其弟子とするに至らん」と想いを馳せる。しかも古印度から東漸した仏教と、古猶太《ユダヤ》から西漸した基督教は、ほかならぬ日本で会合し、両者の争いの激しさが日本より甚だしい所はない。真理とは「争賽《そうさい》の中」にこそ生じ、「屈強の人」は競争の激しい所に多く出ることからすれば、人類を救済すべく、仏教を世界的宗教へと発展させる責務は日本の仏教家にこそあり、その期待の大きさを自覚して精進すべき、と訴えている。

こうした第四の特徴からすれば、かつて青江舜二郎氏が、この時期の湖南の「仏教性」について、「彼が所属していた団体やそこから出されていた刊行物の性質から、どうしてもそうならざるを得なかったというだけのものであった。当然、彼の主体性も情熱も創意もそこにはなかった」（『アジアびと・内藤湖南』一六六頁、時事通信社、一九七一年）と述べたことには、疑義を呈せざるを得ない。上述の如く、日本の思想であり道徳である仏教は、世界人類を救う可能性と責任を有する、と湖南は信じていたのであり、その所説は、口を糊するためではなく、湖南の自らの深奥部から発していたと見るべきである。

要するに、あらゆる事象を歴史の変化に位置づけて認識していた湖南は、日本の道徳は仏教により確立されるべきと考えていた。しかし、明治初年の神道偏重に端を発する廃仏毀釈に続き、欧化主義の浸透にともなって耶蘇教が盛行し、仏教は逼塞《ひっそく》状態に陥っていた。その現実を目の当たりにした湖南の日本社会ならびに仏教自体に対する危機意識は極めて強いものがあった。そのため『大同新報』誌上に、仏教の尊崇・護持ならびに耶蘇教批判の文章を繰り返し掲載していたのである。そのうち『全集』に収録された文章と未収録の文章を比較すると、両者の基本的な論旨は変わらないが、未収録の文章は、時に偏狭とすら感じさせる言辞を用いるなど、耶蘇教批判の度が著しく高いという点で異なっている。

こうしたことを勘案する時、本章冒頭で提示した疑問、すなわち『大同新報』掲載文の『全集』未収率が顕著に高い理由については、次のように理解できよう。『内藤湖南全集』が刊行された一九六〇年代の後半から七〇年代、すなわち信仰や宗教については自由であることが自明の当然とされる一方、学問や研究はより客観的、価値中立的であるべきとされた当時の状況において、『全集』編者からすれば、湖南の仏教信仰とそれに基づく激越な耶蘇教批判を含む全ての文章を収録し、公にすることには躊躇があったと思われる。それ故、基本的な論点を示す比較的穏当な文章（それでも実際には相当に過激である）を選択して収録すれば事足れりとする判断のもと、『大同新報』所載文の多くが未収録となったのである、と。

4　沸々たる激情

既述の如く、この時期を過ぎると、仏教や耶蘇教に関して自説を公にすることはほとんどなくなり、反対に、中国に対する関心が明確化し、中国学者としての湖南の方向性が見えてくるようになる。三田村泰助『内藤湖南』（一六一頁、中公新書、一九七二年）が、「余中歳以来、時変に観ずる有り、東方古今の故を潜研す」（「故衆議院議員榊田君碑銘」一四巻）という湖南自身の述懐に基づき指摘しているように、湖南を中国研究に専念させることになったのは、「日清戦争に触発された感慨」であると考えられる。日清戦争前後の時期に、中国を主とする東洋文化のなかに日本を位置づけ、日本的思惟（三田村氏の言）と独自の歴史認識の方法とによって、過去から未来に至る東洋文化の総体を学問的に把握する、という天職を、湖南は自覚することになったのである。

大きな危機意識

湖南自身の天職論について正面から論ずることは、関連する問題も多く、別の機会に譲ることにするが、そうした湖南の認識や自覚は、当然ながら中国の文化・古典に対する造詣の深さ（上述した第一の特徴）と相俟《ま》って、政教社入社前後の時期における蓄積や研鑽があって可能となったことは間違いない。したがって、この時期の学問や思想の状況を読み取ることができる未収録文は、湖南理解を深める上で不可欠の史料であると言えよう。同時にまた、湖南自らが「作家が嘔心吐血《おうしんとけつ》して著作せる所は、作家其の人を示すよりは、作家の時代を示すこと多し」（「作家」一巻）と喝破しているように、日本文化が西欧文化と激しくせめぎあった明治前半の思想や文化の状況を如実に反映しており、明治史研究にも大いに資すると思われる。たとえば「国家の将さに興らんとする必ず禎祥あり」（『大同新報』五号）には、あの湖南にして幼き日には、無意識・無自覚のまま西欧文化を受容したこと、すなわち価値や認識の枠組みを東洋思想によって培った日本人が、西欧文化と初めて邂逅した時の詐《いつわ》らざる体験が活写されている。いささか長文ではあるが、あえて引用してみたい。

> 唯々記臆す、吾党が新旧両教育の代り目に際して、小学の課程を学びつゝありし頃、父の膝下《しっか》に句読を受けつる論語等を高架に束《つか》ねて、天に対する務めを第一番に教ふる修身論、勧善訓蒙《くんもう》を以て之に代へられしことを、又記臆す、小学既に卒《お》へ新聞をも手にする頃、其論説が嘗て父の平生話しきけられつる君臣の大義とは打て替り、君権民権等の字面《じづら》、目新しく読まれしことを、而して片仮名交りの冊子を挟む者は多く言へり、伊奘諾《いざなぎ》、伊奘冊《いざなみ》の二神は人なり、何ぞ能く大八洲《おおやしま》（日本全土）を造り得ん、八百万神とや、左様に多くの神の居らんやうはなし、天地は六日にして成れる者ぞ、故に日曜日は七日毎に来るにあらずや、十戒には偶像を礼拝する勿れと云へり、寺院に入りて如来像を拝し、塋域《えいいき》に上りて石碑を礼するは、旧弊のみ、頑固のみと、かくいふ者必ずしも耶蘇教徒にはあらざりし、唯其修身の模範と定められたる教科書は則ち皆此主義より成れりしが故に、知らず識《し》らずかゝる妄言を信じて怪まずなりけるなり、おのれらも一たび此の五里霧中に彷徨したりし事、おさな心に考へもなく、時の風潮に化せられけるが故とはいひながら、思ひ出づるさへ浅間

しさの限り也、只数年来、人心やゝ正気づきて宿酲《しゆくてい》（二日酔い）より醒めたるが如く、正論讜議《とうぎ》ともいふべき主義、世に現はれたるを見もし聞もしありながら、頑然として過ちを悔い行を悛《あらた》むることをせざる徒ら猶多く、時に乗じ機に投じて益々妄説を逞《たくま》しうし、十九世紀の文明と、世界の大勢といふを以て口実とし、軽佻懐疑の思想を養ふを務むるこそ奇怪なれ。

それにしても、この引用文からも感じ取れるように、この時期の湖南は、仏教思想の信奉を唱える一方、日本社会や文化の現状に対する大きな危機意識に基づく激越なる言辞をしばしば吐いている。いま一つだけ例を挙げれば、上の引用文の少し前で、「『日本』新聞記者は、独逸諸邦がナポレオン一世に征服されたると、吾邦が欧米の風化を受けたるの状とを較論して、彼は貞女の強姦に値《あ》へるが如く、此は淫婦の和姦したるが如しと云へり、聞きしのみにても忌はしき譬《たとえ》の取り様なれども、現時社会の道徳果して如何の状態にあるかを一瞥《いちべつ》したらんには、其実に過ぐるの言ならざるを信じて、腐敗の此極に至れるを悲しむの外はあらじ、吾党も亦豈《あに》故なくしてかゝる痛激の語をなし、敢て世人の視聴を駭《おどろ》かし、以て自ら快とする者ならんや、……此に一言して天下正義の士と之が救済に力を竭さんと欲する者あればなり」と述べている。このような極めて過激な言葉としてほとばしり出ざるをえなかった沸々《ふつふつ》たる激情がいかなる思想的な背景を有するのか、章を改めてその点について考えてみたい。

付記 本章の初出論文「早期湖南の学問と思想」第三節の「中国古典に対する造詣」では、『大同新報』一九号所載論文「我同胞に望む」が、『論語』顔淵篇を踏まえて理想国家論を論じていることを指摘して、湖南の中国古典に対する豊かな造詣の一端を示すものと考えた。しかし、本書第二章付記2で詳述するように、湖南の父親宛書簡によれば、「我同胞に望む」は、湖南の友人である後藤祐助の著作である。そのため、本章では、当該箇所を削除した。

第二章

孟子と湖南――早期湖南はなぜ激越だったのか

1　過激で熱く純粋で汚れのない青年

激情ほとばしる文章

前章で述べたように早期湖南の文章には、沸々とわき上がる激情を抑えきれぬかの如く、過激な表現や激越な言辞が諸処に用いられている。それは内藤湖南という一青年が、まさに狷介《けんかい》孤高あるいは剛毅不屈などといった語で形容すべき、熱情的かつ硬質な人格を備えていたことを物語る。

いま少し具体的にいえば、若き湖南は、国家や社会、さらには文化の存亡帰趨について責任と自覚を有する、いわば経世の士として、各面における不条理や不正を指摘・糾弾した。矛盾や弊害は、これを暴露・剔抉《てきけつ》し、怠惰や停滞には攻撃・諷刺を行った。その容赦・忌憚のない激越な筆調は、「動《やや》もすれば忌諱《きき》に触れ、殃禍《おうか》に近づく」こともあり、一度は偵吏に跡を追踪されるに至った、と述懐するほどであった（一巻六六二頁）。理想とはほど遠い明治二十年代の現実を目の当たりにした湖南は、悲憤慷慨、切歯扼腕《やくわん》して、時弊を糾明批判し、解決の方途を必死に模索追求し、生命を懸けて自らの主張を行ったのである。そこに、過激で熱く純粋で汚れのない青年湖南の客気を見ることができる。

そうした特徴が現れている文章を見ておきたい。湖南は明治二十年代における日本の主要な政治課題であった条約改正問題に関して、所謂「対外硬」の立場から少なからざる文章を残している。すなわち、日本は目前の不利益を甘受し犠牲を払う覚悟を以て対等な交渉を貫徹し、不平等の解消と国権の回復を目指すべしという立場から自説を様々に展開したのである。以下に見る三篇は、論旨は各様であるが、等しく熱情的にして硬質な側面が如実に表れている。まず「誠意誠心」（『大同新報』一三号）なる一文では、政府の方針に反対する中止論者が誠意誠心を以て臨むならば、その熱意と熱い涙は、必ずや「同感の情に富」み、「同類の人間」である当局者に伝わるはずである、としてつぎの如く記す。

諄《くど》うも諄うも願はしきは誠意誠心のみ。誠の至るは天地をも動かすべし。況んや根が同感の情に富める人間なるをや。極悪人の盗賊と雖も、老女の哀れに催《もよ》ふされて、一滴の雫、幾十年涸れに涸れたる涙の泉より湧くこともある例《ため》しならずや。いかに今の世は賢《かし》こげに、悟りぶつたる人の多く、冷淡なるを上品と思ふ時代なりとはいへ、まだ役者の空涙《そらなみだ》にさへ思はず泣かさるる人もあるべし。誠をこめたる一滴の熱涙、丈夫児が腸《はらわた》を鎔《と》かしたる一行の血の雫《しずく》、同類の人間を泣かし得ぬことやあるべき、我泣きぬ、彼も泣きぬ、かくても当路者を泣かしめ得ざる理《ことわり》はあるべからず。感情が判断を誤るといはばいへ、談判の時代は既に過ぎたるぞ。判断が生み出せし感情なり。猶《なほ》此の上判断は、却て迷ひの種を蒔《ま》くなり。望ましきは誠意誠心なり、欲《ほ》しきは一滴の熱き涙なり。

また「読史小言」（二巻）では、古今東西の史実を引用したうえで、外交や政治においては、技巧に走らず、同じ方針を愚直に貫徹することも大切である、として以下の如く国民を叱咤激励している。

難に遭《あつ》て必ず避け、険に値て必ず逃れば、其の能力を磨礪《まれい》して、天の賦与せる職分を完うする所以の者、将《は》た何の日にか之を成さん、故に為す有るの国民は、至危も患へざる所あり、至艱《しかん》も懼れざる所あり、篤く必至の命を信じて、而して奮つて死地に投ず、是を以て其の鋒《ほこ》能く当るなく、其の勢能く遏《とど》むるなし……生は重んずべき也、義に当たりては或は之を失ふを避けず、国家も亦然らざらんや。膚撓《はだたわ》み、目《め》逃《まじろ》ぎ（身体や顔面に武器がせまれば、恐怖にたじろぎ逃げ腰になり）、而して生存するは古の勇者之を恥づ、枉屈《おうくつ》を受けて而して自ら伸ぶること能はず、国家の存立、是に於て猶ほ全しと謂ふべき乎（三〇九頁）。

さらに「愛生の俗、取義の俗」（二巻）では、我が日本の国俗とは、「身を殺して以て仁を成すを常とし、生を惜みて以て義を害するを恥」ずる。吾等は、「義以て命と為して、生死に超脱する者」が功業を為してきたこの国俗に恃《たの》んでこそ、「世に処して懼れ且つ恥づる所無きこと」ができる。なおかつ、犠牲は覚悟のうえで毅然とした決断を下すべきであると、次の如き比喩を用いて唱えている。

偶々《たまたま》一二壮士、蝮蛇《まむし》の螫《さ》すを視るに忍びずして、刀を揮《ふる》つて臂《かいな》を断たんとする者あれば、議者従つて其の術を為すの拙を哂《わらい》て、其の断臂の過を咎《とが》む。国民其れ蓬《よもぎ》の心あるか、水火風日、其の鋭刀を鈍らすか（二九一頁）。

この場合の「蓬の心」は、『荘子』逍遥游《しょうようゆう》篇に見える語で、物事にとらわれ真の価値に通達できない浅はかな心を意味する。「水火風日」云々は、その前段に、どんな名刀でも火であぶり水をそそぎ風と太陽にさらせば、錆びて鈍る、とあり、日常的に生起する諸現象と、それへの対処のなかで、毅然とした姿勢の堅持が困難になることもある、との意である。つまり、国民が事理をわきまえぬ不見識なのか、それとも惰性や「行き掛かり」への顧慮が、決断を鈍らせているのか。生命を維持するために腕を切断する場合があるように、歴史の展開の前では、犠牲を払ってでも物事を前進させなければならないことがある、と論じているのである。

これらの激越な叙述に現れている湖南の特徴を、同時代の人々も明確に表現している。たとえば奥平梅皐《ばいこう》『大阪人物管見』（七七〜七九頁、小谷書店、一九〇三年）には、「湖南の文章を読んで其人を想ふ、湖南は異眸《いぼう》の一奇士、腕を扼《やく》して壮心鬱勃《うつぼつ》の気を吐くが如き概ある人のやうに思はれる……殊に氏に尊ぶ所は、其の気骨の稜々《りようりよう》たる点」とあり、また「当今の新聞記者」（『万《よろず》朝報』明治三四年一月二六日）は、湖南について「若し夫れ其文章の勁錬雅《けいれんが》健《けん》に至つては、当代比肩する者稀なるべし」という。鳥谷部春汀《しゆんてい》「当今の時文家」（『春汀全集』三巻二〇四頁、博文館、一九〇三年）にも前引の如く、「……筆に風雲の気ありて奔放無碍、朗々として誦すべし、最も青年輩に悦ばるべし」とある。

本章の視点──儒学の本（『孟子』）がわしを拘束する

本章の目的は、これら同時代人が「壮心鬱勃」「気骨の稜々」「勁錬雅健」「風雲の気ありて奔放無碍」といった語によって形容した早期湖南の文章の性格やその思想的な来源について考えることである。その場合に、大きな手がかりとなるのは、「若い頃に読んだ儒学の本がわしを拘束して、悪いことをさせない」という湖南自身の言葉である（吉川幸次郎「唾手封侯志已灰」全集三巻月報九）。

この点を念頭に置き、いま一度上引の三篇に戻ると、「誠意誠心」は、『大学』『中庸』における「誠」の概念と『孟子』流の性善説を踏まえている。「読史小言」の「古の勇者之を恥づ」以下のくだりは、『孟子』公孫丑《こうそんちゆう》上篇を典拠とし、「愛生の俗、取義の俗」の「身を殺し」云々は、明らかに『論語』衛霊公《えいれいこう》篇の「志士仁人は、生を求め以て仁を害すること無く、身を殺して以て仁を成すこと有り」を承けている。いずれの文章も、確かに儒家的色彩が極めて濃厚である。さらに、結論を先取りして言えば、それら「儒学の本」のなかで早期湖南に大きな影響を与えていたのは、とりわけ『孟子』である。この点を明らかにするのが、本章の課題である。

以下、まず第二節では星亨刺殺事件に関する湖南の議論を手がかりに、刺客の行為が至誠に基づくものである限りにおいて、湖南は必ずしも刺客を全否定しなかったことを明らかにする。ついで第三節以降では、早期湖南が、理想社会は、儒家の修己治人説に基づいて実現されると考えていたこと、その意味で他者を動かすにたる至誠の行いに特別な意義を認めていたこと、さらにそうした湖南の所説が基本的に孟子思想に基づいていること、幕末維新期における孟子の位置などについて論ずることとする。

2　湖南の刺客論

星亨刺殺事件

明治三四年六月、約半年前に第四次伊藤内閣の逓信《ていしん》大臣を辞任していた星亨《とおる》が、壮士・伊庭《いば》想太郎に刺殺された。伊庭の「斬奸趣意書」によれば、「老賊星亨」は、「東京市政を紊乱《びんらん》汚蔑《おべつ》し、従て市民の徳義心を破害し」、さらに「収賄の罪悪」を犯しながら、「自ら恥ぢず……今尚跋扈陸梁《ばっこりくりょう》、貪婪強慾《どんらんごうよく》を敢えてして改めず。其の毒害は終に満天下の学生を堕落せしむる是より大なるはなし」。よって「天に代わりて此の醜賊星亨を誅」する挙に出た、という（花井卓蔵「刺客事件を論ず」三三頁、『訟庭論草』春秋社、一九三一年）。

星亭とは、一言で言えば、現実主義で豪腕・剛腹の金権政治家であった。本来、藩閥政府と対立する自由党の出身であったが、より大きな権力を掌握するため、政治情勢に応じて民党を裏切る挙に出て政府と手を結ぶことも辞せず、さらに結んだ後にも山県有朋を見限り伊藤博文へ乗り換えるなどした。その行動にはおおよそ節操がなく平然と主義主張を変え、手段の善悪を問わず実利に邁進するといった強引な政治手法は、名前をもじって「推し通る」と称され、「公盗の巨魁《きょかい》」とも綽名された。

一方、刺客の伊庭は、剣術師範の家に生まれ、維新後に文武両道を修め、私塾を営み多数の弟子を育てつつ、徳川育英会幹事、東京農学校校長、四谷区会議員、学務委員などを歴任した名士であった。

この刺客事件に関する湖南の見解を、本節では取りあげたい。すなわち事件後の世論は一様に、星の生涯を称えその死を悼み、刺客の行為を野蛮であると非難したが、そうした状況に危機感を抱いた湖南は、「現時世論の不健全」を始めとする『大阪朝日新聞』所載の論説三篇（いずれも全集三巻所収）において、おおよそ次のように述べている。

指弾すべきは刺客より病弊思想

まず事件五日後の「現時世論の不健全」では、星の死は、単に人の死を悼む感情を以て悼むにとどめ、その人物が偉大であったなどと必要以上に賛美すべきではない。かりに世論が諂《へつら》いではなく衷心から賛美しているとすれば、星が流した害毒の恐ろしさは、法網に触れる刺客のそれとは比較にならない。それ故、「刺客の一撃は、乃ち上天の国民に降せる警告」とも理解できる。刺客の出現を野蛮の遺風として恥じる必要はなく、むしろ「刺客を生ぜしむるに至れる所以」をこそ慙愧《ざんき》すべし、と述べている。

さらにその三日後の「刺客の害より大なる者」では、まず刺客の行為が罪悪であること、また星の横死は、氏とその親戚故旧の私情の為には哀しむべきことである、と言明する。そのうえで、新聞の立言は、「世潮の深底に潜流する思想の傾向を察して、現前の事情が由て来る所の源頭に溯《さかのぼ》り、不測の禍変を激成する社会の沈滞を疏通して、之を未だ積まざるに散ずる所以を思」うことを目的とする。それ故、この事件についても、法律の禁止する悪行を犯した刺客に対し、何故、社会が「徳義的同情を寄せ」るのか、その原因を究めるべきであるとして、二点を指摘する。

第一に、歴史的に見れば、刺客が世の同情を博するのは、それが社会の公憤を漏らす噴火口だからであり、権力者に対する唯一の攻具として、その間接的な影響は、害より寧ろ利の方が多い。また現代文明において、無辜《むこ》の壮丁を危険に陥れる戦争の害は、刺客のそれに比すれば、何百倍になるにもかかわらず、我々は軍備拡張に絶対反対の立場をとることはできない。こうした社会の根本的な矯正をこそ考えるべきであって、殺人を犯した犯罪者に対し刑罰によって粛々と処断すべきは、「知れ切たる問題」であり、これを憎悪して痛罵排斥する暇はない。第二に、星は「目的の為に手段を択ばず、成功の為に主義を問はざる病的思想」の権化である。いま横死の故を以てその生前の過失を尽く寛恕し、逆にその偉大を賛美して、病的思想を鼓吹するならば、「一星氏去りて一星氏来る」恐れが充分にあり、それは無用のことである。かたや刺客は、過去における善言善行の一切を消し去られ、兇漢として刑罰を待つのみであり、再発の恐れはない。

要するに、「衆愚」の軽薄皮相なる議論に誤られず、その裏面に潜む弊根を抉剔《けってき》しようとすれば、横死者に阿諛《あゆ》し、病的思想の氾濫を歓迎することはできない、というのである。

こうしたやや穏当を欠き、突飛とも思える主張に対し、大阪毎日新聞は論説「刺客論」を掲載し、是非の争いは言論以外の方法で行うべきではなく、湖南の所説は「世の無責任者流と一般（同様）なる議論」であり、「一世を毒するの政客と信ずれば私に起ちて之が頭上に刃を下すは寔《まこと》に已《や》むを得ずとなし暗に之を奨勧するが如きの口吻《こうふん》ある」と批判した。

翌日、湖南は直ちに「大阪毎日記者に誥《つ》ぐ」を発表し、毎日新聞は「現存せる事実を悪《にく》む」立場から、それに対して自分は「現存せる事実の原因を求めて之を杜絶せんと欲する」立場から議論している。すなわち、毎日の記者は、立場の違いを理解せず、「無用の辞を費し、時として吾輩の言はざる所を誣《しい》て之を攻」めていると、争論の原因を鋭く指摘した。さらに、「刺客の若きは、五年十年にして一たび発するの奇変なり、之を行ふ者は自ら刑罰を取るの覚悟なくしては発するを得ざる」。一方、「目的の為に手段を択ばず、成功の為に主義を問はざる、政治上の不徳の若きは、日々夜々にして発生する行為なり、之を行ふ者は動《やや》もすれば社会の病的思想に投合して、盛んなる頌謳《しょうおう》を受くるを得」と記し、刺客の害より、病的思想の害の方が大である、とする持論を改めて展開した。

これら三篇の主旨を繰り返せば、一般世論が刺客の犯罪行為を糾弾するにとどまるのに対し、湖南は、刺客の発生は社会の病弊に起因し、病弊がなければ、刺客も生じ得ない。それ故、指弾すべきは一人の刺客ではなく、病弊自体である。その権化ともすべき星亨に対して、横死の故を以て憐れむあまり、必要以上に美化すべきではない。さもなくば国民一般の病弊を看過し、これを助長することになる、と唱えているのである。

湖南の星に対する評価

三篇とは別に、湖南は事件の三日後、やはり大阪朝日新聞に「孟浪語（とりとめのない放言の意）」

（全集四巻）なる一文を寄稿しているが、そこには湖南の真意がより明確に現れている。曰く、星氏の一生は、実は憐れむべき者である。左官の子に生まれ、医者の子に育ち、変則なる社会の過渡期に遭遇して、其の腕で以て地位を作ることが真理と信ずる外、更に洪大なる真理といふものを微塵《みじん》も会得せぬ内に、刺客の刃に斃《たお》れ、つまり一生善といひ、美といふことの尊とさと趣味とを知らずに終つた。伊庭が最後に「改心したか」と言った一声で、迚《とて》も懺悔《ざんげ》の心を生じたらうとは思はれぬ。若し輪《りん》廻《ね》主義からいふと、臨終の不正念は、未来永劫、悪趣に堕落せねばならぬ。これも一つは社会に讃歎者が多くて、星氏の一念発起を催す力が乏しかつたからだ。星氏を誤つた者は社会であるといふことは、益《ますま》す動かすべからざることである、と。

そもそも湖南の星亭に対する評価は、事件以前から厳しいものがあった。たとえば二年前の文章「ねつふ記」（二巻三七三頁）では、「剛情といふやつは、世間の冷遇に対しての反発から出来るのが多い……星亭もそれだと一人が言つた」と記している。一年前の論説「読むことを喜まざるの風」（二巻二八二頁）でも、社会の人士が「学術の涵養なくして、而して専ら胆力の人に絶つを欲する」が故に、「星亭輩を以て標準的人物」として、「其措心《そしん》言行の正邪を問はず、恣睢《しき》横暴、尋常の逕路《けいろ》を履《ふ》まざるを見て、反てエラシといふ」ことになる。その結果、「存養省察の功（人格修養に向けての努力）全く欠けて、而して僥倖苟得《ぎょうこうこうとく》の念日《ひ》に熾《さか》んなり、野心を以て、徳義の要目に算するに至」り、社会全体の道徳的堕落をきたすことになる、としている。半年前の「所謂星問題」（全集三巻）では、星を「醜聞の実あるを以て、縲紲《るいせつ》（御縄）の身に加はるが如き人物」（一〇五頁）とし、同じく「伊藤侯の失敗」（一〇七頁）でも、星の無類の復讐的執念力は極めて怖るべき、などと述べている。さらに事件三月後にも、「我が嫌ひ、一に文明、二に死んだから可愛さうだが、星亭であつた」（四巻二七八頁）と記している。

要するに、「世潮の深底に潜流する思想の傾向」を見据える湖南が、刺客事件に基づき論じ、かつ批判しようとしたのは、社会の病弊、道徳の堕落であり、それに比べると、刺客の行為自体は犯罪には違いないが、害悪の程度はより小さくなる、というのである。

刺客を評価する理由

湖南が、刺客行為に特別の関心を抱いていたことは、前引「孟浪語」の冒頭において、「刺客の目的にも変遷がある」として、刺客行為に対して歴史的観察を行っていることによって分かる。「島田一郎（大久保利通を暗殺）以前は、全く封建思想の余波と見て差し支へない。相原尚褧《なおひと》（板垣退助に加害）以後が、新主義と関係ある。相原と西野（名は文太郎。森有礼を暗殺）は皇室の為めといふので、内国的である。来島《くるしま》（名は恒喜。大隈重信に加害）、津田（名は三蔵。ロシア皇太子ニコライに加害）、小山（名は豊太郎。李鴻章に加害）は対外的で、即ち国家の為めである。伊庭は国家の為めと自ら叫んださうだが、事実は更に広くして、社会の為めといふが適当である。刺客の目的の変遷の中にも、世の中の変遷の影は映つてある。……伊庭は地位有る立派な紳士として之を行つた、若し社会に此の如き傾向ある者とすれば、其の所行が鄙《いや》しく見えないことになる代はりに益す恐るべき者となる。況や其の目的が単に忠君思想国家思想といふのでなく、社会公益の思想から割出されるに於てをや、世道人心に注目する人の決して忽《ゆるがせ》にすべき所ではない」。

このように冷徹な観察者の立場を貫き、それ故にやや過激な表現を用いた湖南の主張には、確かに誤解を招く余地がある。たとえば、「刺客の一撃は、乃ち上天の国民に降せる警告」、あるいは「之を行ふ者は自ら刑罰を取るの覚悟なくしては発するを得ざる」といった表現からは、刑罰を覚悟したうえでの刺客行為は、それを「上天」の意志の現れとして容認しうると湖南が考えていたと読めなくもなく、実際、大阪毎日の記者はそう理解したのであろう。

　無論、湖南は、殺人を容認しているわけではない。それが刑罰を以て臨むべき犯罪であることは「知れ切たる問題」としている。しかし、それにもかかわらず、「愚衆」の世論とは異なり、湖南が、刺客の「過去における善言善行」や「覚悟」を考慮に入れるべきとの見解を有していること、社会が「徳義的同情」を寄せる必然性を認めていることは間違いない。それが何を意味し、湖南の如何なる思想に基づくのかについては、次節以降の課題として、以下には湖南のこうした側面をもう少し明らかにしておきたい。

　実はこの側面は、少し時代を遡ると、より明確に見えてくる。たとえば「不測の禍害」（『大同新報』八号）では、森有礼の暗殺事件について次のように記している。まず暗殺行為に及ぶ「識見の偏《へん》頗《ぱ》なる者」が「大害を醸《かも》す」恐れがあることを認めたうえで、「偏頗の見と雖も、其の自ら信ずるの厚きや、熱心事に従ひ、左右顧慮する所なきこと、君子の為す所に類する者あり。人之に感じて而して其非行を咎《とが》めざること、恰《あたか》も西野某が森子爵を刺したるに当り、其胆力《たんりょく》と其整暇《せいか》とを愛するが為に、其志望の誤れる、其所見の偏なるを恕《ゆる》して之を咎めざりしが如きあり」と述べる。つまり、自らの信念を信じて疑はず、周囲の状況を顧みることなく、ひたすらその実行実現に邁進する様は、「君子の為す所」に類し、その実行にあたっての胆力と整暇（心が乱れず余裕があること）は、人をして敬服の念をいだかしめ、ひいては、その「志望」の誤りと「所見」の偏《かたよ》りを許容・寛恕せしめるほどである、というのである。理想の実現にひたすら励むさまが君子に似ている所に、刺客を許容する余地が生まれるとするのである。

自殺、決闘も許容

さらにまた刺客とは異なり、刃を己に向ける自殺についても、私心なく公のために行われる場合には、やはり許容の対象とされた。たとえば明治四年に割腹自殺した横山正太郎（森有礼の兄）について、「至誠而不動者未之有也」（『大同新報』一四号）では、「国を憂ふるの寸心、遂に堪ふるに堪えかねて、左院門前に割腹したるは、矯激《きょうげき》に過ぎて之を中道と称することは得まじきも、其私に求むるなき潔白公明の心腸は、万古を照らして昭々たるにあらずや……明治四、五年は封建の気習、猶社会の全面に充ち充ちとして、今の文明紳士が野蛮と呼び、未開と笑ふ時代なりしも、士気の充実して正義の為に生命を軽んずるの風は失せざりしに、二十年後の政治論客は己が言に責任を負ふの決心なきこと、かくも欺くべからざる事実なりせば、世人が長足の進歩といふ進歩は果たして何事の進歩とか見るべき」と記している。

「自殺」（一巻二九四頁）なる一文では、「其の情痴無分別《むふんべつ》の故を以てせずして、其促迫不得已《そくはくやむをえず》の故を以てせずして、而も頗《すこぶ》る心に一己の為ならざる隠憂を懐《いだ》き、忡忡《ちゅうちゅう》（憂いが深く）已《や》むこと能はずして自殺する者あるも、世動《やや》もすれば目するに狂発喪心を以てし、其身命を絶て、一心に徇《したが》ひ志に酹《むく》ふる者、誠に寡《すくな》しとす……其の詬辱《こうじょく》を甘じ、枉屈《おうくつ》に服して、一たび汚穢《おわい》に処するや、復た人の与《とも》に歯するなきの地に在るを自覚するも、猶自ら引決する能はずして、旦夕の生を貪《むさぼ》るの卑劣、寧《むし》ろ加はること多しとせざらんや」と述べている。また、「九州にて学者は誰ぞ」と問われた横井小楠が、「安心の地を求めて得ず、悶《もだ》え死に死した」永井十兵衛こそが「誠の学者」なり、と語ったことを紹介して、

「此の心を諒知《りょうち》する者は、今の世に幾人かあるべき」と記している(一巻四二一頁)。

このように、青年湖南は、自殺についても、その「一心に徇ひし志」、すなわち自らの理想を徹底的に貫徹しようとする志を諒解すべきとしている。刺客であれ、自殺であれ、一切の妥協なく理想を追求するという点において、常情では許されない行為に敢えて及んだ心の有りように共鳴していたのである。つまり、理想追求の極限的な表現として刺客行為や自殺は、これを許容していたと言えよう。

追求すべきは生命より理想

以上に見た早期湖南の真情が突出して表れているのは「美事」(『大同新報』六号)なる一文である。それによれば明治一五年、板垣退助を国家の公敵とみなし暗殺を企て失敗、逮捕・収監されていた刺客・相原尚褧は、特赦によって出獄すると、かつて「倶に天を戴かざるの怨仇《おんきゅう》と見た」板垣を訪れ、自分が犯した行為と、板垣自らがしばしば特赦を上請した厚誼に対し謝意を述べた。すると板垣も打ち解けて、「此後とも退助が行為に於て国の為め君の為め相成らずと思はるることあらば、再びこの身の上に十五年の如く一刃を加へられんこと望まし」と応じたという。この顛末を記した後、湖南は、「吾は此事を聞て嗚咽《おえつ》飲泣して自ら知らざりき、嗚呼《ああ》神州の精気は未だ湮滅《いんめつ》せざりしなり」と絶賛の意を吐露している。

自らを亡き者にしようとした刺客に私心のないことを感じ取った板垣が、その人物の特赦を願う。板垣の度量に打たれた刺客相原が謝意を伝えに訪れると、板垣は、今後も自らの行為に間違いがあると思えば、再度刺殺を企てられたし、と応じたのである。誠意が寛容を生み、その寛容がまた誠意を生み、相俟《ま》って人を動かし、意見の異なる両者が肝胆相照らして、互いの行為と存在を許容しているのである。

湖南はまた、板垣同様、谷干城《たてき》にも感泣せざるをえないとする。すなわち谷は会津若松で行った演説で、かつて戊辰の役や西南の乱で敵味方に分かれ命のやりとりをした者が、「其事終るや一点の挟む所なく互に打解けて懇親を結」び、今では「武道の友」「文事の友」「無二の益友」として自分を助けてくれている。これは決して不可解なことではなく、過去の戦争は「双方一片の至誠より出でたる争ひにして即ち双方共に愛国心より争闘せし者なるのみ。庶幾《ねがわ》くば益々此の至誠心を拡張し忠を邦家に尽し邦家独立の権を全う致し度《た》し」(「谷子爵」『大同新報』七号)と述べたという。さらにまた明治政府の枢要なる地位におさまっている権力者達も、維新直後までは「一剣飄蕭《ひょうしょう》、万死の途に出入して恐れず……恩怨を棄捐《きえん》し、仇讎《きゅうしゅう》と胸を披《ひら》く」志士であったとも記している(一巻六七九頁)。

湖南のこうした真情を敷衍すれば、理想を追求する両者がやむにやまれず命のやりとりをする決闘についても許容されることになる。たとえば明治二一年、政教社社員・松岡好一は、高島炭坑の坑夫の苛酷な状況を暴露した記事を雑誌『日本人』に寄せ、これに対し犬養毅がそうした惨状は存在しないとする記事を『朝野新聞』に掲載した。憤慨した松岡は犬養に対し決闘状を送り、場所や時間、方法などの段取りを決める介添人として志賀重昂、三宅雪嶺が名を連ねた。ただし犬養が拒否したため決闘は実行されなかったという。湖南は決闘がパフォーマンスで終わったことに強く拘り、翌年『大同新報』五号で、「決闘果し合だも一場の戯談として容易《たやす》く申込み、容易く申込まるゝ世の中、其言論に自ら責を負ふ覚悟ありやと問ふ丈《だけ》が不粋なり」と記し、同号所載の別文「言論の決闘」でも、「決闘の話しも久しいものなり、高島炭坑の事件一たび激発して以来……新聞の上に現れたる数は、もはや記憶に堪へかねて、みんな忘れた位なり、成程日本は尚武の国なりと一たびは感服したり。記憶して居るは唯何《いずれ》の決闘も申込丈《だけ》に止りて真剣の立合と迄《まで》は極付《きめつけ》られずに済《すみ》し事なり……成程日本人は文明国民なりと再び感服したり」と揶揄している。

事件から四年を経た時点の文章「言論」でも、人間の「霊性（天が与えた霊妙なる本性）」を表出する言論とは、生命を賭して行われるものであり、「然らば則ち言論の故を以て其の生命を喪ふも亦悔いざるべし。然り而して必ず言論を以て言論と戦ひ、生命に相関せずと遁辞《とんじ》（逃げ口上）す、言論を視ること生命の如き者は、言論を以て性霊（自らの内面心性）を欺く敵と喧嘩を買うて満足せざるべし」（一巻二九〇頁）と記す。言論と生命を同一視する湖南にとって、論争はまさに生命の危険を覚悟して行われるべきであり、言論の「喧嘩」にとどまることはできない。婉曲的な表現ながら、言論による理想追求が、究極的には決闘の形式をとることも容認している、と言えよう。

過激な行動は修己治人

以上に見たように、若き湖南は、刺客、自殺、決闘といった尋常ならざる行為に対して、私心なくひたすら理想を追求した結果ということであれば、必ずしも全否定するのではなく、それに共鳴し、一定の存在理由を認めている。この点は、たとえば『燕山楚水』において、「維新の前、身を殺し義に赴く、実に数十百輩あり、蓋し嘗て覇府の盛時に当り、且つ臂《かいな》を攘《あ》げて之を図る者あり……近時政党の興る、年少気鋭の徒、亦往々之が為に身を殺す、邦人過鋭、是れ其の短処と雖も、此に非ずんば亦近日時勢に応ずるに足らざる也」（全集二巻六一〜六二頁）の如く、日本近代の歴史は、志士仁人の義（理想）のためには生命を顧みない、過激かつ犠牲的な行為によって展開前進したと述べていることによっても確認できる。過激な行為は「邦人の短処」であるとしながら、それなくして時勢に充分な対応はできなかった、というのである。そうした湖南にとっては、明治十五、六年の交の政治家が、「主義の為、信念の為には、水火を踏んで辞せず、縲絏《るいせつ》に辱められ、刑辟《けいへき》（刑罰）に触れて、而して自ら快しとした」ことは、「政党の健全、党人の熱誠之を今日に比すれば、殆ど隔世の思あり」の如く、評価されるべきことであった（三巻三三三頁）。

本節では、以下のことを確認できた。早期湖南は、刺客や自殺といった人間の生命を含む日常的価値を度外視する行為について、当然ながらその違法性犯罪性を理解し、あるいは病的で日本人の短所として未開野蛮とすら目されかねないことは充分に承知していた。しかし、その真情においては、一切を顧慮せず、理想や信念を追求・貫徹する生き方に共感を示していたのである。

こうした観念は、何に由来し、湖南の思想のなかで、どのような位置を占めるのであろうか。いま一度、刺客などの行為に対する湖南の許容、あるいは共鳴の意図を示す語を確認すると、「国を憂ふるの寸心」、「社会公益の思想」、「其の自ら信ずるの厚きや、熱心事に従ひ、左右顧慮する所なきこと、君子の為す所に類する」、「私に求むるなき潔白公明の心腸」、「心に一己の為ならざる隠憂を懐き」、「一心に徇ひし志」、「一片の至誠より出でたる争ひ」、「身を殺し義に赴く」などである。要するに、君子の為す所に似て、己のためではなく国家や社会公益のため、自己の理想や信念を一途に追求し、他者の評価や自身の生死をも顧みず、至誠に徹している場合には、それがたとえ過激で違法性を帯びた行為であっても許容しうる、というのである。

この点を、既述の如く湖南が拘束されていたという「儒学の本」に照らして考えると、湖南が過激な行為に見ていたのは、儒家思想における君子が理想社会の実現を目指して励む「修己治人」の行いではないか、と思われてくる。湖南の刺客論を湖南に即して理解するためには、湖南の経世の思想を俎上に載せなければならない。節を改めて考えてみたい。

3　理想社会をいかに実現するのか

経世の志と理想主義

まず確認すべきは、青年湖南が、すでに確固たる経世の志を持ち、より良き社会の実現を目指していたということである。たとえば「国家社会の事を以て自ら任ずるの士に注意を促」すために執筆した「反動の大勢」（『大同新報』一二〇号）なる一文では、「国家社会が由て受くべき向後《このゝち》の変化に思はしからぬ事のなかれかしと祈らんとて、爰《ここ》に既往《きおう》に徴し、現在に鑑み、以て将来を推し、益々此の日本の国家をして盛衰興亡の外に超出せしめんとは思ひ」立った、と記している。そのほか「吾儂《われら》が国家の為、社会の為、世道人心の為、正義道徳の涙を揮《ふる》ふべき時早や至れるぞや」（一巻四六五頁）、「済世の大願を発して塵の世を見捨てかねたる吾儂」（一巻四八八頁）、あるいは「国家の憂を以て真に已れが憂となす者ありて、自国の歴史を探究し、自国の宗旨を研精する」（「僧侶と被選権」、『大同新報』一〇号）、といった言葉で経世の志を明らかにしている。

なおかつ青年湖南は、以下の文章に端的に表れているように極めて純粋な理想主義者であった。曰く、理想は人類の天性なり、人類の境遇は決して完全ではなく、希望は足《たる》を知らない。そのため無上完美の理想を其心中に構造し、之を以て其希望を満足せんことを欲す、思想の勢力は其結果を行為に及ぼすこと、心身相関の定理なれば、其胸中既に純全完美の理想を構成するや、……遂に之を実際に求むるに至る、社会の進歩は実に此天性に原由（由来）する者にして、理想の人類に在て貴重なる所以も亦此に在り（一巻五二〇頁）、と。

ならば経世の志を備えた湖南は、如何なる社会を理想とし、その実現をどのように構想していたのか。これについては「我が同胞に望む」（『大同新報』一九号）に明確に記されている。国家真成の目的とは、安寧を維持し福祉を増進することであり、その達成は、法律整備・殖産興業・軍事力の増強などでは不可能であり、道徳（信義・勤倹・慈悲・智慧）を興すという方法によってのみ可能となる。道徳とは、「民をして其守る所を明にし、其努むる所を知り、之が履実《りじつ》（実践）の功を積み、以て安行の地（安んじて行う段階）に至らしめ、天下の志尚《ししょう》を一にして、其の言行の帰宿を同うするもの」であり、守る所とは信義・勤倹、務むる所とは、慈悲・智慧である、としている。

さらに、そのような社会における個と全体の関係について次のように記している。人類の学問や思想の発達は、個別的な真理の追究ではなく、各科学の統一を催し、真善美を求むるの念により帰一しようとしている。しかも、その統一は、「かの専制の統一にあらずして、個々の独尊の統一たり、枝を以て葉に総《す》べ、幹を以て枝に総ぶるの統一にあらずして、帝釈天網《たいしゃくてんもう》、百千明珠、相照らし相映《うつ》して、融通無碍《ゆうづうむげ》なるの統一たらん」。そこでは、あらゆる存在が固有の価値を持ち、しかも、「物を以て己に係くるの僭越なる経緯（秩序関係）たらずして、己と物と相係かる平等なる経緯たらん」の如く、万物の相互に対等なる関係が可能となる。まさに百千の明珠が相互に照らしあいつつ結びつき帝釈天の網を作りあげているように、個々の存在が互いに平等かつ有機的に平和な全体世界を構成することになる（一巻四七七頁）。個々の人間存在についても、「生を人間に享《う》けたる者、いづれか自重《じちょう》の心なくて叶《かな》ふべき、晨《あした》に出でて東郊を望めば、已がじし成長する草木、一つの茎、一つの枝も、花さき葉しげりて、世に珍しく匂ふさま、自得の妙相、自重の威厳は備はれるぞかし。釈尊は宣《のたま》へり、唯だ我のみ独り尊しと」（一巻四七七頁）の如く、各自が道徳を自ら獲得し（自得）、それぞれが固有の存在意義を自ずと具有する（自重）ことになる。

修己治人による理想社会の実現

しかも、そうした理想的な自得・自重の道徳社会は、民に対する外側からの強制によっては実現できず、民自身の内発的な向上を促す感化・教化によってこそ確立しうると考えた。それ故、前引「我が同胞に望む」の末尾に、「同胞の士其れ早く其拠るべきの道徳を定め、自ら修め又以て人を正し、勇往奮進して、漸《ようや》く国家真成の目的を達せよ」（一一七頁）とあるのである。つまり道徳社会は、士が「自ら修め」、同時に「人を正」すことによって実現する、というのである。衆議院議員の候補者に対し、その任に当たる覚悟を説いた文章「再び候補を論ず」（『大同新報』二九号）でも、「人を正しうする者は、先づ己を正さざるべからず。人の私を責めて之を公ならしめんと欲せば、我自ら公にして始めて可なり」の如く、『論語』子路篇の「其の身を正す能わざれば、人を正すを如何せん」を踏まえて論じている。

士が民を感化することにより道徳社会が確立するという湖南の構想は、儒家の「修己治人」説と完全に重なる。たとえば梁啓超の名著『先秦政治思想史』は、「修己治人」について次のような説明をしている。すなわち、良好なる政治は、民の人格を向上させ道徳的に良好なる民衆を基礎として建設されねばならない。つまり儒家の最終的な目的は「教化流行し、徳沢大いに洽《あまね》く、天下の人々をして士君子の行《おこない》有らしむる」（『春秋繁露』兪序篇）ことにある。政治的上位者が心力を尽くし模範を示して教化に努めれば、民は自ずと感化され、最終的に天下の人々がすべて君子になって、儒家が理想とする「全民政治」の基礎が実現する、というのである。儒家の政治論においては、国民の道徳を向上させることが目的であり、その手段は教育である。目的から言えば、政治は即ち道徳、道徳は即ち政治である。手段から言えば、政治は即ち教育、教育は即ち政治であるという。

湖南はそうした自らの修己治人説を、以下の如く極めて具体的に説いている。

> ただ夫れ心弱き人間だけ、感動され易き動物にてある丈、之を動かす者が堅固に安全に誠実に熱心にてあらば、其堅固安全なるを力と頼み、其誠実熱心なるに激《はげ》まされて、能く力量には余らんと思ふ程の決心をも奮《ふる》ひ起こすことあるべし……至誠の人に孚《ふ》すること（伝わり動かすこと）置郵して命を伝ふるより速《すみ》やかに、電気の導体に触れたらんよりも急ならん。中止論者が真成に其熱血を注いで廟堂諸公の前に赤誠を布《し》かば、そを感ぜしめ得ざるの理はあらず（「至誠而不動者未之有也」、『大同新報』一四号）。

これによれば、「之を動かす者」すなわち経世を志す士人の誠意熱意は、電気よりも速く伝わり、瞬時に他者を感動させ、その力量を超える決心を奮い起こさせることがある、と考えていた。また「泰西政治の徳義」（二巻三二八頁）には、「道徳なる者は固より其の効を目前に収めんことを期して之を行ふことを得る者にあらず、但だ其の行て而して報を望まず、其の利沢の久遠に流被することを欲するの誠、往々人心に感孚《かんぷ》すれば、則ち又其の身に於て敬奉の或いは及ぶことあるを見る、然れども是れ実は之を行ふ者の期望の外に出づる也」とある。至誠の行為とは、当初より効果を収めることを意図して行うものではなく、無私の誠意が他者の心に伝わり、結果として他者を動かすことがある、と修己治人説の核心とその実現達成の困難を示唆している。

非常の勤

ここで特筆すべきは、人を感化するためには、理想実現へ向けての「非常の勤」が不可欠であり、その程度が甚だしいほど、行動者の「誠実熱心」に励まされ、力量を超える決心を奮い起こす、すなわち感化力が大きくなる、と湖南が考えていたことである。前引「我が同胞に望む」でも、「一人を導いて之を化するに、尚数年の勤を要す。天下を率ゐて之を正路に反す、是れ人世至難の大事業なり。一朝夕の能くする所にあらず、非常の忍にあらざれば、非常の勤遂げず。非常の勤にあらざれば、非常の功成らず」と記している。天下の全員を正路にかえすためには、士が「非常の忍」により「非常の勤」を行う必要があるのである。

この場合の「非常の忍」とは、たとえば「既に身を致すの覚悟あらば、千万人と雖も往かん……心を欺かざるの言を言ひ、言に負《そむ》かざるの行を行ふ、退くに一身を以てし、進むに一身を以てし、以て天下の擾々《じょうじょう》たる者を攪醒《かくせい》せん」（『大同新報』一三号）の如く、『孟子』のいわゆる「大勇」、すなわち自ら顧みて正しいと考えれば一千万の敵をものともしない覚悟である。また「非常の勤」とは、伯夷の処世について、韓愈「伯夷頌」に基づき、「天下万世の是《ぜ》とする所を非として、而して自から其の是とする所を是とす独立特行して惑はず」（一巻四一七頁）と称えているような、世の大勢や他者の評価を顧みず、自らの信念を貫き徹す「独立特行」のことである。非常の忍と非常の勤とによって、利に向かう天下の人々を覚醒させ、正路にかえそうというのである。

そのような非常の人、すなわち「利害の為に易へざるの節ある者」は、伯夷の如く「隘《あい》（狭量でかたくな)」であり、また柳下恵の如く「不恭(恭しさに欠ける)」ではありながら、「頑《かたくな》を廉にし、薄《うすき》を敦《あつ》からしむべし」、すなわち頑迷貪欲な者を廉恥ある人に、意志薄弱なる者を熱情ある志士へと化することができる、とする(一巻三三九頁)。より近い時代の例として、日露戦争で多大な犠牲を払いながら、七倍もの兵員を擁する露軍の猛攻を防ぎきった郷里・毛馬内町の戦没者を追悼する文章において、「寧《むし》ろ拙《せつ》死を取るとも、巧生を求めず」という、「至拙」としか言いようのない彼らの処世について、「日月と光を争ひ、頑《がん》儒《だ》も起こすべく、薄俗《はくぞく》も風すべし」(一四巻一八頁)と記している。

そうした理想実現のために利害や生死を度外視する圧倒的に純粋な行為、すなわち至誠の行いは、世俗的な観点からは愚直迂《う》遠と見なされるが、逆にその故にこそ、人を感動させ、興起させる。この点に関して、「天下の至迂《し》、所謂屑々《せつせつ》たる権略より甚だしきあらんや、西国の至人、固《もと》より云ふ、正直は最良の権略なりと」(一巻五一〇頁)の如く、政治は通常、「権略を以て成る」ものとされるが、そうではなくて、「西国の至人」も言うように、迂遠の極みである正直こそが「最良の権略」である、と述べている。

蟷螂の斧

湖南は、そうした極端に純粋な行動、すなわち理想実現のための利害損得を越えた「愚」なる行いに共鳴・共感を示している。元治元年、長州軍が、薩摩・会津軍に敗北した際、久坂玄瑞は「味方総敗軍と見て、その上股に丸《たま》を打たれたから、是迄《これまで》と思つて、指添《さしぞえ》で丸をエグリ取て、懐中から鏡を出して一寸《ちよつと》衣紋《えもん》を直し、とうとう攘夷の犠牲になつてしまふたと言つて、腹を切たさうだ。攘夷の犠牲、涙のこぼれる言葉ではないか、併しながら久坂は犠牲と知りつつ、犠牲になるまで、やりとほした。

……此節は非藩閥の犠牲、対外硬の犠牲になるかはいさうな奴は一人もない、此は犠牲と知つてはつまらないからであらう、中々利口になつたよ、だが知つて犠牲になる久坂は、おれは其の愚及ぶべからずと感心するよ」（二巻三五六頁）。さらに「涵養と識見」（一巻三七七頁）なる短文では、今の世の弊害は、人に勝る優越感により自らを慰めるのみで、何らの実効をあげられないことにあり、「孰《たれ》か天下の愚物として、自ら天下に先《さきんじ》て労苦する者ぞ、請ふ其の驥尾《きび》に付て而して進まん」と、「天下の愚物」として励む人物に従って進みたい、とまで述べている。

彼此の力量を考えずに全身全霊で努力する「愚かな」行為に対し、「一言而喪邦」（『大同新報』一三号）では、「たとひ自ら蟷螂《とうろう》の斧、龍車に当るに足らずと知らん迄も、力《ちから》限り根《こん》限り（力と気力の限界まで）之を遏《とど》むべきは志士仁人の務めにあらずや」の如く、その精神力を「蟷螂の斧」なる語で表し、それこそが「志士仁人の務め」ではないか、としている。「再び条約改正を論ず」（『大同新報』一二号）では、淝《ひ》水《すい》の戦で、謝玄が「龍車に当るの蟷螂と自ら期し、万に一つも生路なき策を取り」、苻《ふ》堅《けん》率いる秦軍に大勝利した。その「好むで死地に入りし」心こそ、かの源平合戦における源義経の「思慮なき軽挙」にも見える突撃策を貫く「勝を制する所以の道」に合致している、と記している。

言うまでもなく、「蟷螂の斧」なる成語は、『荘子』人間世篇などに見え、自分の力量を顧みず捨て身で強敵に立ち向かう蛮勇を否定的に形容する語とされている。しかし、戦場における武勇に大きな価値が認められた春秋時代にまで溯ると、事情は全く異なる。すなわち「蟷螂」は当時、あたかも尚武の江戸期におけるトンボ同様、敵と見ればひたすら前進して、退くことを知らぬ勇武の昆虫と見なされた。したがって、「蟷螂の斧」とは、言わば猪武者の豪勇を称えるために用いられているのである。上述のごとく、湖南もまさに、その意味で、すなわち理想を目指して突進する精神力を「蟷螂の斧」によって形容し、それこそが「志士仁人の務め」としている。

首難の功

利害や生死を度外視する「愚かな」行為のうち、湖南が最も称賛しているのは「首難」の功である。「首難」とは、『史記』項羽本紀の太史公曰《いわ》くに、「夫れ秦、其の政を失うや、陳渉、難に首となり、豪傑蜂起し」と見える語で、困難な局面において先頭を切って立ち上がることを指す。たとえば、明治政府が紆余曲折を経ながら、「一切の制度文為」を一新して、日本を東方の一強国とすることができたのは、「難に首となり破壊の時期を開」いた人々の功績であったとしている（二巻二三三頁）。また幕末において倒幕の先駆けとなって蜂起した天誅党《てんちゅうとう》について、「夫れ鼎革《ていかく》の際、志士の義に趨くは、惟だ難に首たるを難《かた》しと為す。天誅党人の為す所、矯激に免れずと雖も、然れども難に首たるの功、孰《たれ》か能くこれを没せん。且つ数十烏合《うごう》の衆を以て、能く空拳を奮《ふる》い……事敗れ志躓《つまず》くも、一死以て其の志を遂げ、学ぶ所に負《そむ》かざるは、亦た壮となすに足る」（「南山踏雲録跋」一四巻一三八頁）と記している。吉田松陰については、「身を挺《てい》して直《まっすぐ》に前《すす》み、一世に難に首たり。其の勁節偉烈《けいせついれつ》、今に至るまで赫赫《かくかく》として人の耳目に在り」（「書吉田松陰先生詩文手藁後」、一四巻二〇二頁）の如く、「首難」の功を称賛している。

称賛の理由は、以下の如き湖南の歴史観にある。すなわち、「時勢の潜運黙移、既に其極に達するに及んでは、必ず一大斡旋《あっせん》の機を経て、従前の沿習、必ず根柢より刷新するに非ざれば、以て気運の流行に応ずるに足らず……大斡旋の際には、勢之《これ》を始むるに大破壊を以てし、而して之を終ふるに大建設を以てせざること能はず」（二巻二三二頁）。つまり歴史の大転換にあたっては、まず不可避の大破壊に着手すること、すなわち「難に首となる」ことが必要となる。

湖南の豪傑観

難に首となるとは、事前に成否、利害得失の打算などは一切行わず、ただひたすら突き進む。かりに手段が誤っていたとしても、突き進もうとする誠意が人に通じ時代を切り開くことにつながるとの信念のもと、最初に決起することである。すなわち、他者を感化して理想へ向かわせることができると信じきって、至誠至善の行いを自ら進んで行う、ある意味では極めて愚かな人物を、湖南は「豪傑」と呼ぶ。豪傑はまた、時の新興勢力からは自らの先駆けとして「改革者」なる令名を、旧勢力からは自らに対する裏切り者として「謀反人《むほんにん》」なる悪称を与えられるという（一巻五一三頁）。湖南は豪傑について、以下のように述べている。

> 英雄豪傑の士、或は時に先《さきんじ》て見を立て、而して其身を禍に甘じ、或は勢に忤《さかろ》うて情に徇《したが》ひ、而して其心の慊《けん》（満足）を取る、而る後大有為の士あり、敬《つつしん》で時の明命に遵《したが》ひ、奮《ふるつ》て勢の大方を定む（一巻三三七頁）。

『近世文学史論』では、特に学問上の豪傑について、「凡そ非常の士、人に抜くの業を成す者、或は高峻《こうしゅん》超邁《ちょうまい》、万人の従ふ能はざる所を為し、或は時尚の嚮《むか》ふ所を導て、一代の宗匠と仰がる……亦豪傑たるを失はず」（一巻五八頁）と記し、「百家に出入し、瓌奇《かいき》倜儻《ちょうとう》（傑出して優れ常識にとらわれることなく）、能く言はんと欲する所を言ひ、為さんと欲する所を為し、以て一世に偃蹇《えんけん》す（卓越する）、人豪と謂ふべし」（一巻七〇頁）とも記している。

さらに「豪傑」（『亜細亜』五六号）なる一文では、豪傑の資質を備えながら、その「活力と自制力」が「内に闘乱」し精力を使い果たす結果、自らは社会の「深底層」に埋没して基礎となる一方、「軽浮なる者をして、其の表面に飛躍して、其の赫々の名を成さしめ」、自分は「敢て其の恵に誇らず、其の報を受け」ない、の如く、時代に先駆けて行動する豪傑がしばしば不遇であることを指摘している。

湖南が豪傑と呼んだ人々

以上が理想を実現するために非常の勤を実行できる人物についての湖南の見方、すなわち「豪傑」観であるが、それに基づき湖南が「豪傑」と呼んだ歴史上の人物を確認しておこう。まず学者としては、平安末期の明経博士・清原頼業について、「独見」を奮《ふる》った「豪傑の士」（一巻四一頁）であるとする。また内藤恥叟《ちそう》の説に賛同して、富永仲基は、三浦梅園、山片蟠桃《ばんとう》とともに「卓然として独立した……真個《まこと》に豪傑の士」（一巻三八〇頁）であるとし、湖南自らも富永は「本居の前に在て儒を議し、平田の前に在て仏を論ぜし豪傑の士」（同三八五頁）であるという。さらに荻生徂徠は「豪傑たるを失はず」（一巻五八頁）、中江藤樹、熊沢蕃山、伊藤仁斎、新井白石の諸人はその徂徠と肩を並べ、賀茂真淵は「国学の物徂徠」（一巻八三頁）にあたり、非常に「独創力に富みし人である」（一二巻三五一頁）。とりわけ伊藤仁斎は、「独り自ら沈潜反覆……一家の言」を立て、太宰春台によって「豪傑の士、文王を待たずして興る者」（この語に関しては後述参照）と評価された、とする。仁斎の末子、伊藤蘭《らん》嵎《ぐう》についても、五経に関する著書が「独見」を示し、「豪傑の士と謂ふべく、卓爾《たくじ》として群ならず」

（一四巻一〇二頁）と記している。

仏教界に目を転ずるならば、まさしく「豪傑」の語を題名に冠した「宗教界の豪傑遂に起らざるか」（一巻）なる一文は、仏教の腐敗を洗滌《せんでき》するとともに、仏教を全世界の「勢力」にすることができる「豪傑」の出現を待ち望むという内容である。そこでは過去をふり返り、平安から江戸期までに崛起した「豪傑の僧伽《そうか》」として、最澄、空海、栄西、高弁《こうべん》、疎石、天海を列挙し、現今の宗教界にも「万世の師」たる道元、法然、親鸞に私淑する「豪傑の士」が出現することを予期している。「青年の仏教徒」（一巻）においても、法然、親鸞、日蓮について、台密諸宗の腐敗を極めん（終わらせよう）と欲し謀反を企てた「豪傑の士」であるとし、「仏教の前途」（『大同新報』二七号）では、キリストを「ユダヤの一豪傑」と称している。

政治上では、前述の如く、首難などの愚なる行いを貫徹した人物を豪傑とする。それ以外では、「黒田伯の失敗」（一巻五〇〇頁）で、「一身の功名毀誉、露ばかりも心に留めず、天下国家を己が身と一つに思ひなす」ことは、いかなる「大豪傑」であれ、勉めずしてここに至るのは困難であるという。逆に言えば、勉めてそこに至るのが「大豪傑」であり、近世では、仁によって至った西郷隆盛がそれにあたり、勝海舟は知を以て至り、この両者だけが「道理の霊機を体得」している。その豪傑に「稍々髣髴《ほうふつ》たる」のは、黒田清隆であるという。そのほか「ユニテリアン教徒に告ぐ」（『大同新報』二五号）には、「英の革命、クロムウエルの豪傑政治」なる語が見え、さらにイギリスとの合併撤廃運動やカトリック教徒解放運動の指導者として活躍した一九世紀のアイルランド人政治家オーコンネル（O'Connell）を、「豪傑」と呼んでいる（一四巻二二四頁）。

中国の人物では、「かの仁義を口にし、唐虞三代王道を言ふの豪傑のみ独り億兆蒼生《そうせい》（人民）を水火に救ふを謀る」（一巻六一九頁）とされる「豪傑」は、明らかに孟子を指す。その孟子が「百世の師」たる「聖人」としてあがめたのが、伯夷と柳下恵であり、「伯夷の風を聞く者は、頑夫《がんふ》は廉に、懦夫《だふ》も志を立つる有り。柳下恵の風を聞く者は、薄夫《はくふ》は敦《とん》に、鄙夫《ひふ》も寛たり……百世の下、聞く者興起せざるなし」（尽心下）の如く、彼らの感化力は百世後まで及び、湖南の論理に照らせば、当然豪傑でなければならない。さらにその両者同様、孟子が聖人であるとした伊尹と孔子も、豪傑と見なされたに違いない。とくに孔子について、湖南は「意を当世の務に絶つ能はず、猶千古に化を敷くに足る」（三三九頁）の如く、その感化力を称えている。そのほか明末の書道家・婁子柔《ろうしじゅう》について、その勁潤駿逸《けいじゅんしゅんいつ》（力強く豊潤で俊逸）なる書体は、欹偏《きへん》（奇抜で風がわり）を尊ぶ当時において別に「一幟《いちし》を樹」てており、「豪傑の士」と呼ぶことができるとしている（一四巻一六四頁）。

豪傑願望

湖南が豪傑の語を以て呼んだ人物は以上の如くであり、学者と僧侶が顕著に多い。豪傑の特徴を確認するため、徂徠や仁斎に関する湖南の評価をいま一度見てみると、「伊物二氏独り赤幟を樹てて、思想独立の先駆たり」（一巻二八頁）、「才力極めて大なる者、乃ち能く挺然《ていぜん》として一家の説を為すべく、即ち前修に資《と》るあるも、渾然《こんぜん》として之を己に融化し、貌襲《ぼうしゅう》の迹《あと》を存せず、伊物二氏の若き是れなり」（一巻三三頁）、「独見創思の時に嚆矢《こうし》たる者……倶に一国思想独立の為に先駆として、百世朽ちず」（一巻四三頁）などとある。要するに、豪傑とは先駆、独立、独創といった語で形容される人々なのであった。

特筆すべきことに、湖南は同時代の宗教界のみならず、政界にも豪傑が出現することを願っていた。

その願望を、湖南自ら父親に対し明言している。すなわち湖南は、若い友人折戸亀太郎が議員選挙に立候補するに際し、「贈折戸君序」（一四巻）なる激励文を執筆している。そこでは、自己の私的利益の確保と所属政党へ忠誠を尽くすための奪権抗争に終始する政治家が天下に満ちるなか、ひとり折戸君のみが、「名利に枉《ま》げられず、権勢に移されず、其の正とする所を守り、其の信ずる所を行い、磊《らい》磊落落《らいらくらく》、日月とともに皎然《こうぜん》（光り輝いている）」（二二六頁）としている、と記し、『孟子』公孫丑上篇に見える「富貴も淫する能わず、貧賤も移す能わ」ざる大丈夫を念頭において激賞している。この一文を贈った湖南の真意を、幸いに関西大学内藤文庫所蔵の『大同新報』第五号の欄外書き込みによって確認することができる。それは、この文章がやや過褒《かほう》気味であるとする父親の批評に対する湖南の返信の一部であり、「過褒」になったのは、「如此想像ノ豪傑ヲ得タキ一念ヲモリタル微意ノ発露」、すなわち湖南の豪傑に対する希求の念が発露したためであるという（明治二二年六月一二日付の書簡とは若干の異同あり）。湖南の豪傑願望は、極めて具体的現実的なものであったのである。

　以上を要するに、経世の志を有する湖南が、理想社会の実現のために期待したのは、生死や利害損得を度外視して、時代に先駆けて至誠に基づく行為を実践しうる「豪傑」の出現であった。このように見てくると、前節で提示した疑問について自ずと解答を得ることができる。これまでの論旨をふり返りつつ、述べておきたい。

伊庭は現代の豪傑

　早期湖南の硬質で熱情的な側面に着目した本節では、まず星亨暗殺事件に関する湖南の論説ならびにそれ以前の所説に基づき、刺客や自殺といった過激で違法性を帯びた行為について、湖南が真情においては共感・共鳴し許容していたことを明らかにした。その理由は、それらの行為が国家や社会公益のため、一切の私心なく自らの理想や信念を一途に追求した結果である限りにおいて、至誠に徹する君子の為す所に似ている、と湖南が考えたからであった。さらに、こうした湖南の所説や認識の思想的な意味をさぐるべく、湖南の経世意識や理想社会の実現構想などを検討して、当時の湖南が、儒家の修己治人説にのっとり、理想的な道徳社会とは、経世の志を有する人物が、非常の忍と勤とによって、すなわち先覚者としての自負とそれに基づく圧倒的に純粋な行為を以て、天下社会の人々を感化することによって、確立すべきものである、と考えていたことを明確にした。「首難」に代表されるその種の行動は、常識的な価値判断からすれば、「愚」であり、「蟷螂の斧」でしかない。しかし、そうした犠牲によってのみ、社会変革への道筋が明白となり、社会全体が理想社会の実現へむけて動くことになる、と考えたのである。

　しかも、純粋な行為の「非常」さ、すなわち「愚かさ」の程度が甚だしい場合には、たとえその行為が、「偏見」や「左道（不正邪道）」に基づくものであったとしても、信念を一途に貫こうとする言わば没我の誠意（至誠）は、充分に人を感化し、動かすに足ると述べている。曰く、「自ら信ずること篤き者ありて奮然蹶起《けつき》し、涙を揮ふて其力を世の為め人の為めに致さん者もあらば、其殊勝なる行跡に感じて、其見道の正邪如何を顧みず（道理や価値の善悪如何を顧みることもなく）、之を賛翼助成するの徒ら、知ると知らざると、賢きと愚かなるとの分ちなく、翕然《きゅうぜん》として蔟《むらが》り生ずるに至るべし（いずれも強烈に感化されて、続々と出現することになる）。其駸々《しんしん》として方《ま》さに進むの際に於ては、機として投ぜざることなく、運として会せざることなし」（「不測の禍害」、『大同新報』第八号）、と。

同様に「妄信」ですら、「喜ぶべきに非ざるは万々なりと雖も、其堅固にして動かすべからざるは頗る嘉《よみ》すべき者あり」（一巻四五〇頁）の如く、君子の行いに似て堅固であることを評価している。さらに、「大豪傑」と「大悪漢」は、前者は「人の為」に、後者は「己が為」に行動する点で異なるが、「果敢、沈毅《ちんき》、強忍、深慮、俗の毀誉《きよ》を顧みず、俠勇、冷処極冷（冷静であるべき所では、この上なく冷徹）、熱時極熱（熱くなるべき時には、この上なく熱血的）」という点では共通している（一巻四八一頁）、とも記している。

上述の如く、湖南は、星亨を「目的の為に手段を択ばず、成功の為に主義を問はざる病的思想」の権化と見ていた。また伊庭による星の暗殺は、「社会の為」に「自ら刑罰を取るの覚悟」を以て伊庭が行った「上天の国民に降せる警告」であるとも述べている。つまり、伊庭は、自らの信念に忠実に、己一個の生死利害を度外視したうえで、敢えて愚なる犯罪行為を犯したのであって、如上の湖南の豪傑観からすれば、まさしく経世の責務を自覚する豪傑に通ずることになる。少なくとも、自らを裏切らず一途に信念を貫徹しようとする君子の行いに近い、と見なされねばならない。つまり湖南は、伊庭想太郎の刺客行為に、豪傑あるいは君子と通ずる部分を認めたのであり、これこそ、伊庭に対して全否定を以て臨まず、過去における善言善行を考慮し、社会が徳義的同情を寄せる理由を究明すべし、とした所以である。

繰り返せば、早期湖南が道徳社会の実現にむけて必要不可欠としたのは、先覚の士による修己治人である。時代を正しく認識し、課題を先取りしてその解決に努める。あるいは独創の識見により旧社会の問題点を抉《えぐ》りだし、新たな理想社会を構想する。社会を救うため自らの信念を過激・非常に実行して、人々を感化してその心を動かし、理想の追求へと立ち上がらせる。それらの行為は、しばしば新秩序の建設を前提とする旧秩序の破壊となり、そこに摩擦・軋轢《あつれき》が生ずることは必至である。のみならず、誠意に基づく行為の過激・非常の度合い、すなわち愚かさの度合いは、まさしく誠意の度合いにほかならず、その程度が甚だしいほど共鳴を呼び、感化力は増す。したがって、時に反秩序・反社会と見なされる凶行を犯すことになり、犯罪者として処罰されることも覚悟しなければならない。それ故、まさに愚かで非常なる覚悟と犠牲的精神なくしては、実践できない。それを一途に敢行するのが豪傑であり、伊庭想太郎は、それに類していたのである。

豪傑像の形成と武士の精神

ついで生ずるのは、こうした湖南の豪傑像が、如何にして形成されたのかという疑問である。これに関して容易に想起しうるのは、若き湖南が江戸以前の武士に通ずる心性を濃厚に持っていたということである。たとえば多田英俊「新村出と短歌――内藤湖南・柳田国男との交流から」(『嵯峨野高等学校研究紀要』一五号、二〇一四年)は、京大時代の湖南が同僚教授・新村出に宛てた病気見舞いの書信中に(現新村出記念財団蔵)、「武士気質を高らかに宣言した」つぎのような短歌があることを紹介している。

くはずとも　高楊子かむ　ますらをは　すきもる風を　あにおそれめや

多田氏も指摘する如く、内藤家は旧南部藩士族、新村家はもと幕府旗本である。両者にとって、「くはずとも云々」の諺が、本来、武士の矜持《きょうじ》に対する「正の評価」を意味することは自明である。湖南がこの短歌を見舞いとしたのは、生命よりも誇り(理想)を優先する武士の心性を両者がともに共有しているとの確信に基づいてのことに違いない。後年に至るまで武士の精神が湖南を規定していたことが分かる。

この点を確認したうえで、今一度、湖南を拘束していたという「儒学の本」に立ち返るならば、直ちに『孟子』の「欲する所、生より甚だしき者あり」(告子上)、さらには「恒産無くして恒心あるは、唯だ士能《あた》うと為す。民の若きは、則ち恒産無ければ因りて無し。苟《いやしく》も恒心無ければ、放辟邪侈《ほうへきじゃし》(無責任・罪過・不正・身勝手などのあらゆる悪事)、為さざるなきのみ」(梁恵王上)といった語句を想起することができる。さらに、たとえば湖南と因縁浅からぬ吉田松陰は、孟子のいう「恒産無くして恒心あるは、唯だ士能うと為す」について、「此の一句にて士道を悟る」ことができるとする。しかもそれが、「諺に云う、武士は食わねど高楊枝」と同意であるとしたうえで、「武士への教と云ふには非ず、武士の有様なり。武士と云ふ者は、餓ゑても寒《こご》えても、吾が持前の心懸を失はぬ程の事は申すまでもなきことにて、教と云ふには足らぬことなり。此の事、実に吾が一心身上にあることなれば、人の力を借らず、人の財を費さずして、自在に成し得べきことなり」(『講孟劄記《さつき》』梁恵王上)と述べている。武士の「心懸」「一心身上」のことが、『孟子』の所謂、大丈夫の覚悟として表現されている。

なおかつ相良亨《さがらとおる》「対峙する精神」(『日本人の心』東京大学出版会、一九八四年)によれば、武士は本来、戦闘員としての体験のなかで「己れを飾らずありのままの自己をもって立つ精神」、すなわち精神的な独立性を培ってきた。それは、山鹿素行、佐藤一斎、吉田松陰らが標榜した「独り立つ」ことや、明治以降の福沢諭吉、内村鑑三らが唱えた独立精神とも、連続しているという。相良氏はさらに、幕末維新期にそうした精神を表す語として愛用された「人は人たり、我は我たり」の出典が、『孟子』に見える柳下恵の語であることを指摘している。

孟子に基づく豪傑観

本章ではもとより、武士の精神と孟子の関係、あるいは幕末維新期における孟子思想の位置づけといった大きなテーマを、正面から論ずる準備は無い。しかし少なくとも、江戸期の武士が共有していた、生命より理想を重んずる、独り立つといった精神が、『孟子』の語として明示化され、彼らを規定していたということは間違いない。なおかつ湖南の豪傑観もまた、『孟子』に基づいていることは、以下の如く明らかである。

すなわち、まず文廷式との対話の中で、「豪傑の士、文王を待たざる者、草莽に踵起《しょうき》（次々と立ちあがる）する」（一巻六五頁）と述べており、これは『孟子』尽心上篇の「文王を待ちて後に興る者は、凡民なり。夫の豪傑の士の若きは、文王無しと雖も猶お興る」に基づいている。また湖南は、「此の如き真豪傑子が、其謀反人たるに於て、当に具《そな》ふべき資質は、真に言ひ難き者あり、亦至大至剛《しだいしごう》、浩然として天地の間に塞《ふさ》がる気を以て、大詩人が此世界の妙機を感じ得る如き感性と、大理学者が此世界を観破する如き眼識とを具せざるべからず」（一巻五一四頁）とも記している。すなわち、豪傑の資質を言葉で表すことは難しいが、「浩然の気」が不可欠の要件であることだけは明確であると述べており、湖南の所謂「豪傑」が孟子を前提にしていることは間違いない。

さらに前述の如く、「英雄豪傑の士……勢に忤《さか》うて情に徇《したが》ひ、而して其心の慊《けん》を取る」（一巻三三七頁）、「志ある者の第一に頼むべき報酬は、富にあらず、権にあらず、又萬世の名にあらず、只箇《こ》の一己の心の満足」（一巻三三二頁）の如く、豪傑が非常なる生き方を選択するのは、「心の慊《けん》」すなわち「心の満足」を得るためであるとしている。注目すべきは、この「慊」なる文字が、浩然の気を生ぜしめる心のあり方を形容する文字であるということである。すなわち『孟子』の言う大丈夫の浩然の気とは、道義に基づく行動を積み重ねていく中で生ずるものであり、もし自ら省みて「心に慊ならざること有れば」、直ちに消えてなくなる（公孫丑上）。逆に言えば、慊であり続ければ、浩然の気が消えることはない。湖南のいう英雄豪傑が獲得を目指す心の境地「慊」とは、まさしく敵が千万人あろうと突き進む勇気（浩然の気）を持ち続けることができる心のあり方なのである。これによっても、湖南のいう豪傑観が、孟子思想に基づいていること、さらに湖南の豪傑が孟子の大丈夫と重なることを確認できる。

屢述してきたように、早期湖南は、儒家の修己治人説に基づき、理想社会は、士が民を感化することによって実現されると考えていた。飽くなき理想追求者としての士が、先覚者としての大任を果たすべく、一切を顧慮せず起ち上がり、その至誠なる犠牲的行為により、社会改革の道筋を作り、社会全体を理想実現に向かわせることが不可欠と考えたのである。そうした理想追求者を豪傑と呼び、その出現を望んでいた早期湖南からすれば、伊庭想太郎の刺客行為は、豪傑のそれに類することとなり、これこそ湖南が、その真情において、伊庭を全否定できなかった所以である。

しかも、こうした湖南の豪傑観は、孟子に基づいていた。この事実は、早期湖南を理解する上で、孟子の影響を考慮すべきことを示唆している。節を改めて、早期湖南と孟子思想の全般的な関係について考えることにしたい。

4　早期湖南の処世観と孟子

これまでの考察を踏まえ、本節では、早期湖南の思想、とりわけその処世観や人格における特徴が、孟子の思想によって強く規定されていたことを指摘したい。

孟子の魅力

そこでまず、孟子の思想の全体像をふり返っておく必要がある。言うまでもなく孟子は、中国史上最大とされる社会変動により崩壊状況に陥っていた戦国社会を救済するため、人と人とが仁義によって結ばれる世界、すなわち王道政治の実現を唱えた。具体的には、君王が、民に対して、その生活基盤である田土を与えて自立させ、そのうえで彼らを教化して善に向かわせ、全ての民が恒心を持つ理想社会の実現を図ろうとした。この王道政治の前提となるのが、所謂性善説である。あらゆる人間の本質は善であり、生まれながら四端、すなわち仁義礼智の端緒（君子となる可能性）を備えており、それを「存心（意識的な自己反省）」と不断の努力によって成長させねばならない。その際重要なことは、君王以下の政治的支配者が、天が自らに賦与した大任として、民や小人に対する教化の役割を自覚的に果たすということである。当時における中央集権的官僚制の整備・確立を反映して、士、大人、君子、賢者、聖人、王者など様々な名称で呼ばれる支配者達が、善に向かって克己修身することにより、民や小人を感化して善に向かわせるのである。

ちなみに言えば、前節で述べた豪傑は、そうした政治的支配者のうち、とくに古い秩序を破壊し、新たな秩序の形成が求められる状況において、その課題解決を時代に先駆けて犠牲的に実行する人々を指す。この点において孟子は、言わば旧秩序へと回帰することによって社会秩序の再建を試みようとした孔子とは異なる。『孟子』離婁下篇の「仲尼は、已甚《はなはだ》しきを為さざる者なり」という語からは、中庸に対する冷静な評価とともに、自らの信念を実現しないでは已《や》まない沸々たる熱情を読み取ることができる。

要するに、王道世界は、「天民の先覚者」（万章上）としての政治的支配者が自己修養（修己）により民を教化（治人）することで実現するのであり、この意味において孟子思想の核心は、士の自己修養であると言うことができる。それは、「君子の守りは、其の身を修めて天下平らかなり」（尽心下）、「これを己に反求し（反省して責任を自らに求める）、其の身正しければ、天下これに帰す」（離婁上）、「天下の本は国に在り、国の本は家に在り、家の本は身に在り」（離婁上）、「賢者は、其の昭昭（明徳）を以て、人をして昭昭たらしむ（徳を明らかにさせる）」（尽心下）などの語によって明確である。繰り返せば、文王を師として、その仁義の道を実践すれば、「必ず政を天下に為さん」（離婁上）とあるように、政治的上位者が、修身克己して仁義を目指せば、全ての民は自ずと感化され国は治まる、とするのである。

おおよそ何かを求めて真摯に孟子と向き合う者は、理想実現のための行動を他者にではなくまず自分自身に求めようとする、そのひたむきさに打たれる。また「人を愛する者は、人恒にこれを愛し、人を敬する者は、人恒にこれを敬す」（離婁下）なる語に表出しているような人間の善性を根底から信じて疑わない誠実さに魅了される。その結果、まさに豪傑と民の間に成立する「修己治人」の関係が、孟子と読者の間にも成立することになる。読者が孟子から影響を受けるという場合、すなわち百代のちの「聞く者が興起する」（尽心下）という時には、まさにこの自己修養の側面に着目する必要がある。早期湖南もおそらくは、そのように孟子に魅了されたに違いなく、「若い頃に読んだ儒学の本がわしを拘束して、悪いことをさせない」という言葉は、この意味に理解すべきと思われる。

孟子と湖南の対比――自負と矜持

以下、孟子の処世観と湖南のそれとを対比しつつ述べていく。まず孟子の高潔な理想主義と強烈な覚悟は、天が自らを選び大任を与えたとの自負と矜持から来ている。曰く、天がある人物に大任を降そうとする時、必ずその心志を苦しめ、その筋骨を疲労させ、肉体を餓えさせ、生活を窮乏させ、さらにその行いが、為そうと考えている所と食い違うようにさせる。そうして、その人物の心を発憤・感動させ、あらゆる事柄に堪えることができる人格を作り上げ、それまで不可能であったことをできるようにさせる、と（告子下）。また孟子は、「如し天下を平治するを欲せば、今の世に当たりて我を舎《お》きて其れ誰ぞや」（公孫丑下）、「予は天民の先覚者なり、其の自ら任ずるに天下の重きを以てすること此の如し……予これ（後覚の人）を覚らしめずにあらずして誰ぞや」（万章上）と明言している。

こうした孟子の自負と矜持は、そのまま早期湖南が思い描いた士の自負と矜持であった。すなわち、「夫《か》の士が自ら立つ所以よりすれば、必ず其の心志を困苦せしめ、その行為を拂戻《ふつれい》（挫折）せしめ、艱難の間に玉成して、困頓《こんとん》の余に樹立す、尤も貴ぶべしと為す」（一巻二九五頁）と湖南は記し、明らかに如上の孟子の記述を踏まえ、士の貴ぶべきは、困苦、艱難、困頓をつぶさに経験したうえで、その独立的人格を玉成・樹立することであると断じている。さらに『菜根譚』前集の「天、我に薄くするに福を以てすれば、吾、吾が徳を厚くして以てこれを迓《むか》えん。天、我を労するに形（肉体）を以てすれば、吾、吾が心を逸《いつ》に（リラックス）して以てこれを補わん。天、我を厄《やく》するに遇を以てすれば、吾、吾が道を亨《とお》らしめて以てこれを通ぜん。天且つ我を奈何《いかん》せんや」という記述について、「之を読めば泫然《げんぜん》として涕《なみだ》出づ。真に限り無き惨痛なり。……嗚呼、天且つ我を奈何せんや」（一巻三一一頁）

の如く、天の与える状況が如何なるものであろうと、常にそれを受け入れ、最善の努力を尽くすのみ、と述べている。

恥の意識と自己反省

つぎに孟子の自負と矜持は、恥の意識とたえざる自己反省によって支えられる。すなわち「人は以て恥なかるべからず。恥無し、これを恥ずれば、恥無きなり」（尽心上）、あるいは「仰いでは天に愧《は》じず、俯しては人に怍《は》」じないことを「君子三楽の一」（尽心上）とするように、自らの恥の意識を以て処世を支える安全弁とする。また、君子が他者から非道の扱いを受けた時には、「必ず自反（反省）」して、自分に落ち度があったのではないかと顧みる。反省の結果、自らの仁と礼に問題が無く、なおも他者の非道がやまない時には、さらにいま一度、「自反」を繰り返す（離婁下）。かつまた「人を愛して親しまれずんば、其の仁を反し……行いて得ざる者有れば、みなこれを己に反求す」（離婁上）ともあり、君子は常に何事に対しても絶えざる自反によって自らを律する。かくて「人に為さざる有り、而る後に以て為す有るべし」（離婁下）の如く、君子の処世が定まり、「自ら反して縮《なお》からずんば、褐寛博《かつかんぱく》と雖も、吾惴《おそ》れざらんや。自ら反して縮ければ、千万人と雖も、吾往《い》かん（自ら反省して誤っていれば、相手が粗末な身なりの身分の低い者であろうと、懼れずにはいられない。逆に自ら反省して正しければ、たとえ相手が千万人であろうと、かまわずに前進する）」（公孫丑上）、すなわち至大至剛の勇気と覚悟を以て行動することが可能になるのである。

早期湖南もまた、恥と自反こそが士の処世を支える、と述べている。たとえば条約改正に関して、わずかの成果で欣喜雀躍《きんきじやくやく》するような態度は、「そも恥を知る士大夫の為すべきことかは……貪《たん》にして懦《だ》ならば、何の面皮ありてか抗顔して（偉そうな面持ちで）、猶自ら士人の列に入らんとはするぞ」（『大同新報』一二号）とし、また「深山に咆哮《ほうこう》して、陥穽《かんせい》に哀号するが若きは、士たる者の恥づべき所なり」（二巻二九五頁）と述べ、生命より道義を優先する日本の国俗に依拠してこそ、「世に処して懼れ且つ恥づる所なきことを得べし」（二巻二九〇頁）とも記している。自反については、色眼鏡で世を観察する者（政治家）に対し、「汝の双眼《そうがん》が尋常の位置に在りし丈に、己が容色の常に見えねばこそ」、そのように見えているのであり、「顧みて自己の面体恰好《かっこう》いかにと観よ」（一巻四七一頁）と、自己省察を行うことを求めている。さらに条約改正賛成論者の言説は、「磊落軒昂《らいらくけんこう》天地に愧《は》づることなきもの」とは認められず、彼らは夜が深け眠りに入るまえに自らの言動をふり返れば、「忽《たちま》ちに良心が其昼間《ひるま》の罪悪を数《せ》むることなきを保せんや」（『大同新報』一三号）とも記し、経世の士の処世は、恥と自反を前提とすべきであると湖南が考えていたことが分かる。そうあってこそ、「心に負《そむ》き己を欺き、強弁付会」（二巻二八五頁）することなく、「心を欺かざるの言を言ひ、言に負かざるの行を行ふ……以て天下の擾々《じょうじょう》たる者（騒ぎ乱れる人々）を攪醒《かくせい》」する務めが果たせるのである（『大同新報』一三号）。

理想は生命より重い

恥と自反とによって処世を律する孟子は、「生も亦た我の欲する所なり、義も亦た我の欲する所なり、二者兼ぬるを得べからずんば、生を舎てて義を取る者なり」（告子上）、あるいは「其の道を尽くして死ぬ者は、正命（受け入れるべき天命）なり」（尽心上）の如く、義や道、すなわち理想の追求は、生命よりも高い価値を有すると主張する。湖南はこれにも共感し、「生は重ずべき也、義に当りては或は之を失ふを避けず」（二巻三〇九頁）、「身を殺して以て仁を成すを常とし、生を惜みて以て義を害するを恥づ」（二巻二九〇頁）、と言う。さらに「孟軻《もうか》は其の元《こうべ》（首）を喪ふことを忘れずといって、勇士の覚悟を述べた」（二巻三六一頁）、「夭寿貳《ようじゆふた》こゝろせず（短命に終わるか長寿をとげるかなどは一切考慮せず）、勇士其元を喪ふを忘れずとは孟子の申す通り」（『大同新報』八号）の如く、明確に孟子に基づき、士なる者は生死を超脱して生きるべきである、と述べている。

譲歩・妥協を拒絶

理想を最優先する孟子には、たとえ寸分であろうと己を枉《ま》げて譲歩することは不可能であり、「己を枉ぐる者は、未だ能く人を直くする者有らざるなり」と言い切る。湖南も、そうした処世への共感をしばしば吐露している。曰く、孟軻は愉快な男だ、尺を枉《ま》げて尋《じん》（八尺）を直《の》ぶるなどといふことはいかぬと断言してある、孔子よりは好人物で、随つて略がないやうではあるが、可愛げのある男だ。……畢竟《ひっきょう》孟軻は理窟はのけて、人情の早分りする男だ、江戸っ子のやうに可愛い処のある男だ。……藩閥政府に降参する連中は尺を枉げて尋を直《の》ぶるとでも言い訳するだらう、詭遇《きぐう》して十禽《きん》を得ようといふのだらう、己を枉ぐる者が人を直くすることが出来ようかへと、孟軻が云つた（二巻三六〇頁）。孟子が拒絶したのは、心に満たぬ一尺の小さな譲歩によって、八尺の大きな利益を獲得すること、さらに「詭遇」すなわち作法に外《はず》れた操縦法で戦車を駆り、多くの禽獣を獲得することである。つまり、目的達成のためには手段を選ばぬ功利主義を拒絶しているのである。功利のための妥協・打算を拒絶する孟子の潔癖さが、湖南の心に適《かな》い、それを自らの価値判断の基準としていたのである。

若き湖南が、世の売文輩を批判するために書いた文章「売文」には、孟子に規定された湖南の人格的特徴が如実に表れている。すなわち、汚濁した世の中で物質的欲望を満たすためには、時流に乗るのも仕方がないと考える輩は、売文のために技を弄している。しかし物質的な満足は所詮、一時的なものでしかなく、いつの日か、そのような自分に対してこみ上げる「羞悪の情」をどうすることもできなくなる。それより、「かの自反して誠なるの楽」が大なる生き方、すなわち苦しくとも「正を踏んで反《かえつ》て不遇なりし者」として生きる方がよい、と述べている（一巻三二四頁）。

以上孟子の処世観と湖南のそれとを対比して、豪傑観のみならず、選ばれて天爵に生きる人間としての強烈な独立自尊・自覚、恥と自反により自らを律する、生命よりも理想を重視する、譲歩・妥協を許さぬ理想主義などといった、処世観、人格が孟子思想に大きく規定されていたことを明らかにした。

湖南の処世の根本は孟子の徳義

孟子が唱え、湖南がのっとった経世の士のあるべき人格は、最終的に「仁に居り義に由る」（尽心上）、「其の身を潔くするに帰するのみ」（万章上）といった語に収斂する。儒家的な価値観、人倫のあるべき秩序規範を、湖南は「道徳」あるいは「徳義」なる語で表し、それらの語が早期湖南の文章に頻出している。たとえば東京府会における賄賂事件に関連して、「徳義の蕩然《とうぜん》として（あとかたもなく）地を払《はら》いしを浩歎《こうたん》するを免れず」（『大同新報』五号）とし、また、文学が人心道義の綱紀であり、国家士気に影響を与えるものである以上、「文学者は、法律上の責任の外に徳義の責任を有せじや」（一巻四六四頁）と記している。さらに「自由意志が成就せる徳義の堅実強忍は、人為の約束に聴従する操守の比にあらず（内発的な意志による徳義が堅忍不抜であることは、外在的な約束ごとを守る精神とは比べものにならない)」(一巻五四九頁)、あるいは言論社会は「徳義を守りて、肝胆《かんたん》を吐く」ことが要請される(『大同新報』一五号)と言う。さらに晩年の『支那論』最終章でも、たとえ一時的に不利益があっても、そのために動揺せず、守る所は十分に守って主義方針を軽々しく変えることのないような徳義を持たねばならない……機会主義の政治家からすれば、迂闊《うかつ》な空論としか思えぬであろうが、この中にこそ立国の永遠なる真理が含まれている、と述べている。

「泰西政治の徳義」と題した文章では、西欧においても、最終的に国家や社会を維持するのは、物質ではなく「道徳の力」であると見なされていることを強調し、結論として、「修身斉家治国平天下、事物本末終始の説」は人類普遍の真理であると述べている(二巻三二九頁)。ここに言う事物本末終始の説とは、『大学』の「物に本末あり、事に終始あり。先後する所を知ればすなわち道に近し」との考え方であり、ものごとは順序段階を逐って成し遂げる必要があり、そうすれば道に近づくことができる。政治の根本は、結局、士の志、修身・処世の問題であり、ここから始めるべき、という意味である。

このように湖南は人間社会は普遍的に徳義を護持すべきであると主張した。徳義なる語は、『左伝』僖公二四年、『国語』晋語七、『墨子』尚賢中篇、『管子』立政篇などにも見えるが、それを実践する側の心の問題(内面的な行動規範)と結びつけて具体的に論じたのは、孟子を嚆矢《こうし》とする。孟子曰く、人が常に泰然として自分のあり方に満足する状態、すなわち自得無欲の「囂囂《ごうごう》」たる態度でいるためには、徳と義を楽しむ必要がある。徳と義を尊び楽しむことができれば、いかに困窮しようと義を失わず、逆にどれほど栄達しようと道(徳)から離れない。困窮しても義を失わないから、士は常に自己の本性を全うすることができ、栄達しても道から離れることはないから、民が望みを失うこともない……つまり困窮すれば、ひとり我が身を修めて善に向かい、栄達すれば天下の人々をあまねく善に導くのである（尽心上）。要するに孟子は、いかなる状況においても、自己の心の力で徳義を貫くことができれば、「囂囂」としていることができる、というのである。本節で明らかにした湖南と孟子の緊密な関係からすれば、湖南が徳義なる語を用いる時にも、このように心のあり方と結びついた孟子の所謂徳義を強く意識していたに違いない。

いかなる時も徳義を失わない覚悟を孟子は「恒心」と呼んだが、これまた、孟子の基本的主張である。早期湖南もやはり「恒の産なくして恒の心あるは、士人の自重する所……恒の産なくして恒の心ある者が、恒の心を言ひあらはせば、かれ恒の産なきが為に、その言ひあらはせる心までが、恒ならずと思はるる世なり」（一巻六六九頁）、「百姓は恒産あり、往時に在りて、其の生活最も士人に近し、故に其の恒心あること、かの廃著交易、乍起乍仆《たちまちおきたちまちたおる》の町人と同じからず」（一巻三〇一頁）、「称して紳士と云ひ、有志といふ者と雖も、恒産なくして而も恒の心あるの節を持する者、落々として晨星の如くなれば」（『大同新報』一九号）の如く、「恒心」を持つべきは士人であること、ならびにそれが容易ではないことに言及している。

つまるところ、早期湖南の処世観における根本方針は、儒家思想、とりわけ孟子の所謂徳義の恒常的な護持であり、それを恥と自反により自己抑制することで可能にすべきと考えたのである。何度も引用することになるが、「若い頃に読んだ儒学の本がわしを拘束して、悪いことをさせない」という言葉は、このことを指しているのである。

湖南の主要論点と孟子の思想

以上には、早期湖南の処世観に対する孟子思想の影響について確認したが、このほか歴史認識、教育など、早期湖南の思想における主要な論点が、孟子の思想を踏まえて展開されている。詳細については別の機会に委ね、ここでは簡単に見ておきたい。

たとえば湖南は、自らの歴史認識の方法について、「古を論ずるの快は、之を其身其時に切にするより快なるはなし、尚友《しょうゆう》の義、実に此に存す」（一巻一四六頁）、あるいは「其時を尚論し、其人を尚友す……躬《みずか》ら其時に処して、而して目《ま》の当《あ》たり其人に接するが若」くして研究する（一巻一三頁）とも記し、「尚友」なる語で表している。本書第四章、第五章で述べるように、それは『孟子』万章下篇に見える語で、歴史的文脈に照らして対象を理解することを意味する。『孟子』には、優れた人物は、同時代における天下の優れた人物と交友しても満足できなければ、過去の優れた人物、すなわち古人を「尚論」する。しかも古人の詩を朗唱し、古人の書物を読んだからといって、その人物の如何を知らずして良いわけがない。それ故、古人の生きた時代や社会の状況を理解する必要があるのであり、これが「尚友」、すなわち古人を友とすることである、とある。

教育については、儒家の修己治人説に基づき、君子が自らの実行によって民を感化し、内発的な反省と自覚に基づく向上心を覚醒させ、民が自らの努力によって向上すべき、と考えていた。教育とは、君子というエリートの人格と、それに感化された人間の自発的な努力によって可能となる、とするのである。こうした湖南の考え方は、学ぶ者をして躬行自得せしむることこそが教育の本質であるとする孟子の教育観そのものである。とりわけ徳育については、「数万の教員」に実効ある徳育を施すことを期待するのは「磯辺の砂をして皆珠玉ならしめん」とするほど難しい。「盲《めしい》の盲を導く」庸人主義による教育は、「教ふる者も亦堪へず、教へらるる者も亦堪へず、而して世も亦其の賜を享《う》くる能はず」とその困難を指摘している（一巻三三五頁）。

以上は早期湖南の処世観や種々の思想が、『孟子』と密接な関係を持ちつつ構成されていたことを明らかにした。湖南にとって、かくも重要な位置を有する孟子について、湖南自身の言及を見てみると、刊行直後の『内藤湖南・十湾書簡集』（本書三六六〜三六七頁参照）に、「孟子の人品、その境遇は、生平至て同感を懐候ところにて、千古の尚友、誠に舍斯人而誰与帰（斯の人を舎きて誰と与にか帰）すと申すべきに御座候。その仁義を談じて極力利を排すること、当時に在ていかばかりの辛労ぞや。荘子荀子など議論文章は兎に角、其の人品気魄、とても及ばざる所に御座候」（明治二七年一一月一五日付、八五頁）とある。また全集の諸処でも、「八歳のころには論語を皆上げ、孟子を読み出した」（二巻七〇三頁）と述べ、「四書五経の研究もやらんわけではない」（六巻七二頁）と記し、幼年で理解していたことが確認できる。さらに「孟子は弱点多き人、其の学説も亦欠点多きを知ると雖も、我は寧《むし》ろ孟子に同情を表すること荘子よりも多き也」（一巻三三一頁）と、道に同化して世の一切を達観する荘子より、信念のために生死を顧みず行動する孟子を好むと述べている。

『孟子』はどの程度引用されているか

つぎに孟子が早期湖南の執筆文にどの程度引用されているのかを見てみると、叙述内容の傍証として説得力を増すため、あるいは文意に深みや広がりをもたらすため、極めて頻繁に行われている。まず『孟子』と明示して引用する例は、以下の如きである。

「尺を枉げて尋を直《の》ぶる、孟軻爾《なんじ》が迂《う》を二千年の上に笑はん」(一巻二八三頁)
「孟子は則ち文公に師賓《しひん》とせられ、是に逌然《ゆうぜん》として許子を笑へり」(一巻五五八頁)
「孟子伯夷太公を称して、天下の大老といふ」(二巻二六二頁)
「孟軻が雞を盗むの説あり」(二巻二九一頁)
「夭寿貳こゝろせず、勇士其元を喪ふを忘れずとは孟子の申す通り」(『大同新報』八号)
「梁の襄王孟子に問ふに天下悪《いずく》に定《さだま》るを以てし」(『大同新報』二五号)

つぎに明示はないものの、容易に孟子であると判別できる例としては、「物必ず先づ腐りて、而る後ち蟲《むし》これに生ず、人必ず自ら侮《あなど》りて、而る後ち人これを侮る」(一巻四七三頁)は「離婁上篇」、「恒の産なくして恒の心あるは、士人の自重する所」(一巻六六八頁)は「梁恵王上篇」、「孺子《じゅし》の井に陥《はい》らんとするを観る」(『大同新報』二〇号)は「公孫丑上篇」、「嫂《あによめ》溺れて之を救ふに手を以てすとかや」(『大同新報』一一号)は、「離婁上篇」からの引用である。また『大同新報』二七号には、唐突に「哿矣富人《よいかなとめるひと》、哀斯煢独《かなしこのけいどく》」という難解な漢文が出現しているが、これは、『孟子』梁恵王下篇に見える「哿《よ》いかな富める人、哀《かな》し斯《こ》の煢独《けいどく》(寄る辺なき民)」の引用である。本来この語は、『詩経』小雅・正月篇最末尾に見え、孟子が、王者は弱者の救済を最優先すべきであると論ずるくだりで引用している。「哿《よい》(可)」や「煢《けい》(孤立のさま)」といった稀見字により、容易に調べがつく例である。

孟子の引用であること、あるいは典拠としていることが判断しにくい例としては、たとえば「已むを得ざれば也」という一文で、やはり唐突に「舍《しや》能《よ》く懼《おそ》るるなきのみ、舍能く必ず勝つを為す者ならんや」という記述が出現し(一巻四五〇頁)、文意も理解し難い。ここに見える「舍」は、『孟子』公孫丑上篇のいわゆる大丈夫の不動心を説く部分で言及される「孟施舎《もうししゃ》」のことである。孟施舎は孔子の大勇に通ずる勇気の保持者であり、如上の記述は、孟施舎は勝てる見込みがない場合でも、いささかも怯《ひる》むことなく、必勝を信ずることができる、という意味である。つぎに「自信と自満」なる一文に見える「之を養へば斯《ここ》に存し、之を置けば斯に亡す」(二巻三一九頁)も、やや理解に苦しむ。この記述の典拠は、『孟子』告子上篇のいわゆる「夜気」を養うことを説く部分の「苟《いやしく》も其の養いを得れば、物として長ぜざること無く、苟も其の養いを失えば、物として消せざること無し。孔子曰く、操《と》れば則ち存し、舎《す》つれば則ち亡す……」の言い換えであり、天賦の良心を養い育てるためには、日々意識して絶えざる努力を重ねる必要があり、その努力を放擲《ほうてき》すれば良心は失われる、という意味である。

早期湖南の文章に対して無前提に臨めば、如上の二例の文意を正確に理解することは、かなり難しい。しかし、湖南と孟子(さらには論語などの「儒学の本」)との関係を念頭において臨めば、比較的容易に理解することができ、同様の部分は、なお相当数存在すると思われ、留意することが必要であろう。

漢文教科書と『孟子』

以上、早期湖南が頻繁に孟子を引用していることを確認した。さらに一点、指摘すべきは、湖南が最晩年に編集した漢文教科書『新撰中学漢文』(入門篇ほか巻一・二・三・四の全五冊、金港堂、一九三二年)における『孟子』の重要な位置づけである。その書の「緒言」には、教材の例文は語法に重きを置く一方、「内容上力めて趣味に富み且つ道徳的教養に資すべき文例を厳選」したとある。興味深いことに、高年次用の巻三、最終年次用の巻四の巻末には、いずれも「孟子抄」が配されており、その内容は、巻三が「修己」「士節」「仁義」「良心説」の四節、巻四が「性善説」「不動心説」の二節となっている。湖南が、「道徳的教養に資すべき」ことを意図して編んだ漢文教材は、孟子思想のなかでも、とりわけ士の修身、覚悟を説く部分を以て完結しているのである。本章で述べたように早期湖南は孟子に大きく規定されていたが、晩年に至っても、これらの部分こそが孟子思想の神髄であり、人間の「道徳的教養」に不可欠のものであると考えていたことが分かる。

本節では、早期湖南が孟子に大きな影響を受けていたこと、とりわけその処世観において強く規定されていたことを明らかにした。この事実は、孟子が早期湖南の文章に様々の形式で引用されていることによって確認できる。また湖南が晩年に編纂した漢文教科書においても、孟子は極めて重要な位置づけを与えられていた。

長々と論じてきたが、ここに至って残されたのは、ならばなぜ、湖南は他の書物ではなく孟子により規定されたのか、という疑問である。全体の総括とあわせて、これについての見通しを述べ、拙文を閉じることにしたい。

5　なぜ孟子の思想なのか――幕末維新期と孟子

孟子受容の理由

本章では、狷介孤高あるいは剛毅不屈などの語で形容すべき早期湖南の特徴ならびにその思想的な由来について考察した。いささかくどくはなるが、ここでいま一度、これまで述べてきたことを確認しておきたい。まず、伊庭想太郎の刺客行為に関する議論を手がかりとして、湖南が、理想社会の実現は、士が至誠なる犠牲的行為によって、民を感化することで可能になると考えていたことを明確にした。儒家の修己治人説に基づく当時の湖南からすれば、伊庭はまさしくその出現を待望してきた豪傑に通ずる存在であった。

ついで、そうした豪傑観のみならず、その処世観においても、早期湖南が孟子の思想に大きな影響を受けていたことを明らかにした。それは、早期湖南の文章に孟子が頻繁に引用されていること、漢文教科書でも、孟子が重視されていることなどから確認できる。結論として、早期湖南が熱情的かつ硬派的な側面を有するのは、理想実現のための実践と行動の必要性を説く孟子の影響であると言うことができる。

最後に、早期湖南が中国古典の中でもとりわけ孟子に規定された理由・背景、ならびに湖南のその後の人生における孟子との関わり方について述べ、結びとしたい。

父の影響

若き湖南が孟子を受容した理由については、当然ながら、まず父祖や先輩格の人々の教導や影響が考えられる。たとえば父・内藤十湾の人格ならびに処世について、湖南は「狷介にして、危言危行あり、未だ嘗て尺を枉げて尋を直くせず……鬚髪皓然《しゅはつこうぜん》として益々自ら其の苟《いやしく》も用いらるるべからざるを知り、遂に敢へて世と俛仰《べんぎょう》せず」（「鹿角志跋」一四巻一四〇頁）と記している。

これらのうち、「狷介」と「尺を枉げて尋を直くせず」は、前節で見たように、手段を選ばずに目的達成を図る功利主義に対して、これを峻拒《しゅんきょ》する孟子の処世を象徴する語である。その両者の間に介在する「危言危行」は、『論語』憲問に見える語で、「邦に道が有る」時には、「言を高くし行いを峻《けわ》しく」（朱注）せよ、という意味である。ただし、湖南が十湾の人格について述べる如上の文脈においては、さらに限定して、『孟子』尽心下篇で「郷原（偽善者）」が、「狷者《けんしゃ》（狷介なる人）」について否定的に形容する「踽踽《くく》涼涼《りょうりょう》」、すなわち周囲から孤立し嫌われても意に沿わぬ言動はしない、の意に解するのが適切であろう。この語について、朱子は「踽踽《くく》は独行しても進まない様、涼涼は薄情で他者から親しまれないの意」との注をしている。

つぎに「世と俛仰せず」についてであるが、その肯定形「世と俛仰す」と同意と考えられる表現として、たとえば『楚辞』漁父に、「世と推移す」、『荀子』非相篇に、「時と遷徙《せんし》し、世と偃仰《えんぎょう》す」、『史記』に、「世と沈浮す」（游侠列伝）、「時と俯仰す」（貨殖列伝）、司馬遷「任安に報ずるの書」に、「俗に従い浮《ふ》湛《たん》し、時と俯仰す」などといった表現が見られ、いずれも時流にあわせる、大勢に従う、時勢に流されるの意である。したがって、「世と俛仰せず」とは、世俗に阿《おもね》ることなく自己の主義主張を貫徹するの意であるが、これもやはり「流俗に同じくし汚世に合わす」ことを「徳の賊」（尽心下）とする孟子の廉潔さを表す語と理解できる。

このように湖南の目から見た十湾の人となりは、まさに孟子の所謂、士そのものであった。なおかつ湖南は自分自身についても、「性を稟《う》けること粗率にして、世と俛仰する能わず、動《やや》もすれば乖迕《かいご》（逆らい、つまずくこと）すること多し」と記している。つまり父・十湾の孟子流の「世と俛仰せず」という生き方は、「人の世に処するや、祖の如くして足れり」（一四巻一四〇頁）と考えていた湖南自身の生き方でもあったのである。

管見によれば、湖南が「世と俛仰せず」「時と俛仰せず」「俗と俛仰せず」などの語を以て、その処世を概括した人物は、大塩平八郎（一四巻二〇二頁）、南源十郎（同二三四頁。湖南と旧交のあった大阪の政治家・実業家）、父・十湾（同一四〇頁）、自分自身（同一四〇頁）の四人のみである。さらに今一人、以下の引用文の如く、やや異なる表現ではあるが、秋田出身の老漢学者・根本通明についても同様の処世であると認めていた。

明治の世央にして、儒道の耆宿碩学《きしゆくせきがく》、凋落《ちようらく》略《ほ》ぼ尽き、存する者亦或は釃《しる》を歠《すす》り波を揚げ、世と浮沈す。老て而して惓々《けんけん》怠《おこた》らず（熱心におこたることなく）、介然《かいぜん》孤立、其の道とする所を固信して、苟《いやしく》も曲げて世に阿《おもね》らず、清貧憂へざる、根本通明先生の如き者寡し（『経子講義』書評、『亜細亜』四八号、一八九二年）

この場合の「釃《しる》を歠《すす》り波を揚げ、世と浮沈す」は明らかに、『楚辞』漁父を踏まえており、そこに込められているのは、「挙世皆濁《にご》れるに、我独り清《す》めり。衆人皆酔えるに、我独り醒めたり。是を以て放《はな》たる……安《いず》くんぞ皓皓《こうこう》の白きを以て、世俗の塵埃《じんあい》を蒙《こうむ》らん」という、たとえ孤立し身を殺すことになっても濁世とは異なる処世を貫こうとする屈原の決然とした覚悟である。

なお湖南は、「質直廉介の性」である南源十郎が、「可待時堂《かたいじどう》」と号したことについて、「その国音《くにおん》、屈強にして俗と俛仰せざるの意を幷《あわ》せ寓するに因《ちな》む」、すなわち、「かたいじ」という語音が、「可待《かたい》時《じ》（時を待つべし）」と「片意地《かたいじ》」の両義を表すことに因むと記している。つまり、「世と俛仰せず」とは、時流に投じて付和雷同することなく片意地をはりつつ時を待つの意であり、まさに己を枉げず自らの信念に忠実なる人格を指すのである。「時を待つ」もまた、『孟子』公孫丑上篇に見える語であり、父・十湾もまた「待時廬《たいじろ》主人」なる別号を用いていた（『出陣日記』。本書三一五〜三一六頁の第五章付記3を参照)。

祖父の影響

祖父に関しては、まずその天爵なる「字《あざな》」が目を引く。孟子によれば、全ての人間は自身のうちに天賦の「貴き者」(告子上)、「四端」(公孫丑上)を有しており、それを「存心」、すなわち絶えず意識して修養に努めれば、仁義礼智などの徳を成就することが可能であり、またそうしなければならない。それ故、人はその人格の完成度に応じた地位を天から与えられるべきである。孟子はそれを「天爵」と呼び、世俗秩序としての「人爵」と対比させたうえで、人は天爵を修めることを優先し、人爵はその結果として得るもの、と主張した。奈良寿「内藤湖南の祖父天爵について」(『湖南』一三号、一九九五年)によれば、この溢美《いつび》とも言うべき天爵なる「字」は、江戸に出て成功した泉沢履斎《りさい》が、「衆度《しゆうど》にても仁義を得た人ならば、天爵といふて可なり」として撰文したという。湖南の祖父が、まさに孟子の言の如く存心修養に努める人であったからこその判断に違いない。実際、十湾の「先府君天爵先生小伝」(『天爵先生遺稿』)には、諸学を習得して帰郷した天爵が自宅で教育に携わると、「門生日々門に満ち、一郷の子弟、翕然《きゆうぜん》として化に嚮《むか》へり……君の学は躬行を主とし、これを事業に施す……其の公に奉じて民に臨むや、皆忠厚の誠に出ず……気宇《きう》雄邁《ゆうまい》にして談笑豁如《かつじよ》たり。能く才を愛して物を容《い》る」とあり、湖南の「書天爵先生遺稿後」(全集一四巻一三九頁)にも、「忠たりて報いを求めず、直たりて貧を恤《うれ》えず」とある。子孫の目に映る天爵とは、高潔にして私心なく、躬行《きゆうこう》を以て主とし、学ぶ者を翕然とさせる感化力を持ち、人の善を己の善の如く見て、英才を育てることを楽しみとする孔孟の徒であった。

外祖父の泉沢修斎（履斎の弟の子）については、没後に袖から発見された辞世の七言絶句（一巻五八三頁）が大いに参考になる。「宛然《えんぜん》其人の如し」とされる内容は次の通りである。

聞説死生元有命
道存六籍是吾天
対天不愧更何索
只索青山好墓田

聞くならく死生には元より命有りと
道は六籍に存す、是れ吾が天
天に対して愧じざれば、更に何をか索《もと》めん
只だ索《もと》む青山の好墓田

第二句で、「六籍」すなわち儒書に記された道こそが自らの「天」であるとする。第一句は、『論語』顔淵篇の「死生に命有り」を典拠とするが、辞世であることからすれば、『孟子』の「其の道を尽くして死ぬ者は正命なり」（尽心上）を意識していたと考えられる。第三句は、明らかに『孟子』の「仰いでは天に愧じず、俯しても人に怍《は》じず」（尽心上）に基づき、生涯の目標が、天地に恥じない生き方をすることであると言い切っている。湖南は、自らが幼時に泉沢家から借りた書物は、すべて修斎の「手沢（故人愛用の遺品）」であったことを感謝の念を以て述懐している。のみならず、わずか五歳で死別したとはいえ、湖南の母は修斎の娘であり、修斎が娘に授けた孔孟思想の本質（極言すれば、克己反省して人を愛し敬うこと）は、慈母の躾《しつけ》として湖南に伝えられていたに違いない。

このように見てくると、天爵、十湾、湖南をも含む鹿角《かづの》の諸学者の特徴について、安藤徳器『西園寺公と湖南先生』（七七頁、言海書房、一九三六年）が、「何《いず》れも江戸出奔を企て、苦学力行、成功せずんば止まざるの気魄を蔵して居たことはその軌を一にする所で、穏健中正の学風の中にこの毅然たる態度を長養した」とし、三田村泰助『内藤湖南』（一三頁、中公新書、一九七二年）も、「例外なく気骨にとみ、自主独立、しかも苦学力行にたえる型である」と述べているが、「気魄」「気骨」なる語で形容されている彼らの硬質な側面は、孟子からきている、と考えることも可能になる。

西村茂樹と孟子

つぎに早期湖南に対して言わば庇護者・先輩格として影響を与え、また湖南の成長とともに互いに切磋琢磨する関係にもなった人々と孟子の関わりについて一瞥しておく。まず東洋の儒学と西洋の哲学とを兼採して日本道徳を確立すべしと主張した西村茂樹について、上京直後の自分に、「経験深き高見」を語り、温かく見守ってくれた、と感謝を込めて回憶している。その西村の思想において、孟子の「大丈夫」や「浩然の気」に関する所説が極めて重要な位置を占めている。たとえば「吾儕《われら》は深く道徳の教えを守り、以て道徳社会の独立の人となり、他の社会の奴隷となるべからず」としたうえで、孟子の「居天下之広居行天下之大道（天下の広居に居り、天下の大道を行う）」云々という「大丈夫」論は、「全く心の独立を説きたる者なり、凡そ道徳に志す者はいかにも其心は孟子の言ふ通りにありたきものなり」（『西村茂樹全集』四巻五一八頁、日本弘道会、二〇〇六年）と述べている。また西村の膨大な著述からそのエッセンスを抜き出した『泊翁修養訓』（同一巻七〇〇頁、二〇〇四年）を見ると、やはり孟子の如上の言を引き、「人は大丈夫を以て自ら期せざるべからず……大丈夫の外に真の道徳者なく、道徳者の外に真の大丈夫なし」とし、それこそが「道徳者の本領」（同七二九頁）であるともいう。さらに「人は宜《よろし》く喬松《きょうしょう》（高い松）が高山の上に生じ、風雨を冒《おか》し霜雪を凌《しの》ぎ、挺然《ていぜん》として独立するがごとくなるべし」の如く「独立自主」の必要性を強調したうえで、「孟子浩然の気」に言及し、「此の如くなれば以て独立すべし」と述べている（同七二三頁）。さらにまた、断行することについて、「必為すべき事有之時《これあるとき》は、万人是を拒《こば》み候とも、少しも顧慮不仕《つかまつらず》、朝に議して夕べに令し……凡そ非常の功は、非常の事を為さざれば立ち難く候、……非常の事を為さんと致候時は、少しの故障は出来可申候得共《もうすべくそうらえども》、大事の前の小事にて、刃在頭目断手足不顧（刃、頭目に在れば、手足を断つとも顧みず）の古語も有之候間《これありそうろうあいだ》」（同四巻二五五頁）といった若き日の狷介なる言辞にも、孟子思想の影響を読み取ることができる。

杉浦重剛と孟子

つぎに早期湖南がその代筆を務めたことが確認されている杉浦重剛は、弟子松村正一の著書『孟子学説』（富山房、一九〇〇年）を校閲して序文を寄せたこと、さらに極めて要領を得た孟子思想の概説「天吏是れ天下無敵」（『杉浦重剛全集』一巻六九八頁、同刊行会、一九八三年）を執筆していることから、『孟子』に精通していたことが分かる。その概説ではまず、孟子の「不遇の生涯は後世に至つて却つて益々人心を奮励作興《ふんれいさつこう》せしめ、其主唱せし王道論は長《とこし》へに世界の権威をなすに足るものがある」とし、「天下に敵なきを天吏といふ語もあり（公孫丑上）、仁義正道を以て邁往《まいおう》一貫せば天下に敵なし、千万人と雖も我れ何ぞ恐れんやの威力を生じてくる。此天下無敵の力を具得したるものを天吏と称する」と記す。さらに西郷隆盛がこの天吏の信念を得て、それを幕末維新の世に活用したと述べたうえで、人はすべからく「徳を以て立て。天吏を以て任ぜよ。天の道を奉じて一意突進せよ……」と、世の人々を奮励興起せしめんとする語を以て擱筆している。

しかも杉浦は、自らの処世の信条は「独立独行」（同四五五頁）であり、教育家が最も心を用いるべきもまた、学生に独立心を教えることであり（同四六二頁）、「吾人は独立自尊ならんことを要す。独立自尊人の結合たる国家、また之により独立自尊たり得べし」（同六一八頁）と述べている。さらに人に与える教訓として、「富貴も淫すること能はず、貧賤も移すこと能はず、威武も屈すること能はず、其れこれを大丈夫と謂ふ」を引き、教育者になるにしても、政治家になるにしても、其の言葉をしっかり守りさえすれば、それで十分である、と述べたという（『回想杉浦重剛』三〇四頁、思文閣、一九八四年）。また自らの人生をふり返り、「一度思い立ったことは、どんなことがあっても之を貫徹しなければ承知できない性分だが、単なる利己主義でやったのではないことを、今に至るも自分は確信している」と述べている（同二五〇頁）。弟子の大町桂月は、富士山を詠じた杉浦の漢詩に、「君子にして豪傑」との句が見えることを紹介し、それを以て杉浦自身を評することができるとして、「山に譬うれば、先生は富士山也」（同前『回想杉浦重剛』三九頁）と記している。こうした信条や回憶は、いずれも本章で言及した『孟子』思想の特徴と重なっており、『孟子』一書が杉浦の内面世界において大きな位置を占めていたことが分かる。

高橋健三と孟子

湖南に政界の現実をかいま見せた高橋健三に関しては、同志、友人がその早世を惜しんで編んだ『自恃《じし》言行録（自恃は高橋の号）』（川那邊貞太郎編輯、明治三一年）から、人となりを伝える文章を列挙することにする。まず親友、陸羯南《くがかつなん》は（同上「自恃庵書柬《しょかん》」四一頁）に「自恃庵の特色」として次のように述べている。

自恃庵の特色は……私利を忘ると云ふの一点に在る。彼は此の点に付て殆《ほとん》ど一種の宗教を有するものの如く、自己の斯の世に生れたるは全く斯の世の人を救ふが為めなりと自信したるものの如し。彼れは毎《つね》に曰《い》へり、凡そ宗教の最も高尚なるものは、生前にも死後にも報酬を期せざる宗教ならざるべからず、と。……高尚なる人の善を為すは報酬を期しての故にあらず。唯だ善は善なればなり。而して善の最も大なるは、私を忘るるに在り、と。是れ彼れが信仰なりし。余《わ》れ自恃庵の特色を此の自信に帰せんと欲す。是れ恐らくは余れの外に知る人なからんと思へばなり。自恃庵は斯く信じて而して之を躬行せざるべからずと信じたり。……曰く、知るといふことは行ふといふことなり。行はずして唯《ただ》知るとのみ云ふは、是れ其の人真に知るにはあらず。少なくとも其の知は行はねばならぬといふ熱心ある迄には至らざるなり。是れ自信なきなり。薄志弱行と云ふは是の事なり、と。

志賀重昂もまた、「君理想を抱きて此世に生れ落ち而して理想を抱きて棺を蓋《おお》ふ。常に人類をして正所善所清所に趨かしめんとす。これ君が畢生の理想なり」と述べ、さらに「義に与《く》みするは君の天性なり……狂気またこれ自恃庵居士畢生の本色中の一。君常に曰く、人はセルフサックリフィスが第一なり」（同二一九頁）、と記す。九鬼隆一も、高橋の「人と為り俊邁《しゆんまい》、気節あり。識見超邁、議論往々人意の表に出て、事必《ことかならず》遂行を期して而して後已《や》む。唯、性狷介、苟《いやしく》も合わず。是を以て言行或は危激に渉ることありと雖、然れども、意解《と》け情疏《そ》するに及では、融然冰釈《ひようしやく》、胸に芥蔕《かいたい》（小さい棘）を置かず。義に赴く渇者《かつしや》の飲に赴くが如く、不義を見ては蒼鷹《あおたか》の群雀を搏《う》つが如し。是れを以て交わる所皆天下の士、言ふ所亦皆天下の事たらざるはなし」（同五二頁）、と述べている。

高橋の処世に関するこうした形容は、いちいち『孟子』の記述と照合させることが可能である。なおかつ高橋自身が孟子流の処世を明確に志向していたことは、「自恃」という号によっても分かる。この号は、佐藤一斎『言志録』の「士は当に己に在るを恃《たの》むべし」を直接の典拠とするが（同五六頁）、他人ではなく自らを拠り所とすべしというこの考え方こそ、「万物、みな我に備わる」（尽心上）、「天の我に与うる者、先ずその大なる者を立つ」（告子上）、「我に在る者を求むる」（尽心上）、「己に於いてこれを取るのみ」（告子上）、「反してこれを己に求むるのみ」（公孫丑上）、「我を舎きてそれ誰ぞや」（公孫丑上）などと、孟子が様々な表現で唱えている孟子思想の根幹にほかならない。

以上のように、高橋ならびに如上の言葉で高橋を評価した陸羯南、志賀重昂、九鬼隆一などにとって、孟子の思想が処世の核心部分に触れる位置を占めていたことが理解できる。湖南もまた、高橋について「非常に潔癖な、名利を超越した態度で世の中に立つてをられる」（二巻七三八頁）、あるいは「真士夫の風格を具へたる者……克己の念に熾《しき》にして、守道の志に篤く、其至極の理想は、人道の維持にあり」（二巻二六〇頁）とし、さらに高橋、陸両氏を追憶する詩文で、「矯矯《きようきよう》たる二君、直道矢《や》の如し。言を危《たか》くし行ひを危くし、遇詭（詭遇に同じ。本書一一二頁参照）に貫《なら》はず……二君の心は石にあらざれば転ぜず」（一四巻一六頁）と、その孤高狷介なる処世を記している。

以上、湖南の父祖ならびに湖南との因縁浅からぬ政教社関係の人々が、孟子思想と深い関わりを持っていた事実を確認した。ここで、さらに視野を拡大するならば、幕末明治期における孟子思想の位置という問題に言及せざるをえない。別の言い方をすれば、湖南及びその周辺の人々だけが孟子に規定されていたのか、それとも孟子が普遍的に受容される何らかの特別な歴史的な理由が存在したのか、という問題を考える必要がある。

幕末維新期と孟子

言うまでもなく、江戸後期から明治にかけての日本の焦眉の課題は、対外的な独立を保持しながら、政治、教育、軍事、経済、法律などの諸分野で欧米列強に比肩しうる新しい秩序や組織を構築することであった。従来の幕藩体制ならびに身分制度を破壊し、新たな政治制度、社会体制を建設し、東アジアの近代国家として西洋諸国に対峙する必要があった。こうした課題を抱える幕末維新期の人々の観点から孟子を見れば、そこには、以下の如く彼らが依拠するに足る理念や思想が驚くべきほど豊かに含まれていた。

すなわち、民の生活を安定させられなければ君主と雖も放伐の対象とすべきとする革命説。全ての人間が等しく君子になる可能性を持つとする性善説。民が最重要であり、国家がそれに次ぎ、君主は最も軽いとする民本主義。理想の社会とは、士や豪傑が民・小人を教化することにより実現するとする修己治人説。恥と自己反省により自己を律する存心説。名誉や地位よりも人格修養を優先する人爵・天爵論。民の父母としての王侯が民の生活を安定させたうえで教化を行うという王道政治。こうした孟子の所説は意外にも、近代国家構築に際して求められる革命、平等、民主、独立、自尊、自由、博愛、天賦人権などといった概念と極めて近似した内容を備えているのである。

なおかつ、当時の人々が最も求めたのは、直面する困難な課題解決にあたる突破力である。新たな価値の創出であれ、古い価値の死守であれ、求められたのは、自己の信念の実現に向かって突き進む力を生み出す心のあり方であり、自らを支える勇気であった。そうした心と勇気を如何にすれば持てるのか、という問いに対し、「仲尼は、已甚《はなは》だしきを為さざる者なり」（離婁下篇）の如く孔子を冷静に評し、自らの信念を貫徹する熱情を前面に押し出す孟子は、次のように応えている。すなわち、人の性が善である限り、誰もが君子になることができ、至誠の心は誰にでも届く。それ故、天が与えた大任を自負する人士は、自らと他者の善を信じ、絶えず反省して恥じることなく、理想の実現に向かって努力修養を重ねる。そうした努力は、至大至剛の浩然の気を養うことを可能にし、何物にも動かされない不動心に高まる。かくて己が正しければ一人で千万の敵にむかって勇往邁進する大丈夫の心と大勇を獲得することができる（公孫丑上）、と。

要するに中国の戦国時代において、疲弊した社会を王道政治（理想主義）によって救済しようと考えた孟子の思想は、意外にも二千年後における日本の幕末維新期の改革を模索する人々に適合していたのである。それ故、当時、経世の志を有する人々であれば誰もが、まず以て『孟子』を自らの処世や信念の依拠としたのである。これこそ早期湖南を含む幕末維新期以降の多くの人々が孟子と強い結びつきを持った歴史的理由である。

福沢諭吉と孟子

以下には、当時における孟子受容が普遍的であったことを示す例として、福沢諭吉と内村鑑三について見ておきたい。とはいえ両者について、充分な議論を展開することは筆者の能力をはるかに超える。そこでまず、福沢における伝統思想の位置づけに関する相良亨、松本三之介両氏の極めて示唆的な視点を手がかりとして、福沢と孟子の関係について考えることにする。相良亨『武士道』（著作集三、ぺりかん社、一九九三年）は、福沢が鼓吹した「独立の精神」が、武士の「独り立つ」精神と連続しているとしたうえで、「福沢はそのふまえるところのものにおいて武士と異なる。だがそれをふまえて立つ立ち方において武士につながるものがある」（一五七頁）と述べる。松本三之介「福沢諭吉における公と私」（『明治思想における伝統と現代』東京大学出版会、一九九六年）もまた、文明の進歩は、それを支える「強靭で持続的な意志の力」、すなわち「既成の権威や価値に抗して己れ自身の精神に忠実であろうとする勇気」を必要とする。福沢の思想を象徴する言葉「独立自尊」とは、まさに文明の進歩を支える「不屈の意志」、「自己自身を貫く勇気」を指すものであるとし、この意味において、福沢は伝統的な武士的気概の継承者としての士族を評価し、士族の気風や義気を積極的に意味づけていたという。

「徳育如何」の分析

結論的に言えば、両氏が武士の精神との連続性を認めた福沢の「独立自尊」とは、まさに孟子の唱える士が保持すべき精神にほかならない。この点を確認するため、以下、「徳育如何」なる一文を俎上に載せ、福沢と孟子思想の関係について考えてみたい。まずこの一文では、周公孔子の教（聖人の道）を、教条主義的に奉戴・維持し続けることは不可能であり、以下の如く国家や社会の気風にあわせ、すなわち公議輿論《よろん》の変化に適合すべく変容させなければならないとする。曰く、「蛮夷が中華を乱《み》だるも、聖人の道をもって之を防ぐ可し。既に之を乱だりて之を押領したる上は、又聖人の道を以て之を守る可し。敵の為にも可なり、味方の為にも可なり。其働く可き部分の内に在て自由に働を逞《たくまし》くし、輿論に逢へば則ち装いを変ず可し。是即ち聖教の聖教たる所以にして、尋常一様、小儒輩の得て知る所に非ざるなり」と。具体的には、我日本は、開国と維新により、全国人民の気風が「開進の一方に赴き」、その進行を留めることができない。公議輿論が一変した以上、「今日の徳教は、輿論に従て自主独立の旨に変ずべき時節なれば、周公孔子の教も、また自主独立論の中に包羅してこれを利用せんと欲するのみ」として、次のように説く。

今日自主独立の教に於ては、先づ我一身を独立せしめ我一身を重んじて自から其身を金玉視し（黄金や珠玉のように貴重なものと見て）以て他の関係を維持して人事の秩序を保つ可し。……我身、金玉なるが故に、苟も瑕瑾《かきん》を生ず可らず、汚穢《おわい》に近接す可らず。此金玉の身を以て、此醜行は犯す可らず。此卑屈には沈む可らず。……節を屈して権勢に走れば名利を得べしと雖も、屈節以て金玉の身を汚す可らず。与ふるに天下の富を以てするも、授るに将相の位を以てするも、我が金玉、一点の瑕瑾《かきん》に易ふ可らず。一心此に至れば天下も小なり、王公も賤し。身外無一物、唯我金玉の一身あるのみ。……他人の独立を勧め遂に同国人と共に一国の独立を謀るも自然の順序なれば……人生居家の細目（日常生活の細々とした決めごと）より天下の大計に至るまで、一切の秩序を包羅して洩らすものある可らず。

この「自主独立論」の中には、いかなる「周公孔子の教」が、どのように「包羅・利用」されているのか、文意の展開にそって検討してみよう。まず指摘すべきは、この記述に見える「其身を金玉視し云々」は、天が我が身に賦与した「貴き者」「良知」「良能」「四端」を養い育てるべしとする孟子の性善説の言い換えにほかならない、ということである。孟子は同じことを逆説的に、人は「必ず自ら侮りて、然る後人これを侮る、家必ず自ら毀《やぶ》りて、然る後人これを毀る」（離婁上）、あるいは「自暴、自棄」してはならない（離婁上）とも述べている。

つぎに福沢が、この金玉の身を「瑕瑾《かきん》」「汚穢」「醜行」「卑屈」「屈節」などで汚してはならないというくだりも、基本的に孟子に基づいている。屢述《るじゅつ》しているように、大丈夫は、「富貴も淫する能わず、貧賤も移す能わず、威武も屈する能わず」（公孫丑上）という境地に到達している。それ故、義に外《はず》れ道にあわなければ、たとえ俸禄として天下を与えると言われても顧みず、馬車を引く四千の馬を与えると言われても見向きもしない（万章上）。さらに伯夷、伊尹、孔子といった人々は、かりに「一不義を行い、一不辜《ふこ》（一人の無実の人間）を殺」しさえすれば天下を得ることができるとしても、それをしない（公孫丑上）、という。

「一心此に至れば天下も小なり、王公も賤し」は、理想が高くなるにつれ、価値判断の基準も高くなることを意味するが、これまた『孟子』尽心上篇の「孔子、太山に登りて天下を小とす」と尽心下篇の「大人に説くには則ちこれを藐《かろ》んぜよ」という記述と重なる。さらに、舜は「天下を棄つるを視ること」、ボロ草履を棄てるほどのことと考えていた（尽心下）とも記している。

続く「身外無一物、唯我金玉の一身あるのみ」についても、性善説を前提とした「万物みな我に備わる」（尽心上）、「我に在る者を求むるなり」（尽心上）、「身を守るを大なりと為す」（離婁上）といった語を総括した語であると考えられる。

「他人の独立」云々から以下は、要するに修己治人説を福沢流に表現したまでであり、やはり孟子の「其の身正しくして天下これに帰す」（離婁上）、「君子の守りは、其の身を修めて天下平らかなり」（尽心下）、「天下の本は国に在り。国の本は家に在り。家の本は身に在り」（離婁上）といった語と符合している。

自主独立と孟子

しかも、そもそも独立自主の精神の保持者であることこそ、孟子が唱道した士の特徴にほかならない。上述の如く、豪傑は「文王無しと雖も猶お興る」、つまり自らの力だけで興起する、すなわち独立することができ、これに対し「凡民」は、「文王を待ちて後に興る者」とされる。孟子はそうした独立の精神の由ってきたる所以について、次のように説く。すなわち、他人の力によって貴くされるものは、真に貴くはない。同じ力により賤しくされる可能性があるからである。それ故、人は、自らのなかに持つ「貴き者（仁義の徳）」を意識し、それを修養することに自足し、他者による評価を期待しない（告子上）という。また独立しているからこそ、外的状況に左右されず、常に自己を見失わず、囂囂《ごうごう》（泰然自若）としていられる。すなわち「士は窮しても義を失わず、達しても道を離れず……窮すれば、則ち独り其の身を善くし、達すれば則ち兼ねて天下を善く」（尽心上）することができるのである。

そうした士の独立の精神は、「彼も丈夫なり、我も丈夫なり。吾、何ぞ彼を畏れんや……舜、何人ぞや、予、何人ぞや。為す有る者亦た是の如し」（滕文公上）、あるいは「人はみな以て堯舜たるべし」（告子下）の如く、自らを聖人にも比肩しうる存在と見なす自信として表れる。また「天のこの民を生ずるや、先知をして後知を覚らしめ、先覚をして後覚を覚らしむ。予は天民の先覚者なり、予将にこの道を以てこの民を覚らしめんとす。予これを覚らしめずにあらずして誰ぞや」（万章上）、あるいは「如し天下を平治することを欲すれば、今の世に当たりて、我を舎《お》きて其れ誰ぞや」（公孫丑下）、「自ら任ずるに天下の重きを以てする」（万章上）などの如く、己こそが先覚者であり独りで天下を支えるという自負としても表れる。

以上、福沢の「自主独立論」には、「周公孔子の教」、とりわけ孟子の思想が「包羅・利用」されていることを確認することができた。少なくとも、「徳育如何」なる一文における福沢の「自主独立論」は、孟子の思想に基づき展開されていた。そうだとすれば、『学問のすゝめ』に見える周知の「天理に戻《もと》ることを唱ふる者は孟子にても孔子にても遠慮に及ばず、これを罪人と言ひて可なり……いやしくも人心を具へたる者なれば、誰か孟子の妄言を信ぜん」などの語を無前提に鵜呑みにして、福沢が孔孟思想を一切否定していたと考えることはできない。

福沢こそが孟子思想の体現者

福沢は最晩年に若き日を回憶して、「かくまでに私が漢学を敵視したのは、今の開国の時節に古く腐れた漢説が後進少年生の脳中にわだかまつては、とても西洋の文明は国に入ることができないと、あくまで信じて疑わず、いかにもして彼らを救ひ出して我が信ずるところへ導かんと、あらゆる限りの力を尽くし、私の真面目を申せば、日本国中の漢学者はみんな来い、俺が一人で相手になろうというような決心であつた」（『福翁自伝』）と述べている。本章における議論を踏まえるとき、この回憶は次のように理解すべきである。

まず福沢が敵視したのは、西欧文明の受容にあたって障碍となる「古く腐れた漢説」であり、漢説（孔孟思想）そのものではない。福沢の矛先は、儒家思想に対して教条的に依拠する姿勢に向かっているだけである。それ故、同じ「徳育如何」において、「孟子に放伐論ありなどとて、その書を忌むが如きも小儒の考にして、笑ふに堪へたるものなり。数百年間、日本人が孟子を読みて、これがために不臣の念を起したるものあるを聞かず……硜々然《こうこうぜん》たる儒論、取るに足らざるなり」と述べているのである。否定の対象は、孟子自体ではなく、「小儒」が理解した孟子である。

こうして見てくると、『福翁自伝』に見える「私の真面目を申せば、日本国中の漢学者はみんな来い、俺が一人で相手になろうというような決心」は、ほかならぬ孟子が唱えた「自ら反して縮《なお》ければ、千万人と雖も、吾往かん」（公孫丑上）という大丈夫の至大至剛の勇気や覚悟と同一の心のあり方を表明していると考えられる。つまり、古く腐れた漢説や小儒と闘おうとする福沢を深いところで支えたのは、孟子なのであった。また、「学者の職分を論ず」（『学問のすゝめ』）に見える「人に先立つて私に事を為し、以て人民の由る可き標的を示す者なかる可からず」という記述は、直ちに儒家の修己治人説と豪傑を想起させる。ちなみに、取るに足らぬ儒論を形容する「硜々然《こうこうぜん》」なる語は、『論語』子路篇で小人を批判するために用いられており、硜は固い小石のことである。『論語』の語により、「小儒」を批判しているのである。

以上の如く、福沢の所謂「自主独立論」は、孟子の思想に基づいて展開されていた。また福沢は儒家思想の教条主義的理解を拒絶し、腐儒や小儒とは徹底的に闘おうとした。しかしその否定や闘争の背後には、孟子流の修養論や儒家の修己治人説が確かに存在していたのである。いわば間違った孟子理解を、真の孟子精神に依拠して正そうとしたのである。極めて興味深いことに、湖南の友人である後藤祐助は、福沢の人となりについて、「己を持する厳、人を待つ寛、思を述る不羈《ふき》（自由奔放）」といった特徴を挙げ、「当代の孟軻氏なるか。而して憂世の情之に過ぐ」と評している（病呂泣「この下露」、『亜細亜』六二号）。

その福沢を功利主義者、拝金主義者であるとして厳しく批判したのが内村鑑三であるが、内村にもまた福沢同様、伝統思想と連続している部分を認めることができる。すなわち相良亨「卓爾とした独立」（著作集三、一五九頁）が指摘しているように、内村は「正に一人の武士の子たる余に相応しきは、自尊と独立である」（『代表的日本人』）と述べ、自らのキリスト教が「武士道なる砧木《だいぎ》に接木《つぎき》されたものであること」を誇らしく認めている。

ここでキリスト者としての内村の内面世界に言及する余裕はない。ただ内村には、「孟子を読む」（『全集』三〇巻、一五九頁）という短文があり、次のように述べていることを確認しておきたい。そこでは、まず少年時代に孟子を暗誦していたことを述べ、「二千二百年前の東洋に斯《こ》んな高い教があつた乎《か》と思へば実に不思議に堪へない」と記す。ついで『孟子』巻頭の「義利の弁」や「仁政」を略述し、「キリストの言に及ばずと雖も遠からざるを見る」と評価する。さらに、一生を通じ、艱難に際して自分を慰めてくれたのは、天が一人の人物に対して大任を降す場合には、まず試練を与え、忍耐と鍛錬により大事業をなしうる実力を養わせるという『孟子』告子下篇の文章であり、いまそれを読むと、この言葉で慰めてくれた父の言を聞くが如くに感ずる、と記している。

以上の如く、おおよそ孟子思想との関連を想定することができないような文明開化論者の福沢諭吉、キリスト教者の内村鑑三までもが、実際には孟子の思想によって内面から支えられていたのである。幕末維新期という時代が、いかに孟子的世界観によって、強くまた深く規定されていたのかを確認することができる。念のために言えば、早期湖南もまたそのような時代の一人であったのである。

中江兆民と孟子

いま一人、やはり孟子と深い関係を有する自由民権の闘士・中江兆民について言及し、あわせて本章結論の傍証としておきたい。かつて島田虔次氏は、中江が多用した「理義」なる語が、結局は「道義」や「徳義」といった語と「おなじ意味に帰着する」とし、さらにその典拠が『孟子』であると指摘したうえで、「兆民の文章にもっともあらわれるのは『孟子』中の語」であり、兆民の儒教主義は、「つきつめていえば孟子的儒教主義といってよい」（「中江兆民の愛用語」『隠者の尊重』一七七頁、筑摩書房、一九九七年）と述べた。ついで松本三之介氏は島田説を踏まえ、兆民の思想を特徴づける自由の「涵養」という考え方には、孟子の「気の思想」ならびに道徳的修養（「四端とその拡充」）についての発想や方法と共通性が存在することを指摘している。さらに、その指摘に基づき、孟子の思想は、兆民が西欧の観念を受け入れるにあたって、いわば「受け皿の構造」として一定の機能を果たしていた、と結論している（「中江兆民における伝統と近代」『明治思想における伝統と近代』東京大学出版会、一九九六年）。

中江も伊庭に「豪傑」を見た

本章との関係で特筆すべきは、兆民が、その著『一年有半』の「星亭と伊庭想太郎」「暗殺は必要なり」の項目において、星に対する世論の毀誉《きよ》褒貶《ほうへん》が暗殺事件を契機として、「生ける星は追剝盗賊にして、死せる星は偉人傑士」の如く一転したことを、「何ぞ邦人の軽浮にして沈重の態に乏しき耶《か》」と批判していることである。また各国で死刑制度廃止が議論されている今、暗殺の善悪については「言ふ迄も無し」とも言明している。しかしそのうえで中江は、自らも面識がある伊庭想太郎は、

「温厚沈重の人也、而して此挙に出づ、謂はれ無しと曰ふべからず」。それ故、「暗殺は其是非を論ず可きに非ずして、唯其社会に於て果たして暗殺の必要を生じたること」を哀しむべきであると記す。しかも「一国人々皆君子」となり、道徳のみで社会秩序が維持されるような未来のことはいざ知らず、「社会の制裁力が微弱なる」時代に於いて、悪を懲《こ》らし禍を窒《ふせ》ぐ「暗殺蓋し必要欠く可らずと謂ふ可き耶《か》」と結論している。

甚だ象徴的なことに、「孟子的儒教主義」者である中江の伊庭に対する見方は、ほぼ湖南のそれと一致している。本章で論じたように、早期湖南もまた孟子的儒教主義者であり、それに依って物を考え世に処していた。つまり、伊庭の刺客行為に対して、両者はいずれも孟子的儒教主義に基づいて臨んだ結果、ほぼ同一の評価となったのであり、そこに孟子のいう豪傑の姿を見たのである。

文献史料としての『孟子』

以上で早期湖南と孟子の思想について論ずべきは論じたが、その後、中国研究者となってからの湖南、すなわち中期・晩期の湖南と孟子との関係について述べておきたい。中国研究者としての湖南は、孟子を専ら中国古代の思想や文化を考察する重要史料として扱うことになる。たとえば、戦国諸子に学派の区別が存在していたことに関して、『支那目録学』では「孟子の中にも、公孫丑篇に、子夏と曾子との考へ方の相違を論じ、その他の孔門の諸子たちを評論したことが見える」（一二巻三七一頁）の如く、『孟子』に基づき、儒家の分派動向の実態を論じている。また『尚書』の成立過程を考証した論文「尚書稽疑」でも、「門下の者が孔子に対する崇拝の程度なども、論語に於けると孟子に於けるとは頗る異るものがあり、孟子の如く孔子を以て堯舜より賢《まさ》れること遠しとする考は十分に論語には現はれてゐない」（七巻一二頁）の如く、『孟子』により儒家思想の変化発展の様相を考察している。さらに『孟子』に対するテキスト分析の成果ともいうべき見解が『玉石雑陳』に見えている。たとえば「経語十条」には、『孟子』離婁上篇の「人を愛して親しまれざれば、その仁を反《かえり》みよ」について、『穀梁伝』僖公二二年に同じ語があり、『穀梁伝』は、『孟子』一書の成立より遅れるとしている。また『孟子』離婁下篇の「王者の迹《あとや》熄んで詩亡ぶ」は、『公羊伝』昭公一二年に類似の語が見られ、「蓋し春秋の学、『孟子』は『公羊』と一致す。其の辞を異にする者は、これを伝誦すること久しくして出入有るのみ」と述べている。

要するに、早期湖南にとっては処世観を規定する思想書であった『孟子』が、中期以降の湖南にとっては一転して、客観的な分析を加え、貴重な古代認識を導くことができる文献史料の一つと化したのである。とは言え、これによって直ちに、孟子（儒学の本）が湖南を「拘束して、悪いことをさせな」かったのは、早期だけであったと結論するのは早計であろう。仏教と同様、中期以降は自らの処世を規定する思想としての孟子を言説の対象としなくなったにすぎない、と考えるべきである。

この点についてのさらなる論究は将来に委ね、次章以降では、本来の課題に立ち戻って、中国学者となってからの湖南の歴史叙述を主たる対象として、その面白さを追求していくことにする。

付記1　本章では、全集「著作目録」に著録されていない『大同新報』の文章を引用している。本書第六章で詳述するように、それらには関西大学内藤文庫所蔵の当該誌に、湖南あるいは父親の手になる「しるし」が付けられており、間違いなく湖南執筆文であることを確認することができる。

付記2　本書の原稿作成が最終段階に入った頃、まさに晴天の霹靂とも称すべき事実と直面せざるをえなくなった。すなわち、関西大学図書館内藤文庫に所蔵される湖南の父親宛書簡（明治二三年一月一二日付）に、『大同新報』一九号所載論文「我同胞に望む」が、湖南の著作ではなく、「後藤氏の作」、すなわち湖南の友人にして、政教社同人、後藤祐助の手になる、と記されていたのである。この文章は、全集一四巻「著作目録」に湖南の文章として著録されており、それが間違っているとは、想像を超える驚愕の事実であった。

本章では、この論文の記述を三度引用して、早期湖南の理想社会に関する考え方を明らかにしたが、その論拠が一挙に消失したことになる。そのため慌てて、この後藤の文章から引用した部分と同内容の記述を、湖南の他の文章から探し出す努力を重ねた。結論を言えば、両者の考えは近く、ほぼ同一のことを論じていることは間違いない。しかし、引用箇所と完璧に一致する記述を湖南の文章から見いだして、あたかも部品をそっくり交換するようにして、元の箇所に納めることは、現時点では時間の制約もあり、困難である。そこで次善の方法として、湖南が後藤とほぼ同一のことを論じている部分を指摘・確認することにより、後藤の記述を言わば「正解を導くための補助線」として位置づけ、訂正はしないこととした。

本章で、「我同胞に望む」から読み取ったのは、次の三点である。すなわち、第一は「国家の目的は民の安寧をはかることで、それは道徳を興すことにより達成できる」（八九頁）、第二は「道徳社会は、士が他者を感化することで実現する」（九〇頁）、第三は「人を感化するためには、理想実現へ向けての「非常の勤」が不可欠であり、非常の程度が甚だしいほど、感化力が大きくなる」（九二頁）である。これらに対応する湖南の記述は以下の通りである。

第一に対応する記述として、まず国家の目的については、「国利民福に完全なる者ならんには」（「条約改正義」、『大同新報』一一号）、あるいは「国家人民の為に福利を増さん」（「一言而喪邦」『大同新報』一三号）などの記述がある。また道徳については、「吾が党は政治上の徳義を澄清せんことを職分とす」（「新保守党」、『大同新報』九号）、あるいは「社会の徳義を維持することを務めざるべからず」

（「風俗壊乱」、『大同新報』一七号）などの記述を指摘できる。湖南もまた、後藤同様、道徳を興起することによって民の安寧を確保できると考えていたことは、「天下愛国正義の士に訴へて、道義の光を発揮し、世の暗冥を照さんとするの外《ほか》他心あることなし、洵《まこと》に若し天下の憂に先て憂ふるの士、吾党と提携相援けて、腐敗の社会を洗滌《せんでき》し、世俗の酔眠を醒覚《せいかく》し非徒《ひと》を芟除《さんじょ》して、国礎を鞏固《きょうこ》にし……」（「国家の将さに興らんとする必ず禎祥あり」、『大同新報』五号）といった記述をはじめ、湖南の所説全体から容易に推察できるが、後藤の記述ほど明確に述べた箇所は、今の所、見出し得ていない。なお谷川道雄「戦後の内藤湖南批判について」（『内藤湖南の世界』同前）は、湖南が晩年に至るまで、徳義確立の必要性を訴えていたことを明らかにしている。谷川氏は『支那論』の中で「政治上の徳義」という言葉が何度も用いられていることを指摘したうえで、湖南は「中国人が国民としての自覚を持つこと、私心を去って愛国心を高めること」を政治上の徳義・道徳と呼び、「それなくしては共和制中国の確立はない」と断言して憚らなかった、と述べている。『支那論』本論の最末尾では、中国を政治的徳義を守る国へと指導するという「迂闊な空論の中に、立国の永遠なる真理が含まれて居る」とすら述べている。

　つぎに第二、第三に対応する記述として、「国を亡すも惟此時、国を興すも惟此時」（『大同新報』一五号）に見える「仁人義士世々に出でず、必ずや緩急の際、齷齪《あくせく》の庸人之れを前に敗り、国勢の傾移奈何ともすべからざるに当りて、大慈悲心の至る処、我を忘れて蹶起し、糾を解き紛を断じ、其順なるは利刀膚理《ふり》の間を行《や》り、其逆なるは斤斧《きんぷ》結族の処を截ち、天下翕然として之れが為に観感興起し、国は則ち旧の国なり、民は則ち旧の民なり、然れども昔の衰弱萎靡《いび》せる者、今は則ち強盛奮興す、かくて夫の人は則ち自ら仁を覚えずして仁人たり、義を知らずして義士たるなり」という箇所を挙げることができる。

　訳出すれば次のようになる。仁人や義士は常に出現するわけではない。国家の危難にあたり、小手先の対応を凡人があくせくと務めて失敗し、如何ともしがたくなった状況において、経世の大慈悲心が極まり、我を忘れて行動に立ち上がる人物が出現する。彼は進んで対立を解決し混乱に断を下す。事情に照らし、時には順調に、時には強引に行動する。天下の人々はその様を見聞して、心を動かし、それによって感化され自発的に行動を興すことになる。その結果、かつては衰弱萎靡の状態にあった国家も民衆も、あらたに強盛奮興の状態へと変わることになる。このように、かの人物は、仁や義を意識しないままに、仁人や義士となるのである。

要するに、湖南が述べているのは、危難に際し、経世の志につき動かされ、自らの利害を超越して行動に立ち上がる人士が出現すれば、その行動が自ずと天下の人々を感化し、国家民衆の全体を動かすことになる、ということであり、後藤の考えと明らかに一致している。なお、その人士の行動が非常であるほど、感化力が大きくなる、と湖南が考えていたことは、本文中で何度も指摘したところである。

湖南研究において史料論的検討の必要性については、本書第六章で詳述したが、今回図らずも、このような形で、その点を痛感することになった。今後の研究において強く自戒したい。

付記3　本章第四節「早期湖南の処世観と孟子」において、早期湖南の主要論点が孟子の思想を踏まえて展開されていることを論じているが、そのうちの社会体制論（一一六頁）に関して、初出論文では、全集一巻所収の論文「社会主義を執れ」の「社会主義は進歩の標準を表する者、孟軻がいわゆる王者の道、而して西人の実に人類共存の理想とする所なり」（六二六頁）という記述に基づき、湖南が「井田制《せいでんせい》を基盤とする孟子の王道を理想の社会体制としていた」と論じた。しかし、本書三四六頁以降で詳述するように、父親宛書簡（明治二五年五月七日付）によれば、「社会主義を執れ」は、三宅雪嶺の見解を湖南が文章化したものであり、直ちに湖南の所説と見ることはできず、本書においては当該部分を削除した。

「社会主義を執れ」は、従来、湖南の思想を考えるための重要論文として、多くの論著で何の疑いもなく引用されてきた。たとえば松本三之介氏は、この論文を『政教社文学集』（筑摩書房、一九八〇年）の「内藤湖南篇」に収め、その解説（同書四四七頁）で、湖南が「憶人居瑣語」（一巻六六九頁）において社会主義へ言及していることを指摘したうえで、「社会主義を執れ」は、その延長線上に位置する、と述べておられる。確かに松本氏の言われるように、湖南が社会矛盾解決の方途として社会主義に注目していたことは間違いないが、今後、この論文は、湖南の思想ではなく、湖南と三宅の思想的学問的な関係を読み取るべき史料として扱われるべきであろう。

付記4　『内藤湖南・十湾書簡集』の検討は、今後の課題としたいが、父親宛書簡に本章の論旨と密接に関わる記述が複数あることを指摘しておきたい。孟子に関する記述も、本文に引用した箇所以外にも複数ある。以下にその一例を挙げておきたい。「孟子は此頃ボツボツ読で、其の浩然の気・仁義内外の説、大いに思ふ所有之。其の立言の大旨、其の欠点、其の傾向ざつと呑込候。是にて荘子よりは高尚なる目的あり、且つ愛すべき人なること知れ、面目目前にあらはれ候……」（明治二五年九月三〇日付、七二頁）。

第三章

歴史認識とその背景——湖南はなぜ面白いのか

1　湖南史学に関する三つの疑問

湖南の学問を最も深く理解していた同時代人の一人であると考えられる狩野直喜は、雑誌『支那学』に寄せた追悼文「内藤君を偲んで」（『支那学』七巻三号、一九三四年）において、「四庫全書の化物」という湖南についての評判を紹介したうえで、「非常に博覧強記な透徹明敏な人であった。専門の史学のみならず経学でも詞章でも書画の鑑識でも又自らも能筆であったことは誰しも知る所で、中国で云えば王伯厚（王応麟）の如き人であったと云える」と、そのオールマイティぶりを評価している。

狩野氏の指摘の如く、湖南の著作を読んでまず言えることは、青年時代の文学的著作や新聞雑誌の記事から晩年の歴史叙述に至るまで、一貫して古今ならびに分野を問わず和漢の書物を渉猟して、総合的な見地から問題を分析する、ということである。この場合の総合的な見地からの分析というのは、歴史的な見地とも言い換えうるが、要するに、諸事象に通底する歴史的性格を的確に把握して、それらが存在する特定の時代の全体状況の中で認識するだけでなく、その時代がより大きな歴史の流れの中でいかなる位置にあるのかについて、明確な見通しを持っているということである。

本章で考えたいのは、こうした湖南の歴史的な認識がいかにして湖南のものとなったのか、そうした認識の背後にはいかなる思想があったのかということである。

本章の視点――三つの疑問

この問題を考えるにあたって、私が湖南の学問に対して感ずる以下の如き三つの素朴な疑問から出発したい。第一は、新聞記者時代から「支那通」、すなわち中国事情の専門家と見られていた湖南の主たる興味の対象は、日本と中国の現状ならびに行く末であった。それは、全集一四巻に収められた論著の大半が、そうした興味と直接関連する内容であることからも分かる。しかし、その一方、甲骨文をも研究対象としているように、湖南が古代中国の文化に対して、ひとかたならぬ情熱を持っていたこともまた事実である。私の疑問は、若年の頃からの「現代」中国に対する注視と、古代中国あるいは中国史全般に関する興味とは、いかなる関連があるのか、ということである。これについて確認すべきは、湖南が古代史の領域に踏み込んだのは、かなり早い時期からであり、決してその晩年に唐突な形で古代史に手を染めたわけではないということである。つまり、現代と古代の双方に対する興味は、早くから同居していたのである。この点は、『涙珠唾珠』(一巻)などに収められた早期の文章を読めば、容易に理解できよう。また残された書簡などから、明治四一年の段階で、狩野直喜、富岡謙三と龍門会と名付けた『史記』の研究会を行っていたこと、堯舜など上古神話についての関心も強くあったことが分かる。

湖南の学問に関する第二の疑問は、湖南の成した大きな貢献の一つに、富永仲基や章学誠など、いわば埋もれていた学者の発掘・顕彰があるが、何故、湖南の目には、埋もれた天才が見え、その発掘に成功し得たのかという点である。その理由が知りたい。

第三は、何故に湖南の歴史叙述が面白いのか、という疑問である。これについては、当然ながら湖南が名文家であったことを指摘しなければならない。また「その全感覚がじつに鋭俊でしかも豊麗だからである」(青江舜二郎『アジアびと・内藤湖南』一三七頁、時事通信社、一九七一年)といった説明も可能であろう。こうした点を踏まえたうえで、湖南の歴史叙述に即して、その面白さのより本質的な理由を考えたい。

本章では、如上の疑問を湖南自身に尋ねることを通して、湖南の歴史認識のありようとその背景にある思想を明らかにしたい。まず次節で、湖南の面白さを確認し、その理由を明らかにしたうえで、第三節以降において歴史認識ならびにその背後の思想について考えることとする。

2 湖南の面白さ

どうすれば歴史を面白く描くことが出来るのであろうか？　歴史に志す者であれば、誰もが一度は陥る、あるいは、歴史に志した瞬間から絶えず悩み続けることになるこの難題に対し、湖南ならば次のように答えるであろう。すなわち、とうとうと流れて止まぬ歴史の局面における人間活動の営みとその個性の輝きを、局面自体が有する歴史的特質とともに描き出すこと。それができれば、面白い歴史叙述になる、と。

タイムスリップさせる文章

論より証拠。以下に湖南の歴史叙述の白眉と考えられる部分を提示しよう。最初に挙げるべきは、「応仁の乱に就て」（九巻）の一節である。九〇年前の論文が、今なお研究上の生命力を保っていることにも驚かされるが、何度読んでも引き込まれてしまう面白さに感心する。冒頭で、応仁の乱以後こそが「我々の真の身体骨肉に触れる歴史である」と歴史的位置づけを行った後、あたかも映像を見ているかのような感覚に陥ってしまうほどリアルな筆致で当時の状況を浮かび上がらせている。なかでも、読者を五〇〇年前へと一気にタイムスリップさせる白眉中の白眉は次の箇所である。湖南によれば、応仁の乱前後の深刻な社会変動を、「下の階級の方から此時代に対して考へる其感想を現はした」書物に『塵塚物語』という本があるとして、次のように述べている。

其終りの処に山名宗全が或る大臣と面談したといふことが書いてありますが、是は大変面白いのです。山名宗全が応仁の乱の頃或る大臣家に参つてさうして乱世のため諸人が苦しむさまなど様々物語りした其時に某大臣がいろいろ古い例《ためし》を引出した。是はてうど一条兼良のやうな人でありませう。『さまざま賢く申されけるに宗全は臆したる色もなく』あなたの言ふのは一応尤もであるが例を引かれるのはいけない、『例といふ文字をば向後《このゝち》、時といふ文字にかへて御心得あるべし』といふ意味の事を言つて居ります。昔の事を例に言つてゐるが、例といふものは実際変つてゐるものである、例へば即位式は大極殿で執り行ふといふのが例だといふ事になつて居るが、大極殿がなくなると仕方なしに別殿で行ふ、別殿もなくなると又何か其時々に相応した処で行はなければならぬ。それで大法不易の政道は例を引いてもいいが、時々に変り、時に応じてやるべきものは例にしてはいけない、時を知らないからいけないといふことを書いてあります。

是は事実あつたことかどうか分りませせぬので……或は嘘の話かも知れませせぬ、仮令《かりに》嘘でも構ひませぬ、当時の人にさういふ考えがあつたといふことは是で分かります。即ち従来の厳重なる階級制度に対し、制度といふものは時勢に連れて変化すべきものだといふ考のあつた事が分るのであります。唯《ただ》山名宗全に言はしたのがよほど面白いのであつて、宗全が更に言ふことに、自分の如き匹夫があなたの所へ来て斯《こ》うして話しするといふ事も例のないことだが、今日はそれが出来るではないか、それが時なるべしと言つてゐるのでありまして、そこらがよほど皮肉に出来て居つて、当時の状態をよく現はして居ります(同一三七頁)。

要するに、この部分の記述は、当時における物事の判断の基準としては、例《ためし》(慣例)より時、すなわち伝統的秩序ではなく、時勢にこそ依拠すべきであるという「山名宗全」の主張が記されているに過ぎない。しかし、これだけの記述によって、下克上の語を以て形容される応仁の乱前後の時代の雰囲気が、さらに「下の階級」の代表たる「山名宗全」と「上の階級」の代表たる「一条兼良のやうな大臣」の個性が、あざやかに活写されているのである。

とりわけ、こうした面談が可能となったこと自体に歴史の流れが現れているというくだりを、いわば「だめ押し」の形で引用することによって、この史料に封じ込められていた当時の空気が一挙によみがえり、強烈な印象を以て、読者に迫ってくる。だからこそ面白く感ずる。言い換えれば、歴史の局面にきらめく人間の個性と、その人物をきらめかせる時代の個性の双方が、ふたつながら見事に形象化され、それによって読者はその時代の空気をじかに吸うことができるから面白いのである。

胡散臭い史料を使う

特に注目したいのは、史料の扱いである。湖南はこの『塵塚物語』について、「専門の側からみると又胡散《うさん》臭い材料」であるかも知れぬが、「併《しか》しそれも構はぬと思ひます。事実が確かであつても無くても、大体其時代においてさういふ風な考へ、さういふ風な気分があつたといふ事が判れば沢山でありますから、強ひて事実を穿鑿する必要もありませぬ、唯だ其時分の気分の判る材料でお話して見ようと思ひます」（一三二頁）、と述べている。

つまり、史料の性格に関する穿鑿を全く不要とするまでに、完璧に時代を映し出しているという判断によって、この書のこの部分を採用するというのである。時代の特徴を把握しえているという自らの歴史認識に対する強固な信念がなければ、絶対に口に出来ない言葉である。これは、史料の信憑性を論理的に実証し、そのうえで厳密な考証により個別の事実を解明するという手順で作り上げられる論考とは、手法において一線を画していると言わねばならない。つまり、説話などに表れている特定の時代の歴史性を、論理によってではなく、鋭い感覚で把握し、それによって史料価値を判断し、さらに、それを通じて歴史的世界に接近しようというのである。湖南が高く評価する章学誠のいわゆる「独断の学」とは、この種の方法を指すのであろう。

時代の特質と人間の個性を描き出す

以上のように、湖南独自の感性によって歴史性をつかみとり、それを象徴的に表現している説話を選び出し、時代の特質とそこに輝く人間の個性を描き出すという手法は、湖南の歴史叙述にしばしば見られる。たとえば「支那中古の文化」（一〇巻二九七頁）では、後漢末の文人、蔡邕《さいよう》の娘・蔡文姫が、生前の父親と親交のあった曹操に対して、自らの夫の助命嘆願を行った際の対話を史料にしている。

曹操が、あなたの家には沢山の書籍があつたが、今でも覚えてゐられるかと問うたところが、文姫は、亡父が天子から賜つた四千余巻程の書は、擾乱《じょうらん》の際に皆なくなつたが、今暗唱してゐるのは四百余巻のみであると答へた。曹操が、それでは十人の書吏を遣るから口授して写させてほしいと云つたところが、文姫は、礼では男女は親授しないものと聞いてゐる、私に紙筆を給はらば、真書でも草書でも命のままに書きませうと云つたので、文姫に書かせたが、文字の誤などはなかつた。

この話は、湖南自身が余程気に入っていたと見え、『支那絵画史』（一三巻三二六頁）でも、そのまま引用している。対話からは、たんに蔡文姫の学問的な能力の高さや、曹操の学問に対する嗜好といった個性が読みとれるだけでなく、漢末魏初から六朝時代へと続く貴族文化を根底で支えた学問のあり方、つまりはこの時代の歴史的特質がくっきりと浮かび上がってくる。

しかも、このように時代の特質とそこに生きる人間の個性を描き出すことは、早くから湖南が意識して目指した歴史研究、歴史叙述のあり方であった。処女作とも言うべき『近世文学史論』は、「みづからその時に処して、しかうしてまのあたりそのひとに接するが如」くして、徳川三百年気運の変移を研究した結果であると言う（同書・自序）。『諸葛武侯』執筆の目的については、「三国の形勢、之を掌上に指すが如く、武侯の心事、之を秦鏡（人心の善悪まで照らし出すとされる始皇帝の鏡）に照らすが若くす、豈に此の瑣々《ささ》たる小冊子の能く企《くわだ》つる所ならんや」と、逆説的に表明している（同書・自筆広告文）。要するに湖南とっての歴史叙述とは、今に生きる自らを、その時、その場へ没入させ、その人物と接触させることによって、時代と人間の特質を目に浮かぶが如く生き生きと描き出すことであり、それが達成されているからこそ、歴史を臨場的かつ共感的に体感できるのである。

古人を活動させる

湖南の面白さをさらに分析するならば、対話を効果的に利用して時代状況を反映させているということが指摘できよう。つまり、読者を対話の場に引き込み、対話を傍聴させることで、読者と叙述されている時代を隔てる時間の壁を一挙に取り去り、その場の雰囲気を追体験させ、時代状況を感覚的にとらえることを可能にしている。こうした叙述の背景には、全編が対話で埋め尽くされているとすら言える『左伝』や『史記』など中国古代の歴史叙述の伝統があると考えられよう。年少の頃から、そうした史書に親しみ、精通していた湖南にとって、そのような叙述法は、自ずと血肉となっていたに違いない。

また湖南は、『史記』の歴史叙述に関して、「史記の書き方は、逸事とか人の実見談を巧みに用ひ、その事実を活動させ、それが小説にならぬ程度に書いたので」あり、これこそが「史家の手腕」であり、「歴史を書く人の腕前から云へば至当のこと」であると評価している（一一巻一九八頁）。さらに『新唐書』の編者・宋祁《そうき》、欧陽修の「書き方は、事実を目前に活動させるやうに書くことを主とし、後世の小説の如くする」とも言う（同四九一頁）。『資治通鑑《しじつがん》』について述べるくだりでも、「歴史は案《あん》牘《とく》（公的文書）・文書の行列ではなくして、象徴主義を主とするものであるといふ論」（同二一〇頁）を引き合いに出しているが、湖南自らも意識して、そうした「象徴主義」の立場に立って、逸事や実見談を効果的に用いたと言えよう。湖南の言う象徴主義とは、逸事とか実見談を引き、過去の人物を活動させ、それによって時代の本質そのものをも描き出す、ということになろう。つまり、湖南の面白さは、膨大な史料の蓄積のなかから時代の特徴を表している史料を見いだし、生き生きとした歴史叙述を行ったという点にある。

歴史的特徴を摑みとる感性

そのためには、何よりも時代の歴史的特徴を摑みとる抜群の感性がなければならず、つきつめれば、それこそが湖南の歴史叙述を面白くしているのである。時代の特徴を摑みとるという点について、湖南は絶大の自信を持っていた。たとえば、『通典』の著者・杜佑の政治的改革意見は、「宋代の人とは異り、口角泡を飛ばし、角を立てて云ふ如き事はせず、古来よりの沿革を述べる内に、人の議を入れ、自分の意見を挿んで、斯《か》くならざる可からざる事を静かに説いて居る。此の点は、唐代の気分を知らなければ解らない」と述べている（六巻一四七頁）。平和で学問を重んじた唐という時代の性格を知りさえすれば、杜佑なる人物の理解ができるというのである。

さらに王応麟『漢書芸文志考証』における考証の仕方は、「余程気の利《き》いたやり方で、時代不相応といふべきものである。されば元明にはその方法は続いて行はれず、漸く清朝になつて行はれるやうになつた」とする（一一巻二五一頁）。この「時代不相応」などという大胆な表現は、当然ながら「時代相応」についての充分な見通しを有する者にして始めて用いることができる。自らの時代認識にかくも自信を持っていたのである。

時代の特徴を確実に捉えていれば、先に見た『塵塚物語』のように、論証などせずして、おのずから史料の時代性が判定できることになる。こうした手法は、とかく偽物が多い絵画史研究の分野では極めて有効である。その有効性が遺憾なく発揮されているのは、たとえば、大英博物館蔵の顧愷之《こがいし》「女史箴図《しんず》」の真贋についての議論においてである。そこで湖南が言うには、「即ち此の図巻が顧愷之の真跡でないにしても、少なくとも六朝末までの模本であることは確かであつて、顧愷之の時代を多く隔てざるものである」。故に、「此等によつて顧愷之の図を考へると、漢時代よりは画が綿密になつて、更にそれよりも精神が重んぜられてゐる」ことが分かる（一三巻四六頁）。

つまり、たとえ本物でなくとも、ある程度、時間的に接近していれば、両者が共有する歴史的性格に基づき、本物の画風を読みとることができると言うのである。そのような眼力をいかにして養うのかという問題は残るが、極めて説得力に富む魅力的な論理である。

以上を要するに、湖南は研究対象とした時代について、その歴史的な特徴を明確なイメージを以て認識することができた。時代の雰囲気を、すなわち個別的事象に通底する歴史性をこのうえなく巧妙にとらえることができたのである。湖南の好む言葉で言えば、「時運」すなわち時代の核心を把握する天才であった。「時運」が把握できれば、自ずからその時代の雰囲気を示す史料を的確に見いだすことができる。しかも、湖南の湖南たる所以は、そうした眼力を、たんに文献史料に対して向けるだけではなく、絵画や考古学的史料など様々な対象に向け、それらを等しく特定の時代の歴史像再構成のための素材として扱うことができる「博通」の人であるということである。そのような才能が縦横に発揮される時、時代を象徴する事件や人物が、生き生きと蘇り「活動」し、時代そのものが鮮明に立ち上がってくる。湖南の歴史叙述が面白い所以である。

それでは、湖南はどのようにして歴史的特質を摑むことができたのか。上では「鋭い感覚」、「独自の感性」などの語を用いたが、湖南のそうした感覚、感性はいかにして獲得されたのか。これらについて、節を改めて考えることにする。

3　湖南の歴史認識・ものの見方

湖南が面白い理由は、要するに歴史的特質を摑む特殊な能力に帰することが明らかとなった。それでは、そうした能力はいかにして獲られたのか。というより、湖南はどのようにして歴史的特質を摑んだのか。こうした歴史認識に関する問題は、当然ながら湖南の学問全体、ものの見方そのものに即して考えねばならない。

歴史叙述における変化の視点

湖南の著述を読んで気付くのは、変化、変遷、変移、発展、衰亡といった語が随所で用いられていることからも分かるように、すぐれて変化の視点から歴史を見ているということである。たとえば、『支那中古の文化』（一〇巻）の冒頭では、「中古」全体の変化を次のように概括している。

支那の文化が、古代から相続してきたのが一旦立派に出来上ると、それから自己の文化の中毒により、一種の分解作用を起して段々崩れてくる。その崩れてしまふのは大体東晋の頃までである。其後は又新たに自分の国にも芽生え、外国からも入つてきた文化によつて、一種の新しい文化が出来上る。さうしてそれが又段々出来上るとともに分解していく。

同様に変化の視点を絵画に向けた研究成果が、『支那絵画史』（一三巻）である。たとえば、「若し呉昌碩の花卉《かき》（草花の絵）を賞賛するとすれば、やはりその以前に趙之謙《ちょうしけん》の如き花卉の大家があり、そして是等が又乾隆時代の李復堂、新羅山人等に基づけること、更に遡りては明の徐天池より流れ来て居ることを知り、それ等より如何に変化してその新しい味を出したかといふことを知らなければならぬ」（五四二頁）、あるいは「支那の画家が支那の山水を如何に観、又これを如何に筆に現すかといふ其の表現のしかたに就いて、それが時代によつて如何なる変化があるかといふやうなことを体得して……」（五一二頁）といった記述を読めば、この書が変化の視点に貫かれていることは十分に理解できよう。

また『清朝衰亡論』（五巻）は、兵力上の変遷、財政経済上の変遷、思想上の変遷という三分野の変遷によって清朝の衰亡過程を明らかにしている。『支那論』（同前）や『新支那論』（同前）にも、過去から将来に至る歴史の変遷のなかに当時の中国を位置づけて理解しようという姿勢が明確に表れている。

さらにまた、湖南晩年の研究対象に経書があり、その研究方法が、「支那古典学の研究方法に就きて」（七巻一六二頁）に述べられている。

> 経書と云ふ者を順次に晩出の書からして、上代にまで遡つて調べた上、割合に竄乱《ざんらん》のない本に根拠して、更に一段と旧い処を研究して行く方法を取るのでなければ、確実に信憑すべき定論に達する事が出来ないのである。古書の竄乱の箇所は、晩出の書によりて判断することが出来るものである。

つまり、長期にわたる複雑な変遷過程を経て今の形になった経書には、その各所に異なる時代の特徴を示す痕跡が残されており、それらに着目すれば、すなわち変化の視点で経書に対すれば、それぞれの成立年代が推定できるという考え方である。湖南は自らの経書研究の契機について、「公羊学派の人々に促さるる所があつた為」(「尚書稽疑」同前一四頁)としているが、研究のあり方自体は湖南独自の変化の視点を経書に適用したにすぎぬとも言えよう。

変化の視点を、中国の歴史学自体に適用した成果が、言うまでもなく名著『支那史学史』(一一巻)である。この書は、単に個々の歴史家や歴史書に対して良質の解説を行うだけでなく、歴史学の変化発展の歩みを、前後の時代との関連性を明らかにしつつ記述している。たとえば、顧炎武は種々の証拠を挙げて確実な考証を行うという意味で「清朝一代の学風を開ひた」が、その学問は「朱子学派即ち宋学派としては宋の王応麟から出で、又明代の楊慎の方法なども入つてゐる」(同三〇二頁)。ちなみに、その楊慎の学問は、博識を貴ぶ点で王応麟から来たと考えられ、また反朱子学的な面は、蘇東坡の影響であるとされる。一方、顧炎武の学問が、「姪《おい》」であり、また当時における文人の領袖であった徐乾学を経て、顧祖禹、閻若璩《えんじやくきょ》、胡渭などにより継承発展させられていったことも指摘している。このように、歴史学自体が変化の相において叙述されている。

語彙・風俗の変遷

以上、とくに湖南の歴史叙述に即して、それが変化の視点に貫かれていることを指摘した。特筆すべきことに、こうした変化の視点は、単に歴史叙述にとどまらず、湖南の文章全般の至るところで見出すことができる。やや煩冗にはなろうが、敢えてしばらくそうした例を読み進めていこう。たとえば、語彙の変遷については、「代表の詞」（一巻三九二頁）という小文があり、花形を意味する言葉の江戸時代における変遷を指摘している。

寛永より寛文の頃まで、寛濶《かんかつ》　奢《おごり》大名に在り
元禄より享保の頃まで、だて　士人町人に移り
宝暦より天明の頃まで、通　追々ケチになる
文化文政以後、渋み　解釈六ヶし

また「因循」（同三六〇頁）なる一文では、因循という語は、明治維新以降、とりわけ否定的な意味に受け取られるが、かつて唐代においては、名臣、魏徴が「事は因循に在り、必ずしも改め作《な》さず」と述べたように、因循こそ「聖人、事を為すの最大要事」と考えられていたと指摘する。さらに、この点に基づき、「文字の栄辱も、亦史を考ふる者の忽《ゆるが》せにすべからざる所。才子、豪傑等の字面《じづら》も漸やくに世に好遇せられず、一二の微と雖も、以て世変を徴すべし」の如く、文字の意味の変遷に時代の変化を見いだすことが可能であるとする。

「燈華記」（同六四五頁）では、歴代の人名を集めて分類すれば、「文明の変遷、一目の下に会得せらる」べきことを、岩瀬京山『蜘蛛の糸巻』の「文墨の名家」なる文章を引用して述べている。すなわち「文墨の名家」には、江戸天明年間の「文墨の人々」の名、たとえば狂歌師の「四方赤良《よもあから》、朱羅漢《あっけらかん》江《こう》、元の木阿弥《もくあみ》、大屋裏住《おおやうらずみ》、鹿津部真顔《しかつべまがお》、宿屋飯盛《やどやめしもり》、銭屋金持《ぜにやかねもち》」といった名が多数挙げられているが、「是等の人々の名字を読みて、天明がいかさまなる時代なりしか、髣髴として胸に浮かぶなり。元禄

正徳享保の時代より、寛政の後文化文政天保の時代に移るべき過渡の世として、此の一小時期は、一種の風尚をぞ彰はしたる」という。

風俗の変化については、たとえば「足利の世」（同三九七頁）なる短文が、興味深い例を取りあげて描き出している。

……いかなる故とは知らねど、鎌倉より足利の世に出来たる者、何となく横ひろく厚張る傾きある様なり、第一手近なるは能装束なり、大紋なども此頃よりや角ばりたるものとなりけん、女雛《めびな》、京伝が骨董集に、室町家の頃の雛の図あり、男雛はとにかく、女雛のいかにも横ひろく角張りたる、此の世の風尚、この小さきものにも著しくあらはれたり……

同じく、「風俗」（同三九八頁）なる文章では、江戸の風俗の転換に関して、

……安永天明の際は、風俗変遷の大関鍵にてありしと見ゆれば、その頃の人の記せしものを見るに、いづれもその小さき頃と老境とを思ひ比べて、別世界の趣ありしを述べざるはなし……

と言う。このほか明和安永の頃が「人情風俗のかはり目」で、「芸者」という語がそれ以前の「俳優」の意味から「女の専有の様」になり、「浮世絵に画く美人の容貌などもいたく変じたる」（同三九四頁）こと、また「刺客の目的の変遷の中にも、世の中の変遷の影は映つてある」（四巻二六〇頁）ことなど、風俗・世相の変化を指摘している。

文体・学問の変化

森羅万象の変化のうち、湖南が最も関心を寄せたのは、文体や学問の変化についてである。「緇心《ししん》録」（緇は僧衣。心に墨染の衣をまとい、世俗的価値を達観すべしとの自戒の意を込めた文章）では、文体の変遷について次の如く概括している。

文体はそれぞれその代々に適したるさまにて、その能事を了し、其の時過ぎぬれば、いかに其の維持を勉むるも、支へがたきものと見ゆ。万葉の長歌、古今新古今の三十一字、室町の世の連歌、江戸府の俳諧、各々其の世に盛を極めて、それより以前は体備はらず、それより以後は情うすし。祝詞宣命の奈良朝、物語の平安朝、軍記の北条南北朝、謡曲の室町、浄瑠璃の徳川前半期、読本の徳川後半期に於けるも、同じためしなるべし（一巻四二〇頁）。

「文話一則」（同四九八頁）でも、「時代の移り変りは、人情に及ぶこと、誰しも言ふことなるが、それが為にや文品も時代によりて大いにかはりあることなり」とし、さらに「上は枕の草子、中古には西行諸人の文字より、徒然草に及び、近代は俳人の諸文、何れも世外の味ひにて、その時代を代表すといふよりは、其人を活現すと言はん方、然《しか》るべからんも、それさえ時代の風気は帯びてあり、而して宗教思想の変化によりて、文品の感化を受けたること至て大なるが如し……」の如く、文学作品が時代の変化を明確に反映することを述べている。

「創才と学殖」（同三五九頁）では、「創才」すなわち学問における創造的能力と「学殖」すなわち学問を量的に蓄積する能力との両者には、それぞれ「尚《たっと》ばるべき時期の転換」があったことを明らかにしている。「春秋戦国より漢初に至るまで、創才の尚ばれし世たり、而して東漢以て六朝に及ぶ、学殖の値大いに珍とせられたり。唐其の枢機を転じて、宋は創才の極盛たり、明清に至りては、また学殖の転々崇尚せらるるを見る」の如く、中国の学問における変遷を述べた後、江戸の儒学にも同様の変遷を確認できるとする。そのうえで、「前の学殖と、後の学殖と異なるあり、前の創才と後の創才と同じからずと雖も、一往一来は常数（ものごとの常）免れざるが若く」であるとしている。

そうした中で、支那の学問の変遷について述べた「支那学変」（同三五六頁）は、簡略ながら極めて興味深い内容となっている。そのさわりだけを抜き書きする。

……誠に春秋の人物は、礼儀の遺風未だ澌尽《しじん》せずして、加ふるに使聘会同の繁き、修整を尚で士大夫かたぎを崩さずと心がくる趣きあり、孔子などの流浪人にてさへ辞令のうまきは、此時代の風なればなり、

戦国になりては、早や力づくの世となりて、縦横談説、傾詭《けいき》佞幸《ねいこう》（道化・わざおぎ・阿諛追従の輩）までが其の能力を憑《たのん》で、身分などに引ける気なく、各々其の欲する所に徇《とな》へん風あり、徇道《じゅんどう》の志厚き孟軻の若きすら談説口調を免れ難きを見ば、かの時代のあらましは知るべし、

秦の坑儒焚書に、人間霊性の発動一切を杜絶せしとはいへ、実は戦国の末已《すで》に新学説の種子尽《つ》くるに垂《なんな》んとし、韓非などの外には、荀卿なり、礼記諸篇の作者なり、徒らに旁捜博引に誇りて、やや沈滞に傾きしなり……

六朝は四六の文体、靡麗《びれい》のみにて骨子なけれど、詩はこの末の頃より、まま活動の分子もまじり

て、隋唐の淵源を成しぬ、……学問上の新見識は、老仏の派にはまま見へて、遠く趙宋氏の伏脈たり、……

宋は人物の軋轢《あつれき》東漢に似たる所あれども、新学問の盛なりしは、外形の美唐氏に極まりて、且つ国力も外に屈せしが為に、勢力内向せる結果なるべし、……

愛新覚羅の襲取、唐の統一に類する所ありて、考拠風の学問初期に盛に、乾隆の詩文才俊群出せしも、その後の萎靡《いび》は世界が広くなりし結果にて、此後の極盛は又新原動の加味が調和せし後ならざるべからず、かく上に溯り、下に沿ひて看去れば、無限の興味を支那歴史に得べきなり。

人の一生の変化

以上、湖南が森羅万象を変化の相において認識していたことを示す例を挙げた。変化の視点は、湖南のものの見方そのものの特徴であったのである。逆に言えば、湖南は一切を歴史的な観点から認識しようとしていたのである。そうした湖南の前では、当然、人間も例外ではありえず、人の一生にも「時代区分」が可能となった。とりわけ早期の文章では、人間が年をとるにつれ醜くなることが強調されている。たとえば「苦熱顚語」（一巻二八二〜二八五頁）では、『徒然草』の死年論を踏まえて、次のように言う。

二十三十、聖人之を色に闘に戒しむ、然るに色の過ちは、頗るかはいげなる処あり、無邪気なる処あり、之が為には名誉も顧みず、利得を露《つゆ》思はざる処、人生の最も花やかに美しき時期なり。或人は嬰児の美を説けども、嬰児には往々老後の特性の兆《きざし》著しく見はれ、我意強くして、行末思ひやれば、寧ろあさましく、其の最も罪なしといはるる睡眠中だにも、いかなる争心の夢驚かしてや、泣声たてて目さますなど、おそろしげなることあり。

然るに色過時期は、人類が衝突の第一要因なる特性といふ分殊（所与の区分・区別）を変じて、たとひ全く変ぜずとも、姑らくは掩蔽《えんぺい》して、其の和楽なる天上生活を夢みる時なり、……

若し夫れ四十以後、老境漸く迫る、夕陽に子孫を愛せん時と為れば、濁悪世界に閲《けみ》し来し経験、十に九までは、其の身を捨てて仁を成し義を見て敢て為すべき方向には傾かで、反て其の難を避けて易《やすき》に就き、得るを貪りて免がれんことを思ふ方向に傾き畢る、……耄耋《ぼうてつ》して其の常識を消失し去るに随て、貪欲の念は益々熾《さか》んに、少年のうるはしき情の跡をだも留めずなるのみか、壮時の名を惜み義を顧みる心も亡びて、頑固なる利慾の塊物と做《な》り了《おわり》し、……此の世の濁悪を醸すべき要因は、四十以後の生ずる所にあらざることなし。

若し人寿をして四十以前に減縮せしめんには、世界のうるはしさは、豈に今日に数倍せざらんや。寿《ひさし》ければ辱多しとかや、死しては速やかに朽《く》ちんことを欲す。老ては速やかに死せんことを欲すべし。此の一種の理論、我が思念を支配すること久し。

かくて、長生きがしたいとか、健康に気を配るとかという人を見ると卑しんで、唾をかけたくなる。しかも、このような考えを決して偏見とは思わない、とまで言い切る。

このように極端に潔癖な考え方は、「四十未満」（同六七四頁）なる一文にも見え、「長くとも四十路に足らぬ程にて死なんこそめやすかるべけれ」という双《ならび》か岡の法師（吉田兼好）の言に賛意を示した後、人間は成長とともに醜悪になる一方であると断言する。すなわち、

三十四十、姿態未だ衰へず、自ら顧惜して、面目を損毀するを重《おもんば》かる、名を惜むも此時、利を恥づるも此の時。五十六十、頽然《たいぜん》（よぼよぼと力なく）として老ゆ。仲尼云く、之を戒むること利に在りと、而して人の曾て此に免るるなし、諸々の醜悪、皆踵《つい》で而して至る。

また「挫折の時期」（同四〇九頁）でも、以下の如く言う。

二十七八、脚下少しく明るく、客気頗る消磨せらる、而して室を思ふの念稍々萌す、良縁或は整うて、佳妻佳児あり、人間の進歩は此に至りて画す、此後再び奮ふことあるも、縄墨（社会規範）の外に超脱すること少し。挫折の時期、人生の関鍵、是れ志ある者の懼して三省すべき所。

湖南自身の変化

しかしながら、こうした極論は、自殺肯定論（同二九四頁）などと同様、湖南自身の老いとともに放棄している。たとえば、自らの老いを認めた「耄碌《もうろく》物語序論」（六巻二四二頁）という一文があり、青年湖南との筆致の違いに驚かされる。

実をいふと本人にとつてはこのやうに耄碌して居る方が余程気が楽なのであつて、段々四十五十以上になつて、頭脳の本質はすでに箍《たが》がゆるんで来て居るのに、それを気をしめて、時々自分自ら鞭をあてるやうに、耄碌はすまい、同じ話で人をあてまいと気張つて居るのは、一通りならぬ心労である。自分も幸ひに天下晴れての耄碌となつて、その我慢をすつかり取り退けて、手前味噌も手放しで話し、同じ話を何遍も人に聞かせて差し支えない身分になつたといふことは自分にとつては余程からだが楽になつたやうな心持がする。此の我慢の為に、これまでどれだけ神経を傷め、白髪の数を殖やしたか知れぬのであるが、これからは、友人であらうが、何人の前でも少しも苦労をせずに、自分だけに興味のある話をしてあてゝやらうと思ふと、気がせいせいして痛快至極に感ずる。……

一体自分の若い時に老人を見てゐると、耄碌をして人の邪魔になつてゐるのが如何にも心外で、自分は年を取つたらなるだけ隅の方に引込んでゐて、人の邪魔にならぬやうにしようなどとよい心掛けをもつたものであるが、さていよいよ耄碌をして見ると、そんなよい心掛けもやはり本人に取つては詰まらぬ話だと考へる。いつそのこと、出来るだけ若い者の前で出しやばつて、思ふ存分に嫌はれて邪魔になつて見るのも、興味のあることだと考へるやうになつて来る。

この文章からも分かるように、湖南は、自分自身の変化についても、他の現象と同様、歴史的見方で冷静に観察していた。「山崎闇斎の学問と其の発展」(『先哲の学問』九巻三二二頁)には、老齢の自分が闇斎を研究することについて、

……ただ今日の私は闇斎先生の亡くなられた年よりは少し年を取つて居ります。つまり似よりの年の老学究であります。そこで闇斎先生の晩年の頃の年になつて、闇斎先生の心境を考へてみるといふことは、一寸《ちよつと》何かその、共通することがあり得ることである。人間はやはり年によつていろい

ろ考へが変ります。さういふことで、私の如き老学究が考へてみることが都合のよい点があるかも知れません。この、人間はそんなものです。大抵自分の頭程度くらゐしか考へないものです。

と述べ、老いによる変化を率直に認めている。

冷徹な観察眼を自分に向ける

自分自身が老いによって変化したことは、『玉石雑陳』清賢語第六条に顧炎武『日知録』巻一三・范文正公の条を引用して、明確に述べている。『日知録』の当該箇所には、

史に言う、范文正公は、天下の憂いに先んじて憂い、天下の楽しみに後れて楽しむ、と。而れども文正自ら友人の墓標を作りて云う、今茲方面《きょうこのごろは》、賓客満坐し、鐘鼓、庭に在るも、白髪なお辺を憂い（年齢も顧みず辺境地帯の異民族対策に憂慮して）、酒に対するも楽しみすくなし。あに圭峯《けいほう》の月下（急峻な山にかかる月の光に照らされて）、高松に倚《よ》りて長笛を聴き、欣然《きんぜん》として天下の際を忘るるに如《し》かんや

とあり、さらに後漢の将軍・馬援と竹林の七賢阮籍《げんせき》における同様の傾向を指摘している。すなわち、若い頃から大志を抱いていた馬援も、晩年に及ぶや、肩の力を抜いて生きるべきであると忠告してくれた従弟《いとこ》の少游の「郡の掾史《こやくにん》となり、墳墓を守り、郷里にて善人と称せらるれば、斯れ可なり」という言葉を思い起こした。阮籍もまた、その「詠懐詩」において、「寧ろ燕雀とともに翔《と》ぶも、黄鵠に

随いては飛ばず。黄鵠、四海に遊べば、中路まさに安《いず》くにか帰らんとす」と、つまり精一杯の努力によって黄鵠とともに飛ぶより、燕雀と飛ぶ安穏な生活を選ぶと詠っている。范仲淹《はんちゆうえん》、馬援、阮籍のいずれも、年を重ねると、若き日の彼らではなくなっている。こう述べた顧炎武に同調し、湖南も自らの変化を認め、それを人間の本性と見ている。

余、官を辞するの詩（一四巻『湖南詩存』所収）に云ふ、近来切に動く、山を買ふの興、箕穎《きえい》の風懐（俗世を避けて自適の生活をする願望）、吾久しく欽《とうと》べり、と。亦た性の適《ゆ》く所を知る

確かに湖南は、退官後の住居として、郷里秋田県毛馬内の景色にも似るとされる京都府南部、瓶原《みかのはら》の高台に五百坪の土地を購入して、土蔵造りの書庫を備えた立派な山荘を建て、晩年の日々を過ごしている。

こうして自虐的なまで率直に自らの老いを指摘する湖南の真意は、いずこにあるのか。若き日の主張との矛盾を認めたうえで、単なる皮肉的言辞を弄しているだけとも思えない。前述の如き変化を重視する視点からすれば、湖南自身も、さらには湖南の思想自体も例外ではありえず、変化する。一切を変化の相において見るという観察眼は冷徹なまでに貫かれ、湖南自身に対しても向けられていたのである。

森羅万象を変化の相において捉える

しかも、そうした湖南からすれば、社会や国家、民族もまた、人の一生と同じ過程をたどるものと

して認識された。たとえば「近代支那の文化生活」（八巻一二一頁）では、「一人の人間で申せば幼稚な時期と青年の時期と、それから老衰の時期とある如く、国とか民族とかいふものにも、さういふものがあると致しますると、古代といふ幼稚な時期がどの位、何年から何年の間に当る、中世といふのはどの位からどの位に当るといふやうな、各々相違があるわけです」と明確に述べている。同様に「贈渡米僧序」（一巻三四三頁）には、

　人の生を観るに、生より死に至る、欲する所あり、而して駆られて生を遂げ死に之《ゆ》くにあらざるなし、幼なるや其の欲する所、方《ま》さに其の未だ充たざるを足して其の長育を致すに在り、食の欲方さに盛んにして、嗜好も亦其の風味の美を求むるに遑《いとま》あらず、而して専ら淡にして滋なるものを取る、既に長ずれば、其の味に於ける亦欲する所必要とする所に軼《す》ぐ、嗜好する所、大抵必ずしも滋養に専らなる能はず、加之《これにくわえて》色欲の発達、漸くにして人を衰老に導く。社会も亦此に類する者あり、或いは法制の力によりて強盛を極む、而して極まれば則ち其の衰弱の支ふべからざるや、亦法制之を致す。古希臘《ギリシャ》の一国の如き是なり。……夫れ幼よりして壮、壮よりして老、一社会の終始此に一元（発生から消滅に至る一周期）を全成すれば、此社会の滅亡して而して代る者は必ず他の幼社会、老者の復た盛なり難きは、個人然りとす、社会も亦復《またまた》然るが若し。

とある。社会もまた人間同様、発生、変容、さらには消滅の過程を経るものであった。

　以上の如く湖南は、止めどなく流れ逝く時間とともに変化する森羅万象を、その変化の相において捉えようとしていた。要するに、湖南のものの見方自体が歴史的であったのである。「一法究尽」（一

巻三九〇頁）に、「斑を見て豹を知る、一法究尽の旨は元古仏（道元のこと）に聞きぬ、一枝の移りかはりを見て、その時代の全きさまも推しはからる」とあるのは、こうした湖南のものの見方を凝縮している。

通史である必然性

このように変化の相において対象を認識するためには、長期にわたる観察を継続して、発生の事情から、その後の変化ならびに消滅に至るまでの過程を追究する必要があることは言うまでもない。歴史研究であれば、当然、通史としてとらえることになる。

おそらくこの故に、通史に対する重視が、湖南の歴史研究の一大特徴となったのである。すなわち「史と云ふ者の意義から云へば、植物の種子から発生し、長育し、繁茂する如く、動物の血統相続して、子孫繁栄する如く、断えざる系統ある者でなくてはならぬ」（一三巻三九四頁）と、歴史は通史であるべきを明言している。また『通典』についても、「一面は類書であるけれども、一面には事柄を類別して書く間に、その沿革を認め、事柄の原因結果を知り、それが如何に進むかといふことをも呑み込んで書いてゐる」。それ故に、類書の体裁で書かれた歴史の「最上のもの」であると述べ、特にその通史的スタイルを評価している（「支那史学史概要」一一巻四八九頁）。さらに「鄭樵の最も主張した所は、歴史は通史を主とすべきもので、断代史は歴史の本旨に叶《かな》はないといふ点であつて、従つて漢書を貶《けな》して史記を褒めた。……鄭樵が歴史としての本義は通史にありと云つたのは卓見としなければならない」（一一巻二二八頁）とも述べている。

湖南の弟子を以て任ずる宮崎市定氏は、『支那史学史』の中で湖南が最も得意としたのは、劉知幾

『史通』、杜佑『通典』、鄭樵『通志』、章学誠『文史通義』に関する記述であるとし、それらの書名のいずれもが「通」なる文字を含むことを指摘した上で、湖南の学問の特徴を次のように総括している。

この通なる文字の意味は、貫通の通であり、また普通の通である。「通志」「通典」といえば、古代より現在まで貫通する総合された歴史、および礼式の総合を意味し、「通義」といえば、古今にわたり普遍的に通用する原理の意味であり、「史通」の「通」は、おそらく通義に近いと思われる。……湖南博士の学問は実にこの「通」という文字で最もよく言い表せる……(「独創的な支那学者内藤湖南博士」、『宮崎市定全集』二四巻、岩波書店、一九九四年)。

こうして湖南史学の真骨頂が、古今を貫通する総合された歴史、すなわち通史であることを明らかにした。宮崎氏は同じことを、「経書に現れる真四角な堅い支那と、現実に見る丸い柔らかい支那とが、先生に於いては渾然として融和している」(書評「『清朝史通論』『支那上古史』」、同前)という表現でも述べている。

このように湖南が通史を志向したのは、変化の視点に由来する。また先にも述べたが、通史である以上、対象の発生から衰滅にいたる全過程を時間の流れにしたがって明らかにしなければならない。果たして、湖南の歴史叙述は基本的に、対象の発生から衰滅に至る過程を時間軸に沿って辿る形式を取っている。たとえば、中国中世を象徴する六朝貴族について、「其の家柄が自然に地方の名望家として永続したる関係から生じたるもので、所謂郡望なるものの本体がこれである」(八巻一一一頁)としているが、「支那中古の文化」では、その郡望とは、「後漢より六朝、唐代まで続いた大姓氏は、大抵漢代に起源を発してゐる」(一〇巻二八七頁)の如く、漢代に誕生したとし、その後「貴族が中心となり、これが支那中世の全てのことの根本となつてゐる」という六朝時代の状況を現出するにいたるまでの過程が描かれている。さらに『支那近世史』では、そうした貴族政治の崩壊過程が論じられ、近世史を叙述する前提となっている。

湖南の歴史認識の特徴は次のようにまとめることができる。すなわち、変化の視点に立ち、あらゆる対象について、その発生段階にまで遡り、それが何時、いかなる事情で発生したのかを明らかにする。ついで、その後の変化を辿り、最終的に衰亡、消滅にいたる過程を観察する。こうして時間とともに変化する対象の全局面、終始本末を認識する。

発生段階の解明

しかも以下の諸例に明らかなように、とりわけ事象の発生段階の解明を重視していた。たとえば『支那論』では、清末以降の民主思想について、その淵源を明末の思想家・黄宗羲に求め、「現在支那の新思想界を支配して居るのは、此の黄宗羲の明夷待訪録が最も有力なものである」(五巻四二四頁)としている。また『新支那論』では、中国の将来を託すべき自治の伝統に触れ、元代以降、人民の間に「郷団自治」の風が盛んになり、それが組織した自衛軍が人民の最後の運命を支配するという状況が継続していることを指摘し、「支那の民政の真の機能は、今でも依然として郷団自治の上にあらはれるべき」(五巻五〇三頁)として、郷団組織をその発生段階に遡って説明している。

さらに『支那近世史』では、近世以前から起筆する理由について次のように述べている。中国の「近世を形成する内容」が整うのは宋以後であるが、「而して宋になるまでには、中古より近世の過渡期がある。近世史を明らかにするには、この過渡期から考へる必要がある」（一〇巻三四七頁）。また「支那中古の文化」においても、中古から遡って「上古以来相続した文化が如何にして出来上ったかを」述べているのも、同様の理由である。なお、発生段階の解明を重視する点に関しては、湖南の漢文による読書筆記『玉石雑陳』を分析した拙稿「内藤湖南『玉石雑陳』について」（『山口大学文学会志』五〇巻、二〇〇〇年）でも述べた。

こう考えてくると、京都大学を退官して自由の身になった湖南が、最初にまとめた論文集を『研幾小録』と名付けた理由も理解できよう。「研幾」という語の典拠は、中国における変化の思想の象徴とも言える『易経』であり、その「繋辞《けいじ》」上の「夫れ易は、聖人の深を極めて幾《きざし》を研《きわ》むる所以なり。唯だ深なり、故によく天下の志に通ず。唯だ幾なり。故によく天下の務めをなす」という一文に基づく。おそらく湖南の真意は、現象の背後にあるかすかな萌しを察知・考察し、変化の行く末を先知することによって、「天下の務めをなす」易と同様、自らの学問研究が、歴史の変化する論理を把握、究明し、それを以て現実をより深く理解し、将来を先知することを企図している、と示すことにあったのではなかろうか。湖南が物事の発生の事情にこだわったのは、まさに「研幾」のためであった。

以上、湖南が歴史認識において最も注意を払ったのは、事象の誕生と消滅であり、またその間の変化であるということを明らかにした。特筆すべきは、前述の如くこうした見方があらゆる事象に対して、すなわち風俗、文体、学問、芸術、人間、社会、さらには湖南自身に対しても適用されているということである。要するに湖南にとって、歴史は認識の対象であると同時に、世界認識の手段でもあった。変化の視点によって観察する湖南の目を以てすれば、対象を過去から未来へと続く変化の流れのなかに位置づけて認識することができる。時代の特質に対する湖南の鋭い感覚や把握力は、こうした視点を以て歴史と世界に対峙していく中で自ずと獲得されていったと考えられる。

三つの疑問への解答

以上を踏まえるならば、本章冒頭で提示した湖南に関する三つの疑問についても、それなりの解答ができそうである。すなわち、中国の総体を変化の相において理解しようとすれば、当然、その歴史展開の到達点である現代中国の研究だけにとどまらず、中国史の発生段階としての甲骨文や考古学史料を含む古代中国が研究対象にならねばならない。臨終の枕元から、『支那上古史』を未完のままにして世を去る無念を「只《た》だ寸心の灰《き》え尽きざる有り、篋《ふばこ》中の一巻未《いま》だ成らざるの書」(一〇巻二三八頁)と記した漢詩が見つかったことは、中国史の総体を認識しようとする湖南の執念を示している。

また変化の相において観察し、それぞれの時代の歴史的特徴が把握できれば、時代には不釣り合いな人間や学問、つまりは歴史の流れから突出した天才が容易に目に入ってきたはずである。埋もれた学者の発掘・顕彰を次々に成し得た所以である。

同様に、歴史の流れを把握できていたからこそ、時代の特徴を反映する史料の内在的理解が可能となり、膨大な史料群から最高の史料、すなわち後世の人間がその時代を最も共感的に理解できる史料を選び取ることができる。湖南の歴史叙述が面白い理由である。

史料群に埋没し隠れている史料も、また多くの言説の中に埋もれている独創的な見解も、湖南の眼光に照らされれば、まさに露出状態の鉱物資源に等しく、たちどころに姿を現した。時代の雰囲気を有無を云わせず摑み取る湖南史学の方法からすれば、史料の信憑性を検討する作業は、寧ろ二次的な意味しか持たなかった。

単純な進化論的変化にあらず

念のために言えば、湖南があらゆる事象に認めた変化の相とは、決して単純から複雑へ、あるいは低次から高次へという進化論的な変化ではなかった。たとえば冷徹に人間を見つめる湖南にとっては、嬰児とても無邪気で愛らしいだけの存在ではなかった。すなわち先にも引いたが「苦熱顛語《てんご》」（一巻二八三頁）で、

或人は嬰児の美を説けども、嬰児には往々老後の特性の兆《きざし》著しく見はれ、我意強くして、行末思ひやれば、寧《むし》ろあさましく、其の最も罪なしといはるる睡眠中だにも、いかなる争心の夢驚かしてや、泣声たてて目さますなど、おそろしげなることあり。

と、嬰児の無邪気の中に、すでに兆している我執を認めている。同様に、人間の加齢による堕落を強調し、人の寿命が四十未満であれば、世界は数倍麗しくなると述べ、青春期の価値を持ち上げていたその湖南が、「青年」（一巻六七八頁）では、

去れるの年は、徒《いたず》らに去らしめたり、悵恨《ちょうこん》何ぞ及ばん。……ああ流年之を如何せん、公道世間唯《ただ》白髪、紅顔の少年、一場の昔語りとなりぬる時、人の伝記を読むを厭《いと》ひて、子弟の教に順はざるを懊悩す。之をよそ事と聞き流すことなかれ。眼を挙げて赫赫《かつかく》たる爾《なんじ》が希望の裏面を見よ。

と述べている。はつらつと生きる青年にあっても、その希望の裏面には、生を享けた者の宿命として死に向かう不可避の動きが見て取れるというのである。つまり、幼年、青年は、次の年代へと続く単なる一段階であるだけではなく、それぞれの中に最終的に到達する段階の要素が既に存在している。各段階は、全体を構成する一部であるとともに、それぞれが一つの全体として完結した個性を備えるものと理解されている。

以上のように見てくると、湖南の提起した時代区分説における上古、中世、近世も、単に継起的に交替する段階としてではなく、それぞれに完結した固有の特徴を持つものとして認識されていたと考えられる。湖南の時代区分に対しては、後に宇都宮清吉氏によって、完結の思想が欠如しているとの批判（「東洋中世史の領域」、『漢代社会経済史研究』弘文堂、一九五五年所収）が提出されるが、実は当の宇都宮氏自身が提起される「時代格」的な発想が、すでに湖南の中に萌芽していたと見ることも可能ではなかろうか。この点はなお論証が必要であろうが、ここでは以上の指摘にとどめる。

本節では、湖南の歴史認識の特徴は、時間の経過と共に一切が変化するという視点に立って、対象の発生から衰滅にいたる全過程をとらえることであるということ、しかもそれは湖南のものの見方の特徴でもあることを明らかにした。次節では、こうした考え方にはいかなる背景や思想史的な意味があるのかについて考えることにする。

4　変化の思想の背景

湖南は一切万物を変化の相において観察し、その変化の過程こそが歴史であると考えていた。それでは、そうした変化はいかにして生じたのか。変化を作り出す力を湖南はどのように考えていたのであろうか。これまた大問題で、もとより一篇の論考で解決できるはずはなく、以下には、その前提作業なりとも行っておきたい。そもそも湖南の歴史認識は、彼の超人的な読書と思索の過程で独自に生み出されてきたものであり、影響を受けた書物や思想を限定するのは、あまり意味がないことかもしれない。しかしながら、私には、湖南の見方の背後には、『史記』の歴史観と仏教の無常観があったと考えられる。湖南の歴史認識の形成過程を明らかにする試みとして、湖南に対する『史記』及び仏教思想の影響について、簡単に述べて行きたい。

司馬遷の歴史思想と湖南

まず『史記』に関して、湖南が絶大の評価を下していたことは、第二節でもいささか触れたが、以下の諸文にも明白に表れている。『支那史学史』では、『史記』が「支那の最上」の大著であり、司馬遷の力量が偉大であると述べた後、「史記を評論することは、殆ど支那の歴史全体を評論するのと同じ位の価値がある」(一一巻一〇七頁)とし、また「史記の話」では、支那の歴史では、「史記が最も完全でもあり、最も歴史の本義に適つてよく出来て居る」(六巻七五頁)と述べている。

このように高く評価するのみならず、物事を変化の相においてとらえる湖南の歴史認識そのものが、『史記』の歴史観に由来すると考えられる。実際、『史記』の歴史認識は、一言で言えば「変化の思想」にほかならない。『史記』天官書に、「夫れ天運、三十歳にして一小変、百年にして中変、五百載にして大変あり。三大変を一紀とし、三紀にして大いに備わる」とあるように、そもそも天の運行は、循環、変化として認識された。この前提のもとに、『史記』の諸処に見える「天変」、「時変」、「人変」、

「事変」などの語が示す如く、森羅万象は刻々と変化するものであると捉えられていた。

言うまでもなく、司馬遷が目指したのは、「天人之際を究め、古今之変に通じ、一家言を成さん」（『漢書』司馬遷伝・報任安書）こと、つまり、宇宙の古今にわたる変化の原理を究め、一家言を成すことであった。それ故、「天下の放失せし旧聞を罔羅《もうら》し、王迹の興る所は、始めを原《たず》ね、終わりを察し、盛を見て衰を観、之を行事に論考す」（「太史公自序」）、つまり天下の散逸した旧聞を網羅収集し、王者の事績については、その発端と結末を把握し、その栄枯盛衰を見極め、これらを具体的事実において考察したのである。

周一平『司馬遷史学批評及其理論』（華東師範大学出版社、一九八九年）は、おおむね次のように述べ、司馬遷の「変化の思想」がいかなる形で『史記』の記述に表れているのかを明らかにしている。すなわち周氏は、司馬遷が、天地万物古今の事を研究対象としたことを押さえたうえで、それらの対象に対して「其の終始を謹《つつし》む」（「高祖功臣侯者年表」）、すなわち「事物発展の発端と結末に対して詳細厳密な」研究を行ったとしている。たとえば『史記』では、夏、商、周、秦など諸王朝、先秦諸侯国、さらには漢代諸侯などについての誕生、発展、滅亡の全過程が、また国家の諸制度や学問、学術の発展終始の過程が記述されている。さらに個人の歴史についても、同様に「終始」を明らかにするため、その人物の父母祖先から始まり、当人の事績を述べた後、死後ならびに子孫の状況までも記述している、と述べている。

以上を要するに、物事を理解するに当たって、誕生から変容、衰滅へと至る過程を重視する湖南の歴史認識は、司馬遷の変化の思想と重なっている。ちなみに、司馬遷以前の歴史思想の起源を論じた「支那歴史的思想の起源」（一一巻）では、周初において、夏殷周三代王朝の歴史の変化を痛切に認め

筑摩書房 新刊案内

● 2016. 10

●ご注文・お問合せ
筑摩書房サービスセンター
さいたま市北区櫛引町 2-604
☎048(651)0053　〒331-8507

この広告の表示価格はすべて定価（本体価格＋税）です。　http://www.chikumashobo.co.jp/

ブラッドレー・ボンド 編　本兌有／杉ライカ 訳

ハーン・ザ・ラストハンター

——アメリカン・オタク小説集

ハーンが妖怪を撃ち殺す！　表題作をはじめとする日本インスパイア小説の傑作選。妖怪が！センパイが！豆腐が！異文化交流が！貴方のニューロンを焼きつくす！

83210-8　四六判（10月下旬刊）予価1300円＋税

高木智見

内藤湖南

——近代人文学の原点

近代中国学の創始者にして、人文学の泰斗である内藤湖南。彼が打ち立てた歴史学はなぜ今も魅力的なのか。学問の全体像と思想的背景を明らかにする。生誕150年記念刊行。

84744-7　四六判（10月下旬刊）3300円＋税

五味渕典嗣／塚原政和／吉田光 編

高校生のための現代文ガイダンス

ちくま評論文の読み方

中学校で学習する「説明文」に比べて、より高度で複雑な内容となる高等学校の「評論文」を理解するために。「評論文」の読み方を丁寧にガイドし、読解力向上をサポートする一冊。　91730-0　A5判（10月7日刊）640円＋税

価格は定価（本体価格＋税）です。6桁の数字はJANコードです。頭に978-4-480をつけてご利用下さい。

10月の新刊 ●8日発売

ちくま文庫

論語
齋藤孝 訳

「精神の基準」となる一冊

「学ぶ」ことを人生の軸とする。――読み直すほどに新しい東洋の大古典『論語』。読みやすい現代語訳に原文と書き下し文をあわせ収めた新定番。

43386-2
950円+税

ぽんこつ
阿川弘之

とびきり素敵な昭和の恋物語

文豪が残した昭和のエンタメ小説！ 時は昭和30年代、知り合った自動車解体業「ぽんこつ屋」の若者と女子大生。その恋の行方は？ （阿川佐和子）

43389-3
900円+税

最終戦争／空族館
今日泊亜蘭 日下三蔵 編

日本SFの胎動期から参加し「長老」と呼ばれた作家の、未発表作「空族館」や単行本未収録作10作を収録したオリジナルアンソロジー。（峯島正行）

43393-0
1100円+税

きもの自在
鶴見和子 聞き手＝藤本和子

インドのサリーや中国の刺繍布を着物や帯に仕立て、異文化の豊かな出会いを楽しむ。着物は魂のよりどころと語る著者の自在な着物術。（田中優子）

43391-6
880円+税

吉本隆明という「共同幻想」
呉智英

熱狂的な読者を生んだ吉本隆明。その思想は「正しく」読み取られていただろうか？ 難解な吉本思想の核心を衝き、特異な読まれ方の真実を説く！

43392-3
720円+税

価格は定価（本体価格＋税）です。6桁の数字はJANコードです。頭に978-4-480をつけてご利用下さい。
内容紹介の末尾のカッコ内は解説者です。

多摩川飲み下り

大竹聡

始点は奥多摩、終点は川崎。多摩川に沿って歩き下っては、飲み屋で飲んだり、河原でツマミと缶チューハイ。28回にわたる大冒険。（高野秀行）

43387-9
720円＋税

文庫手帳2017

安野光雅 画

文庫手帳も30周年！ かるい、ちいさい、使いやすい。見た目は文庫で中身は手帳。安野光雅デザインのロングセラー。表紙と口絵の風景画も大好評。

43384-8
660円＋税

好評の既刊

＊印は9月の新刊

釜ヶ崎から ●貧困と野宿の日本
生田武志 日本の構造的な歪みを抉りだす圧倒的なルポルタージュ
43314-5 900円＋税

おそ松くんベスト・セレクション
赤塚不二夫 伝説の六つ子とイヤミ・チビ太・デカパン・ハタ坊が大活躍
43359-6 780円＋税

アンビエント・ドライヴァー
細野晴臣 世代を超えて愛される音楽家の貴重なエッセイ
43342-8 780円＋税

なんらかの事情
岸本佐知子 エッセイ？ 妄想？ 短編小説？ 可笑しなお話の世界へ！
43334-3 600円＋税

夕陽妄語2 ●1992―2000
加藤周一 今こそ響く、高い見識に裏打ちされた時評集
43339-8 1300円＋税

カレーライスの唄
阿川弘之 若い男女が恋と失業と起業に奮闘する昭和娯楽小説の傑作
43355-8 950円＋税

悦ちゃん
獅子文六 父親の再婚話をめぐり、おませな女の子悦ちゃんが奔走！
43309-1 880円＋税

自由学校
獅子文六 戦後の新しい感性を痛烈な風刺で描く代表作、ついに復刊！
43354-1 880円＋税

日本地図のたのしみ
今尾恵介 机上旅行を楽しむための地図「鑑賞」法をわかりやすく紹介
43361-9 780円＋税

おかしな男 渥美清
小林信彦 〈寅さん〉になる前の若き日の姿を愛情こめて綴った人物伝
43374-9 950円＋税

増補 サバイバル！ ●人はズルなしで生きられるのか
服部文祥 生きることを命がけで問う山岳ノンフィクション
43369-5 800円＋税

将棋 観戦記コレクション
後藤元気 編 半世紀以上にわたる名勝負と名文の出会いを厳選
43372-5 1600円＋税

キッドのもと
浅草キッド 生い立ちから家族論まで、笑いと涙の自伝エッセイ
43370-1 760円＋税

青空娘
源氏鶏太 昭和の人気作家が贈る、日本版シンデレラストーリー
43323-7 740円＋税

＊**最高殊勲夫人**
源氏鶏太 読み始めたら止まらない！ 昭和のラブコメに御用心！
43385-5 800円＋税

＊**紅茶と薔薇の日々**
森茉莉 早川茉莉 編 甘くて辛くて懐かしい絶味アンソロジー
43380-0 740円＋税

価格は定価（本体価格＋税）です。6桁の数字はJANコードです。頭に978-4-480をつけてご利用下さい。

たこと、開闢《かいびやく》以来その時までの世の中の変化を考える思想が登場したこと、さらに『左伝』や『礼記』に、ものごとの起源を記す例が多くなり、それによって「前代のことと今代のこととを比較するやうになつて、その変は り目を考へて歴史といふものに関する考へが起」ったことなどを挙げている。かつまた孟子の一治一乱、公羊の三世説といった、より総合的な史学思想が出現し、それらを統合したのが司馬遷であるとしている。このように湖南は、司馬遷の歴史思想自体が、それに先行する様々の変化の思想に基づいていると見ているのである。

湖南の仏教観

つぎに、湖南のものの見方と仏教思想の関係であるが、これについては湖南の次男・内藤耕次郎氏が、湖南の思想について、「仏教的な無の弁証法のニュアンスもある」(全集五巻月報一一)とし、また「父が阿弥陀如来の救いを説明するときの極めて自然で敬虔なフィーリングに接し」たことがあると述懐しておられるのは(全集六巻月報一二)、こうした点から極めて興味深い。そこで湖南の著作を見渡すと、とりわけ初期の文集『涙珠唾珠』(一巻)に仏教的虚無感に富む文章が少なくない。当時の湖南の状況を考慮すれば、外的条件に迫られて、すなわち湖南を引き立てた仏教者大内青巒《せいらん》の主宰した仏教誌紙の性格にあわせての執筆ということも考えなくてはならない。しかし本書第一章ならびに第六章で述べているように、湖南が、口を糊するためにだけ文章を書くことは考えられない。また、ほぼ一生を通じて、仏教色の強い文章を、自らの意志で書いたこともまた事実であり、それらを単なる仕事のうえの文章として切り捨てることはできない。

年代を逐って順に見ていこう。最も早い時期の仏教観がうかがえるのは、湖南二〇歳の時、父宛の手紙に「哲学の定義は万種学科に通ずる一定普遍の理法を修むるものにして一寸《ちよつと》いはば仏法に似たり」（一四巻三六八頁）と述べている箇所である。

明治二二年、二四歳の時の懸賞入選作「少年園を読む」（一巻）は、「ああ人生幾何ぞ、譬へば草上の露の如し、赫《かく》たる紅日、斜めに東山の巓《いただき》より射《さし》来らば、昼《ひる》待ちあへず晞《かわ》くべし……」の一文を冒頭に配し、「ああ生より死に迄《いた》る、悉《ことごと》く是れ吾人の生命なり、吾人の行路なり……」で締めくくり、仏教的雰囲気の極めて濃厚な美文調の作品である。同年発表の「蓮如上人白骨文」（一巻）は、いわゆる「御文章」のうちの「白骨文」に、漢文で注と解説をつけた珍しい形式の文章であり、「白骨文」に対して「ひとたび過読すれば、輙《すなわ》ち渇仰讃歎《かつぎようさんたん》の情を生ず。真にこれ伽陵頻迦《かりようびんが》の音なり」と評している。伽陵頻迦とは、聞けども飽かぬ声を発するという妙声鳥のことである。また結句の「あなかしこ、あなかしこ」について、「只是《ただこれ》通常歇語《けつご》、亦覚《またおぼゆ》一唱三嘆、余音《よいん》遶梁《じようりよう》之妙」、すなわち、たんなる結びの語句に過ぎないが、これにより、一唱三嘆の形容に値するこの名文が、梁《はり》にまとわりついて絶えぬ余韻を残しているように感じられる、との注をしている。御文章全体の雰囲気を、信仰する者の立場からよく捉えている、と言えよう。

明治四四年、四六歳の時に発表した「悲哀の力」（六巻）では、「死生の際に於て、悲哀より生ずる決心の力のいみじきこと」を実例を挙げて述べ、そうした理由で、戦国武士は「天性の剛毅を貴ばず、武者ぶるいなどして、哀懼の情の抑え難きをも武士の玷《きず》とはせずして、反て其の哀感より生ずる勇気を頼もしとした」という。同じ事は中国でも言え、曾国藩の日記から「兵は陰事なり、哀戚の意、親の喪に臨むが如く、粛敬の心、大祭を承くるが如き、……」という箇所を引用して、「曾国藩は、軍事に対しては、憂勤を以て第一義とし、荘子の両軍相対、哀者勝矣《かなしむものかつ》といひ、孟子の憂患に生じて、安楽に死するの旨を倡道したり」と述べ、「悲哀の力が戦陣に最も有力として認められていた」としている。さらに文章末尾で、仏教は「悲哀の力」を出発点とし、その上に「安心決定《あんじんけつじょう》して、其の深甚広大なる作用を生ずる」ものである、と言う。

周知のように、仏教では、涅槃の境地に達するために、慈悲と智慧の双方を兼ね備えることが必要とされる。人の苦しみを救わんとする心を「悲心」とし、菩薩の悲心は広大であるため特に「大悲」という。こうした点を具体的事実で解説した「悲哀の力」は、一種の法話とさえ呼ぶべき内容になっている。

大正一三年、湖南五九歳の時に発表した和歌「錫蘭《セイロン》にてよめる歌」（一四巻三二七頁）の数首は、明らかに仏教信者のものである。

・み仏の　みよの姿を　さながらに　三衣《さんえ》着ませる　苾蒭《ひつすう》たふとし
・四苦の相を　いまだ観ぜぬ　悉達多太子《シタタミコ》の　心のさまか　椰子《やし》の高みき
・夜をこめて　行ひをれば　金剛座の　草の葉ごとに露のたまおく

昭和九年六月、六九歳を以て湖南は没するが、その二月、若き日の恩人、大内青巒の全集が出版されると聞き、「余の如き衰病の遺弟が喜んで寐ねられざるは、道理至極ではある」と述べ、死の直前まで仏教者の弟子であることを認めている（二巻七二〇頁）。

諸行無常

以上、年代順に湖南の仏教色の強い文章を見た。湖南が仏教と縁を結んだ理由は大内青巒の存在など種々考えられるが、後年、自らの二〇歳代について「物好きに仏教の事を聞き囓《かじ》」（六巻二三二頁）った、と回顧していることからすれば、それ以前に仏教と出会う機縁がなければならない。こう考えると、幼年時代にうち続いた悲しみの体験を指摘しなければならない。まず五歳で母と死別し、三カ月後には母方の祖父・泉沢修斎が死に、七歳で祖母を亡くし、八歳には長兄が死ぬ。こうした原体験に、継母との確執を始めとする少年時代の艱難が、さらに、順風満帆とは決して言えない青年時代の諸経験が加わり、諸行を無常と見る仏教を受け入れる素地は充分にできていた。周知の如く湖南は、仏教思想を歴史的観点から研究した富永仲基の顕彰を含め、慈雲尊者など仏教者の学問に幅広く通じていたが、仏教は湖南にとって学問的追究の対象であり、同時に信仰の対象でもあったに違いない。

言うまでもなく、仏教とは、苦よりの解脱を目的とする宗教である。また、苦とは、自己の生命を含む一切が無常であることに帰因する。つまり、仏教の根底的な認識は、諸行無常、すなわち万物は刹那的存在であり、一切は変化の中にあるという考え方である。その最も素朴な現れが、人間の生老病死である。

前節で述べたように、湖南は社会に対しても、「夫れ幼よりして壮、壮よりして老、一社会の終始此に一元を全成すれば、此社会の滅亡して而して代はる者は必ず他の幼社会、老者の復た盛んなり難きは、個人然りとす、社会も復た然るが若し」（一巻三四三頁）の如く、人間同様、生老病死の変化を認めていた。そうした変化・交替が不断に起こることは、「日本の天職と学者」（一巻一二七頁）にも、「かの国家社会の替はるがはる興り、交々《こもごも》衰ふるの跡を観るに、其の榛狉《しんぴ》莽昧《もうまい》（未開野蛮の意）の世よりして、一たび進んで文化開明の域に入るや、則ち衰兆此《ここ》に萌し、漸《ようや》く澌滅《しめつ》に就かざることなし」と明確に記されている。湖南が森羅万象を変化の相において観察し、変化の過程こそが歴史であると考えていた背後には、こうした諸行無常の見方が存在したのである。

絶対的な力を認め、その立場から歴史を見る

以上、『史記』の「変化の思想」ならびに仏教の諸行無常の考え方が、湖南の歴史認識やものの見方と不可分の関係にあることを述べた。湖南にとっては、「已れかねて粗末なる史論の意見ありて、既往をも論断し、将来も臆測せんに興ある研究法を求めんと思へる」（一巻三一七頁）の如く、歴史の変化の過程を把握、描写し、さらに将来についての一定の見通しを持つことこそが、その最終的な目標であった。変化を引き起こす力そのものに関しては、ほとんど言及していない。しかし、『史記』や仏教思想からすれば、歴史の変化を引き起こす絶対的な力は、当然「道」であり、「法」であったに違いない。

以下の文章は、湖南がそうした絶対的な力の存在を認めていたことを示す。すなわち田岡嶺雲宛の書信（一四巻三九八頁）に、

且つ人の世に在る、獼猴《びこう》（おおざる）の縄に繫がれて、而して指使者の節可笑《ふしおか》しき歌調につれて、跳躍顚起《ちょうやくてんき》、其の技を尽くすが若し、吾と足下と猶ほ之れ一獼猴なり、幸ひにして類を同じうする人間に指使せらるるを免かると雖も、かの更に大なる指使者の歌調、終に吾輩をして技を尽《つく》さざる能はざらしむるを奈何せん。

と記している。ここに言う「かの更に大なる指使者」が、人間以上の絶対者を指すことは間違いない。また「今日」（一巻）という文章では、以下の如く述べる。

嗚呼鑑みる所何物ぞ、慮る所何事ぞ、爾《なんじ》よりも高大なる。爾よりも霊慧なる。而して爾を包括し、爾を隷使し、爾を視ること爪の垢《あか》の如く、塵の如く、九牛の一毛の如き大有機物が石器期を胎児とし、青銅器期を孩提《がいてい》とし、鉄器期を少壮期としつつ成長発達する長き生命、五十年の栄華に促促たる小動物が思慮考想の能く及ぶ所ならんや。

この「大有機物」もまた、一切の変化を引き起こす絶対者を指す。湖南の論著に常見する「自然に」、「天運」、「時運」などの語は、こうした「かの更に大なる指使者」、「大有機物」の力の働きを指すための語として理解できよう。思うに、司馬遷や仏教者と同じく、湖南が自らを含む現象世界の一切を、その有為転変の相において、しかも極めて醒めた目で観察できたのは、こうした絶対的な力の認知、ならびに自らの視点をそのような立場に重ね合わせようとしていたことに基づくのであろう。湖南の歴史叙述は、こうした立場に立って歴史の大きな流れを把握したうえで、特定の時代を象徴する最良の史料を選び出し「活動」させるとともに、一切を包含するより大きな力の働きを示唆している。読者は時代の空気の「可笑しさ」を味わう一方で、大きな力の前における人間の営みの「はかなさ」を意識せざるをえない。湖南の面白さの秘密は、ここにある。

5　天命を甘受しつつも努力を惜しまぬ人

湖南の歴史認識の特徴とその背後にある思想を明らかにすることを目的とした本章では、湖南に関する三つの素朴な疑問に答えることを念頭に置きつつ論じてきた。

第二節では、湖南の歴史叙述の面白さを分析し、それは歴史的特質に対する鋭い感覚や把握力に帰因すると考えた。ついで第三節では、そうした特殊な才能が、いかにして湖南のものになったのかを探り、湖南の歴史叙述が変化の視点で貫かれていることを確認し、さらに、それは湖南のものの考え方自体の特徴でもあることが明らかとなった。つまり、一切を変化の相において観察する湖南においては、歴史認識と世界認識の方法が一致していたのである。また、こうした認識の方法が、歴史的特質に対する鋭い感覚と把握力を湖南にもたらしたと考えられる。続く第四節では、湖南の歴史認識やものの見方の背後には、『史記』の変化の思想や仏教の諸行無常の考え方があると考えた。さらに森羅万象を流転せしめる絶対的な力についても、湖南はその存在を認めていたことを明らかにした。

諦観を有しつつ、努力を傾ける悲しい存在

とは言え、湖南が一切を覚り切る諦観を有し、絶対的な力の作用をそのまま受け入れる人でなかったのも確かである。最後にこの点について述べておきたい。「人間の価値」（一巻二九四頁）という短文では、人間の価値を三分五厘（安価のたとえ）と定め、「冷然と世を観て、境遇に重きを置く」のも一流の見である。しかし、「人已《すで》に大に相過《すぐ》るなし、尽く是れ三分五厘、則ち若《も》しそれをして躍るこ

と一厘ならしめば、是れ一世の上に高きなり、其躍ること一厘なるを以て是を軽ぜず、子細に之を賞《しょう》翫《がん》（尊重）す、亦是れ一流の見様《みよう》」と述べ、与えられた条件の中で努力する必要性を訴えている。

湖南のそうした人生観をよく示すのは、「しやうことなしの記」（一巻三一一頁）であり、『菜根譚』前集の「天、我に薄くするに福を以てすれば、吾、吾が徳を厚くして以てこれを迓《むか》えん。天、我を労するに形（肉体）を以てすれば、吾、吾が心を逸に（リラックス）して以てこれを補わん。天、我を厄《やく》するに遇を以てすれば、吾、吾が道を亨《とお》らしめて以てこれを通ぜん。天且つ我を奈何せんや」を引き、これを「読めば泫然《げんぜん》として涕《なみだ》出づ。真に限り無き惨痛なり。……嗚呼、天且つ我を奈何せんや、我且つ天を奈何せんや」と述べている。

天に与えられた運命を甘受しつつも、その中で自らのあたう限りの努力を惜しまない。人力を越える大きな力の前で、実現不可能と分かっていながら真剣に努力を傾ける悲しい存在。これが湖南の人間観であり、おそらく湖南自身もそのように生きたのであろう。

したがって湖南が好むのは、そのようなタイプの人間であった。たとえば全集一巻の同じ箇所で、また『支那絵画史』（一三巻四九八頁）においても、仏弟子阿難に対する共感を以下の如く表明している。

釈尊の諸弟子に於て、吾最も一往情深き阿難を愛す、彼が迷執《めいしゅう》は釈尊滅後に到るまで脱せず、大《だい》迦葉《かしょう》に斥《しりぞ》けられたりき、彼は釈尊に侍者たらんことを罷《や》むるに忍びずして、羅漢果（悟りの成就）をとらざりし也。……釈迦氏の族滅を悲しみて、世尊に怨言を発し、涅槃の前に魔に揜《おお》はれて、仏の語をききもらし、その大過を犯せること屢々《たびたび》なりき。……其の情に篤きは、則ち其の過ちを致す所以、釈尊が之を寵することと、寧ろ羅睺羅《ラゴラ》にも過ぐるが若きは、亦此を以てせずや。誰れか吾が為に阿難絵伝を作らん者ぞ、其の人を動かすこと浅からざるべきを知る也。

「城南評論の荘学発蘊《はつうん》」（一巻三三二頁）では、孟子は弱点多く、学説に欠点が少なくないが、「吾は寧ろ孟子に同情を表すること荘子よりも多き也」と、道に同化して一切を達観する荘子より、信念のために無理は承知で敢然と行動する孟子を好むと述べている。

早期湖南が儒家の本、とりわけ孟子に規定されていたことは、本書第二章で詳述したが、与えられた条件の中で必死に努力し前進して止めないというのが、孔子や孟子の生き方そのものであった。周知の如く孟子の性善説とは、天が賦与した善の端緒を、「存心」すなわち意識的な自己反省と不断の努力によって成長させるということであり、孟子は努力の必要性と意義について、たとえば「天がある人物に対して大任を降そうとする場合、必ずまずその心志を苦しめ、その筋骨を疲労させ、肉体を餓えさせ、生活を窮乏させ、さらにその行いが、為そうと考えている所と食い違うようにさせる。そのようにして、その人の心を発憤感動させ、あらゆることに堪えることができる人格を作り上げ、それまで不可能であったことをできるようにさせる」（告子下）などの言葉にしている。

湖南の一生を顧みる時、あの膨大な全集に結実した生涯を通じての学問ならびに中国認識における研鑽努力、また死の直前にいたるまで詩作の彫琢や書芸の修錬に励んだことなど、湖南を湖南たらしめたものは時代であると同時に、湖南自身の努力であるということを強く感じ取ることができる。湖南における孟子の思想の意味は、晩年にいたるまで変わらなかったのである。

湖南と孟子思想に関するこれ以上の贅言は控え、本来のテーマに戻って、これまでの議論をふり返ると、湖南の歴史叙述が面白い理由は、万物を変化の相に位置づけて冷徹に観察することにあり、その変化の思想の背後には、物事の誕生から衰滅に至る過程を重視する司馬遷『史記』の歴史認識ならびに仏教の諸行無常観があった。ならば、湖南は、いかにして、あの膨大な歴史叙述を行ったのか、為しえたのか。それが、次章の課題である。

付記　本章第四節の仏教思想についての記述は、末期ガンと闘いつつあった父（僧侶）が、時に自らの死をたとえにして、こんこんと説き聞かせてくれた内容に多くを負っている。特に記して、二〇〇一年一月に遷化した父に感謝の意を表する。

第四章

湖南史学の形成——面白い歴史はいかにして書かれたのか

1　湖南史学を自己のものとする

序章で述べたように、湖南の研究者時代の歴史叙述は、全集七巻から一三巻までの計七巻に収められているが、それ以前の各巻の時局論の中にも、歴史叙述の名にふさわしい論述が少なくない。というより、湖南は、あらゆる対象を過去から未来へと続く変化の中に位置づけて認識していたのであり、その手になる膨大な文章はすべてが歴史叙述であるとも言える。

しかも、たんに膨大なだけではない。湖南が崇仰した章学誠はかつて、その著『文史通義』史徳において、歴史家の要件としての才、学、識に、徳を加えた歴史叙述を理想とした。それら「四長」を兼ね備えた歴史叙述がいかなるものであるのかは、まさに湖南の文章が如実に示している。すなわち湖南の歴史叙述に正面から向き合う者は誰もが、奥行きが深く含蓄のある文章（才）に、また、博捜と精通を前提とする鮮やかな史料操作（学）に、さらにまた、前人の未発を発する独創的な見解（識）に、それらに加えて、個別事象に対し全体を見通したうえで直観的に理解する能力（史徳）に驚嘆することになる。「博雅通達」・「博大精深」なる語は、この量的にも質的にも圧倒的な存在感を示す湖南のような人物の学問に対してこそ用いられるべきであろう。

そうした湖南史学に対して、全体像と到達点を客観的に明らかにして、評価する作業が必要なことは言うまでもない。事実、そうした研究が着実に積み重ねられてきている。しかし、その一方、今なお面白く、かつまた学術的な価値の減ずることのない諸作品を、湖南がいかにして生み出したのかを探り、それを通じて、湖南史学の方法論における精華を自らの歴史研究の糧とする、といった作業も、それに劣らず重要であると考えられる。

確かに、ひとたび巨冊一四巻の全集を前にすれば、あたかも孔子に対し、「これを仰げばいよいよ高く……これに従わんと欲しても、由《よし》(方法)なきのみ」(『論語』子罕)、と顔回が慨嘆したように、誰もが、その遠大かつ深遠な内容に近づきがたいとの思いを抱くであろう。実際、後述の如く、かつて宮崎市定氏も、内藤史学の到達した結果を自己のものとして利用することは誰にでも出来るが、内藤史学のやり方を真似るのはむつかしい、と述べている。しかし客観的に見れば、孔子が政治に挫折した一介の下級貴族であったのと同様、湖南もまた一五〇年前に生をうけた一個の人間、一人の研究者であるにすぎず、湖南史学の方法論における特徴を明らかにしたうえで、それを吸収し自己の研究の糧とすることは可能であるはずである。周知の如く、湖南自らが、先哲の学問や著書を貪欲に精読・吸収して自らの学問を鍛え上げた体験を、多くの文章として書き残している。それらを読めば直ちに分かるように、湖南が最も留意したのは、先哲の学問研究の方法を自らのものとすることであった。本章の目的は、まさにそうした湖南にならい、湖南史学の方法論、すなわち面白い歴史叙述を生み出す技法を明確にしたうえで、それを学び取ることである。

先学の湖南評価

そこで、先学の湖南に対する評価の中から、湖南史学の方法論についての認識を深めることができるような記述を見ておきたい。まず湖南の同世代にして同僚で、その学問の最良の理解者であったと考えられる狩野直喜は、追悼文「内藤君を偲んで」(『読書纂余』みすず書房、一九八〇年)において、「非常に博覧強記な透徹明敏な人であつた。……単に物事を知つて居るといふのではない。そこに一貫した主張があつた。決して雑学者ではなかつた。種々な知識はすべて専門の史学の為めになるやう活用されて居つた、君は晩年中国の史学史を講じて居られたと聞くが、此れなどは昔流の所謂漢学者の如く史類の書丈《だけ》を読んで、それを基礎として中国史をやる人には出来ぬ芸である。君の如き博大な学問の人にして初めて出来ることと思ふ」と述べ、非常なる博学が歴史学に収斂し、そこには一貫した主張があったと総括している。

また小島祐馬「学究生活を顧みて」（『思想』一九五三年三号）は、「博通深造の学者で、その学風は清朝風の実証主義を基礎とせられていたが、その規模は雄大で、日本人や西洋人の説でも、勝れたものはみなこれを取って自家薬籠中のものとせられていた……学問上の天才といった方であった」とし、曽我部静雄「内藤湖南先生の思出」（『湖南博士と伍一大人』生誕百年記念祭実行委員会、一九六五年）は、「常人とは異なる旺盛な記憶力を持たれ、また常人とは異なった、ものを纏める才能を持たれていたから、見たり、聞いたり、読んだりしたものは、一つ一つ整然と脳裡に蔵められていたようである。従って事に当たれば、その都度必要な知識が、頭の中からよどむことなく流れ出て、つきるところがなかったのである」と述べ、やはり湖南の学問の本質として、大量の知識を網羅・収斂する天才を認めている。さらに武内義雄「湖南先生の追憶」（『支那学』七巻三号）は、「先生は緻密な考証に長じて居られて、該博な知識が縦横自在に利用されているが、先生の研究には考証以上更に大きなものがある」としている。武内氏が言う「大きなものがある」とは、その文脈からすれば、湖南が朱子に対して、「古書を取扱ふに当つて書物によまれずに紙背に徹する眼光を持つてゐた」、と評価した語に見える眼光なるものを、当の湖南自身も備えていたという意味である。

宮崎市定氏の湖南評価

以上に列挙したように、礼賛に近いやや抽象的な評価が多いなか、宮崎市定氏は、より客観的分析的に湖南の学問を評価している。宮崎氏は、湖南史学の独創的な方法について、「博士の研究発表には、余人に見られるような博引傍証はほとんど現われていない場合が多い。博士が理想としたのは、むしろなるべく僅少の史料を用いて断定し、思考の最短距離をとって結論に到達するにあった。この点は、清朝考証学者の発想法と相通ずるものがある。……非常に多くの資料を集めても、その中の一番有効な資料を一つ使えばそれで十分だと考えた」(「独創的なシナ学者内藤湖南博士」宮崎全集二四巻)と記している。

さらに湖南の歴史認識の特色については、次のように言う。「歴史学は物事の核心に迫る学問である。それにはいろいろな方法があるが、内藤博士のやり方は、いっさいの付随的、二次的なもろもろを捨て去り、直観的な閃きで、ずばりと根本のところを把握してしまう。これは他人が意識して真似しようと思っても真似られない、先生独特の芸当である。……内藤史学はすぐれて立体的である。中国から日本を見る、とまた日本から中国を見直し、政治から文学を見、文学から絵画を見、再び芸術から政治を見る。近世から古代を見、また古代から近世を見る。いろいろ違った立場から、くまなく観察した上で映像を組み立てるから、それは自然に立体的に構築されるのである。……内藤史学は最後は史学となって結実したが、それまでに多彩な雑学と実践とがあった。だから内藤史学を理解するためには、その歴史学の部分だけを読んだのでは十分でない。……内藤史学のやり方を真似るのはむつかしいが、内藤史学の到達した結果を自己のものとして利用することは誰にでも出来ることなのである」(『内藤湖南全集』刊行に寄せて」、同前)。このように宮崎氏は、湖南の歴史認識が、独自の直観的把握に基づくこと、しかもそれが、多角的複眼的視点からの観察によって構成される「立体的な」理解であること、を指摘する。

上引の如く宮崎氏は、湖南史学の理解には、史学関係以外の著作を読む必要があり、湖南史学は利用はできるが真似はできない、としている。「やり方を真似るのはむつかしい」ことに関して、宮崎氏は「内藤史学の真価」（湖南全集八巻月報三）という文章において、先輩・藤田元春氏との対話を回憶し、「桑原（隲蔵《じつぞう》）さんの学問は頑張れば追いつけるだろうが、内藤さんに追いつくのはむつかしいぞ」と言ってくれたが、そのうちに「内藤さんの学問はありゃ学問じゃないぜ。やっぱり桑原さんの方がいいぞ」と言い出した。私の聞いたのはここまでだが、その後また説が変ってきたそうだ、と記している。また「『アジア史研究』第一はしがき」（宮崎全集二四巻）では、「もちろん内藤湖南博士は私の恩師であるという以上に、及び難い大家としても尊敬するが、私の研究しているのは歴史学自体であって、それ以外の何物でもない。だから良いものは採り、不足なものは補い、納得せぬ所は改める。もっぱら客観的に事物を考察しようとし、史料を徹底的に読み抜くことを期する点では、私のやり方は寧ろ桑原博士に近いかも知れない」として、湖南の学問に尋常の歴史学を超えた天才的な資質を認めたうえで、それは客観的考察と徹底的な史料理解を主眼とする自らの学問とは、一定の距離があることを認めている。

本章の視点――湖南史学の四段階

湖南史学を熟知した人々による如上の評価や指摘は、湖南史学全体を通底する方法や精神を知るうえでは、極めて示唆的かつ啓発的である。しかし、それぞれの執筆意図からすれば当然であるとも言えようが、湖南の方法論を自らの糧として吸収するという点では、大いに物足りない。方向性は感得できるが、具体性の面で欠ける。本章では、次のような考えに基づき、湖南史学の研究法を四段階に分け、それぞれの特徴を明らかにしてみたい。

おおよそ、歴史研究という作業は、最初に研究対象を設定し、次いで関連史料を網羅し、さらに、それらを解読・分析・考察し、最終的に、一連の作業の経過ならびに結論を表現するという手順で行われる。いま、こうした手順を、それぞれ対象設定、史料選択、歴史認識、歴史叙述と呼ぶことにする。当然のことながら、研究者は自らの研究を遂行する過程で、これら各段階において求められる個別の作業を、自らの考え方と技量（方法、方針、観点、世界観）によって果たしていく。

この点は、天才湖南と雖も我々と変わらないはずであり、論証不要とも思われるが、念のために確認しておきたい。とはいえ、残念ながら湖南には、史学概論・史学研究法といった類の著述はないため、同時代に広く読まれていた史学研究法を一瞥《いちべつ》することで確認する作業に替えたい。たとえば田崎仁義『一般経済史』序論（甲文堂書店、一九三四年）は、昭和初期における一般的な史学概論の書である坪井九馬三『史学研究法』（早稲田大学出版部、一九〇三年）、内田銀蔵『史学理論』（同文館、一九二二年）、大類伸《おおるいのぶる》『史学概論』（共立社書店、一九三二年）、ベルンハイム『歴史とは何ぞや』（原著一九二〇年刊行、岩波文庫、一九三五年）などを参考にして、経済史の研究法の「要領」を以下の如く極めて簡潔に述べている。

先づ研究せんとする問題を決し、次で該問題に関係ある経済事象の史的資料を、成可く広博に之を蒐集し、而して其の資料としての価値を周到に考察判定し、之を其の価値によりて証拠に供し、斯くして提供せられたる多数の証拠を基礎として、史学的に考証し、経済学的に観察し、分析し、解明し、或は比較し、概括し、総合し、帰納し、以て個々より全般に進み、又は推理し、演繹して個々より他の個々、或は全般に及ぼし、依つて以て、事象の生滅、経過の真相を記叙表現すると共に、其の因果の所以を尋究し、進化の理法を顕彰するにある（同書一一頁）。

内容から考えて、「経済史」という限定は殆ど考慮する必要がなく、昭和初年における歴史研究一般の手順が述べられていると見てよい。今の時点で、これを一読すれば、最末尾の「進化の理法を顕彰する」云々については、さすがにいささかの違和感を覚えるが、その一点を除き、当時における歴史研究の手順は基本的に現在と同じであったと判断できよう。また湖南の論著から類推される手順も、この記述と齟齬することはなく、あの膨大な業績も、こうした研究の手順によって生み出されたと考えてよい。

そこで以下、研究者・湖南の各段階における考え方や技量を、対象論、史料論、認識論、表現論の語で呼び、それぞれ一節を立てて、特徴を明らかにする。そのうえで、湖南がそうした考え方や技量を如何にして獲得したのかを明確にして、湖南史学の方法論を吸収・体得するための足掛かりとしたい。

ちなみに、湖南には、全集未収論文として「漢学新法」（『小天地』一巻三号、明治三三年、『書論』一四号所収）なる一文があり、漢学の門径について解説している。ただし、この文章は序論にすぎず、本論として、経史子集に関する「新法」を説くことを企図し、次号では「史学研究の目的を主として、読書法を言ふつもりである」との予告までなされているが、惜しいことに、杉村邦彦氏によれば、その計画は中断されたという。

さらに一言すれば、湖南が、よりよい学問研究の方法論を常に模索していたことは、学者門径の書について「晩年に至るまで絶へず意を用ひられ」(小島祐馬「湖南先生の『燕山楚水』」、『支那学』七巻三号、一九三四年)たことからも想像できる。実際、湖南は市野迷庵の経学入門書『読書指南』を、「朴学の根本を提唱し、漢唐の体例ことごとく備わる。叙述簡約にして、初学の士、以て津梁《しんりょう》(手引)と為すべし」と高く評価して、市野の門人であった渋江抽斎の手稿本に小島祐馬とともに編集を行い、没後一年目の一九三五年の刊行にこぎつけている(弘文堂刊同書末尾の小島祐馬跋文)。

分析的理解の必然性

本論へと進むに先立ち、つぎの二点を断っておきたい。第一は、湖南の方法論を四段階に分けて論ずることが、天才的あるいは直観的と形容される湖南の学問およびその方法を矮小化することにつながるという懸念についてである。如上の先学による指摘のように、湖南の学問は、個別事象を全体の中に位置づけて直観的に理解することを旨とする。すなわち議論の対象は断片であっても、全体像を提示するというのが、湖南の学問である。したがって確かに、湖南の方法論を分解して考えることは、湖南に即して湖南を理解することにはならないとも言える。しかし、湖南史学の研究法を、後学の誰もが共有できるものにするためには、分解もまた、やむを得ない不可避の接近法であると考える。というのも、やや主観的な物言いをすれば、湖南の文章は、読む側の探究心や力量に応じ見えてくるものが異なり、読む側に具体的に求めるものが無ければ、何も応えてくれない、という傾向が強いからである。そのうえ湖南の学問は幅広く、全体像を摑むことが困難であるばかりでなく、しばしば文脈や話題から離れて、重要なことを語り、記すことがあり、常に一定の目的意識を持って臨むことが不可欠であると考えられるからである。

いずれにしても、湖南の学問に対する理解が今なお充全とは言えず、外在的な理解に基づく批判すら存在する理由の一つは、これら四段階の方法論の一部に対する理解を以て、湖南の学問全体の評価につなげている、ということが考えられる。たとえば、『支那論』緒言に見える「支那人に代つて支那の為めに考」えるという語が、独り歩きして、湖南の中国に対する態度が侵略的であったという言説を目にすることがあるが、湖南のこの発言は、後述の如く、他者の尺度で他者を理解するという「認識論」を湖南自らが表明しているのであって、この発言から認識対象としての中国に対する湖南の考え方を読み取ることは、『支那論』緒言における文脈上、完全な誤読である。湖南の主張を湖南に即して理解せず、読み取る側の先入観によって理解しているにすぎない。

新聞記者時代の著述をどう考えるか

第二は、ほぼ二〇年にわたる新聞記者時代の著述と、やはりほぼ二〇年に及ぶ大学における研究者時代の著述を一括して同等に扱うことについてである。この点は、湖南と現実政治との関係、さらにはより一般化して研究者における学問と現実の関係など、波及・関連する問題が大きく、容易には論じ難い。本章では、湖南の四〇年以上にわたる著述は、全て湖南自身の歴史認識の反映として同じ扱いをすべきであると考えて論をなしたが、その理由を述べておきたい。

歴史研究者湖南にとって新聞記者時代がいかなる意味を有するのかについては、狩野直喜が湖南自身の「自分は若い時分から新聞記者をした……その為《ため》無駄な余計な本を読んだ、それが今となつて見ると何かの役に立つて居るように思はれる」という述懐を紹介しつつ、「普通の学歴のものは学生の時分から余計な本を読む機会もなく早く専門家になるから益々余計な本を読む暇がない。内藤君は永らく新聞界に居つたから早く職業的専門家にならず、余計な本を読み八面に知識を渟蓄《ていちく》して、大学へ入らるるに及びそれを君の史学の上に利用された」と記している（前引『読書纂余』一九一頁）。湖南、狩野いずれも、記者時代の読書範囲の広さこそが、湖南の深遠な歴史学を形成したと述べている。

確かにその通りに違いなかろうが、よくよく考えれば、新聞と歴史は、本来、極めて近い関係にある。この点については、たとえば湖南とともに「京都文化史学」を創成し、湖南にも少なからず影響を与えたとされる内田銀蔵は、その著『史学理論』（同文館、大正一一年）において、「新聞紙は現在の歴史であつて、歴史は過去の新聞紙である」という考え方は、大体において不可はない、と述べている。なんとなれば、新聞は「主として日々新たに発生する事件を伝へ、人事の発展、社会の進化の最近の模様を写し出す……この点に於て……実は記録としての歴史の性質を具へて居る」。したがって、歴史の研究者に求められる「冷静な頭脳、透徹なる達観の力」は、新聞記者にも同じく必要な資格であり、

新聞記者が日々新たに発生し来る事実に関し色々材料を集めそれを鑑別し、取捨し、それを纏めるといふ仕事を為すに当たりては、一般に歴史の研究に用ゐるやうな方法を自然と使用する訳になります……新聞記者に歴史の知識が必要であるといふことは、能く認められて居ります。其の重もなる理由は、今日の状態を正当に理解し、当今の世務を適切に論議するには、過去の事実、是迄の発展の成り行きを能く知つて居ることが肝要であるといふ点にある（同一四三頁）。

としている。このように新聞記者と歴史研究者の共通性を極めて説得的に説いているが、内田と湖南の関係から考えて、この文章を執筆した内田の脳裡に、新聞記者出身の歴史家である湖南の存在がなかったとは言えないであろう。

新聞学と歴史学

ちなみに繆雨《びゅうう》『史記与新聞学』（新華出版社、二〇〇〇年）は、四〇年近くの記者生活を経験した著者が、『史記』を新聞学の観点から分析した興味深い書物であり、書中、歴史と新聞の関係について、やはり極めて示唆的な発言をしている。

新聞記者は毎日、常に歴史の最も新たなページを記録している。新たに発生する種々の事柄を報道するためには、歴史家が歴史的事実を叙述するのと同様、選択と評価の作業が伴う。そうした選択や評価は、ともに記者自身の世界観によって導かれる。記者の世界観は取材から報道に至る一切の活動を規定し、それは彼の作品としての新聞記事に反映することになる。読者は記事やその行間から、新聞報道が客観的であるか否か、展望卓識を具えているか否かを読み取ることができる。

新聞記者が時代の動向・変化を観察して、歴史が前進する足取りを記録するためには、まず眼力が求められる。とりわけ哲学的な頭脳と歴史的な眼光が求められる。この点は、歴史家に「史識」が必要であるのと同じである。異なるのは、新聞報道では、時間という要素がより濃厚であるという点である。すなわち、複雑を極める社会現象や、事態の風雲変化の成り行きに関して、歴史家は時間による濾過を待ち、霧がはれ煙がひき、塵や埃が鎮《しず》まった後、ゆっくりと記述することができる。これに対して、新聞記者は、現場で観察、判断し、瞬時に考慮して、報道しなければならない。この点で、より一層明晰な頭脳と鋭い眼光が求められ、科学的な世界観と方法論を身につけることが必要である（同書、九七頁）。

要するに、新聞記事と歴史叙述はともに同じく、歴史的な観点から対象を観察・認識した結果を表現したものなのである。湖南もまた、このことを新聞記者時代にすでに明確に自覚していた。たとえば三六歳の時点で『大阪朝日新聞』に掲載した「刺客の害より大なる者」（三巻二三二頁）において、新聞の役割に関して次のように述べている。

責、立言に在ること、新聞紙の若き者は、其の国家社会の得失に於けるや、独り其の外形に表見せる者を議するに止まらずして、而して更に其の幽陰深微なる者に及ぶことを得。……唯当《ただまさ》に世潮の深底に潜流する思想の傾向を察して、現前の事情が由て来る所の源頭に遡り、不測の禍変を激成する社会の沈滞を疏通して、之を未だ積まざるに散ずる所以を思ふべし。

すなわち、単なる外面的表層的な事象に関する議論に止まらず、国家社会の得失を根本から考えようとするならば、諸事象の奥底に潜流する思想の傾向を洞察して、眼前の状況の由て来る源に遡及し、問題が蓄積・複雑化する前に解決する方途を見出すべきである、としている。この場合の「潜流する思想の傾向を察して、現前の事情が由て来る所の源頭に遡り」とは、対象を歴史的に認識することにほかならない。つまり、同時代の諸現象を歴史的に認識することこそが新聞の役割であると唱えているのである。

注目すべきことに、これとほぼ同じ主張が、一五年後に刊行した『支那論』(五巻)の緒言でも繰り返されている。そこでは、支那問題解決の鍵は、国土人民の自然発動力の動きを見定めて方針を立てること、すなわち、表面の激しい順逆混雑の流水の底の底で一定の方向に向かって流れる「潜流を透見する」ことであり、「余等の如き歴史を専攻する者」にとっては、「数千年来の記録が示して居る所の変遷の中で、最も肝要な一節が、目前に一齣《ひとこま》の脚色として演出されて居るといふのは、此上もない興味あることである」(三〇六頁)と論じている。現代支那の問題を解決するには、数千年来の歴史の変遷に位置づけて始めて可能になると述べているのである。

歴史的観点からの一貫した認識

記者時代であると研究者時代であるとにかかわらず、湖南は一貫して歴史的な観点から対象を認識しようとしていたのである。すでに三田村泰助『内藤湖南』(中公新書、一九七二年)も指摘しているように、湖南における「歴史への兆し」や「中国史への関心」、さらに直観や芸術を重視する「思考の基本的な性格」、「文化史観への到達」は、いずれも相当早い時期に見られる。したがって本書第三章「歴史認識とその背景」で明らかにしたような、ものごとは、その発生から消滅に至る流れの中において理解しなければ、真に理解したことにはならない、という湖南の世界認識のあり方も、すでに青年時代に確立していたに違いないのである。これがまさに、『涙珠唾珠』(一巻)をはじめとする湖南の早期の論著を読む時に、しばしば「早熟」ぶりを感じさせられる所以であろう。

このように考えると、全集所収の著述は全て等しく、一切の対象を過去から未来へと続く変化の流れの中に位置づけて認識しようとした湖南史学の成果であると言えるのである。同じことを、湖南の中国認識に即して言えば、確かに思索や叙述の重点が、新聞記者時代には同時代の中国に、研究者時代は過去の中国に置かれているという区別はあるが、湖南が一貫して中国文化を過去から未来へと続く歴史の流れの中に位置づけて理解しようとしていたことは変わらないのである

以上、前置きが長くなってしまったが、こうした点をも踏まえ、湖南の方法論を四段階に分けて、その特徴を探っていくこととする。

2　対象論

本節では、まず湖南の歴史認識の対象について考えてみたい。全集一四巻を通観する者は誰もが、上古から現代にいたる中国ならびに日本のあらゆる事象が論じられていることに驚かされる。その幅広い認識対象と膨大な量に圧倒されて、全体像が見えにくいが、新聞記者時代に発表された著作には、日本や中国を始めとする東アジアの政治・外交・軍事などの時事問題全般が採り上げられている。一方ではまた、中国や日本の文化・学術に関するアカデミックな文章も、少なからず執筆されている。その後四二歳で京大東洋史講座を担う研究者になってからは、中国史に重点を移し、純粋な学術論文が多くなるが、新聞記者時代以来の関心も変わらずに持ち続けられ、中国の時事問題についての発言が少なからず為されている。このように多岐にわたる認識対象は、湖南のなかでは、どのように位置づけられていたのであろうか。

中国と日本の過去・現在・将来

まず認識対象としての中国については、以下の記述が手掛かりとなる。曰く、「支那を解釈するには、支那人が是迄積み上げた事業と云ふ者を十分に研究して見なければならぬ。その事業は一口に言へば文化であるが、その中には政治もあれば、芸術もあり、乃至は土工の遺物もあつて、迚《とて》も一人の力の窮め得べからざる所であるが、予は其の立場として、支那民族発展の跡を繹《たず》ねて、その文化を刔《けつ》剔《てき》し、之を理解する……」(七巻一五九頁)と。支那文化のあらゆる側面を認識対象にしようとする立場が端的に述べられている。

しかも、「支那文化の特性なるものは、結局この永い年数のもたらして来た経験と其境遇から来た要素によつて成り立つもので、今日の支那の民族生活の淵源は矢張りその由来を考究しなければ十分に解らないものである」(六巻一四三頁)とあるように、中国文化の特性を理解するためには、神話時代から湖南の同時代に至る中国を、通史として認識の対象にすべきと考えていた。このように中国については、その過去、現在、将来のあらゆる現象について認識の対象としようとしていたのである。

では何故、日本人である湖南が中国を認識の対象としたのか。これに関しては、『日本文化史研究』に以下の記述がある。「日本文化といふものは、詰り東洋文化、支那文化の、今日の言葉で言へば延長である、支那の古代文化からズッと継続して居るのである。それだから日本文化の起源とその根本を知る為にはどうしても先づ支那文化を知らなければならぬ」(九巻一二頁)。同じことを別の文章では、「日本の歴史が始まつた時、其時に日本が有つて居た所の文化は、日本が根本から必ずしも持つて居たのでなくして、矢張り前に発達した国から其の文化を受けて居ることを承認しなければならぬ、然《そ》うしますと東洋の古代といふやうなことは単に東洋の古代といふやうなものでなくして、日本の歴史の無い前の時代、日本の文化の由つて来る所を知るに必要なものであります」（七巻一五七頁）とも述べている。

【経世意識】つまり中国を知るのは、それが日本文化の由ってきたる所以だからである。では何故、日本文化やその源としての中国文化ならびにその歴史を理解する必要があるのか。湖南という人物およびその学問を理解するための根本的なこの問題に関して、湖南自らは明示的に語っていないが、たとえばJ・A・フォーゲル氏は、湖南をパブリシスト、すなわち「時々の政治の渦中に巻き込まれることなく、公共の事柄について絶えず自分の意見を表明する人」（『内藤湖南　ポリティックスとシノロジー』一九頁、平凡社、一九八九年）であるとし、生命を賭して直筆しようとした中国古代の史官の高潔さに対する信念が極めて強かったとしている。

この説は、確かに湖南の現実に対する姿勢をうまく表現している。しかし、それでも、一体なぜ湖南はそのような姿勢をとったのか、さらに何故に自らの意見を社会に向けて表明しようとしたのか、という問題が残る。中国の史官の場合は、天道に関わる所謂「天官」としての位置づけが、人臣でありながらも、王朝権力から自立して森羅万象をあるがままに直筆することを可能にした。湖南の場合には、一体何が、彼の生涯を通じて、日本と中国の現状と過去を歴史的に考察させ続けたのか。

これについては、小島祐馬（『支那学』七巻三号、八八頁）が論じたように、『燕山楚水』以来、『新支那論』に至るまで、湖南が生涯を通じて経世論を持ち続けていたからであると見るべきであろう。たとえば『支那論』緒言で、湖南自ら自分の課題は、「支那の人民に取て、最も幸福なるべき境界」を模索することであるとし、『新支那論』の結論部分（五巻五四三頁）でも、「支那の歴史から今日の現状に迄及んだ政治、経済、文化その他の事を、正しき方針によつて研究すべく導く必要がある……少なくとも支那人及日本人に、何等かの警醒を促すことが出来れば幸である」と述べている。つまり、日本を含む東洋の国家、民族が、よりよい将来に向かって進むべく物申すことを自らの使命と考えていたのであり、そのためには自らが過去の万象を認識の対象とし、それについてより正しい見解を持たなければならない。つまり、東洋における過去の歴史の大勢を明確にして、現状ならびに将来に向けての方向性が正しいか否かについて、自らの意見を表明することを天職と考えていたのである。

二四歳の青年湖南が、仏教誌『大同新報』において、「済世の大願を発して塵の世を見捨てかねたる吾儂《われら》」には、荘子の斉物論の立場に立ち達観することはできない（一巻四六六頁）と記し、また大正三年に四九歳という円熟期に出版した『支那論』緒言において「多少の世の為、人の為にする婆心も籠つてある」と明記しているのは、まさに湖南自身による経世の志の表白にほかならない。加賀栄治『内藤湖南ノート』（東方書店、一九八七年）はこうした点をとらえて、「経世の抱負と国士の気概」（三七頁）を終生持ち続けた湖南の学問は「一己《いっこ》の箇身《こしん》（自分という一個人ひとり）のため、名聞栄利のためにする学問ではなく、経世済民のためになす学問」（一〇二頁）であったと指摘し、そうした態度を「実学主義」と呼んでいる。まさに、経世意識の故にこそ、湖南は自らの言説を世に送り出し続けたと考えるべきである。

以上の如く、湖南は、その終始持ち続けていた経世意識の故に、東アジアの現状を理解し、あるべき将来像を提示するために、過去のあらゆる歴史事象の沿革を対象として考察しようとしたのである。

湖南の認識対象を考えるうえで、見逃すことができないのは、湖南が自らの学問ならびに経世論をより高次のものとするため、常に方法論の模索を自らに課していたということである。それ故、生涯を通じて、中国および日本の過去の優れた学者の著作を精読（時に発掘）・吸収し、また同時代に行われている研究の現状の把握・理解に力を尽くし、それらを歴史的客観的に認識・評価しようとした。つまり学術の歴史と現状を把握して、自らの方法論を鍛えようとしていたのである。

湖南が方法論を模索していたことは、たとえば「従来の研究の欠点、殊に日本の学者の欠点は、その研究法の組織が立たずに、単に或る書籍に就いて、専心に穿穴《せんけつ》して、その点については非常に得る所があり、一経貫通の努力と成績とは賞するに余りあれども、古典学全体の組織には何等の加ふる所がなかつたのである」（七巻一六一頁）、あるいは「然《そ》う云ふ方法にして始めて支那古典学の基礎が立ち、古代史の研究も出来るのである」（同一六三頁）といった記載から理解できる。さらにまた「日本で第一流の天才」富永仲基や章学誠に対する崇仰が、何よりも彼等の卓抜な方法論に対する評価に基づくものであることからも分かる。

すなわち「大阪の町人学者富永仲基」（九巻三七五頁）なる一文では、「自分で論理的研究法の基礎を形作つて、その基礎が極めて正確であつて、それによつてその研究の方式を立てるといふことは、至つて日本人は乏しいのであります」との語によって富永を絶賛し、章学誠についても、その「類ひなき卓見」とは、「あらゆる学問を方法論の原理から考へる」ことであると称賛している（一一巻四七二頁）。逆に言えば、湖南が富永仲基や章学誠などを「発見」しえた最大の理由は、常に自らの方法論を模索し弛まず精進し続けていたからこそ、と見ることもできよう。

【方法論の探求】また昭和三年二月に執筆された『研幾小録』凡例には、「余が近年の研究は、方法論に渉る者多し、此の編中の数篇（「尚書稽疑」「爾雅の新研究」「易疑」など）も亦其の傾向の一斑を見るべき者あり。然れども其の詳細は、余が已に稿を成せる、支那古代史、支那史学史に就きて看ざるべからず」とある。湖南自身が、方法論を意識的に模索していたことを明言している。しかも、それは決して「近年」だけではなく、一生の間続けられた。すなわち明治四四年の文章「支那学問の近状」（六巻六一～六六頁）では、「近頃は支那の学問も、根本から本当に研究しなければならぬと云ふことになつて居る時代である。其の時代に於て最近はどう云ふやうになつて居るかと云ふことを知らぬのは、学者として恥辱であると思ふ。……現在日本の漢学と云ふものは、支那人の間に行はれてゐる漢学に対して、短きは七八十年、長きは百年以上其の時代が遅れて居ると云ふことは明かである。……私は是から支那の学問をやる人に対しては、兎に角支那の現在の学問の状態を知つて貰ひたいと望むのである」とも述べている。こうした発言も、より理想的な研究法の獲得を念頭に置いてのことであろう。いま、湖南がとくに方法論を意識して同時代の研究状況を評価・展望した論考のタイトルを掲げてみよう。

今後の支那問題観察者	明治三三	全集二巻
支那調査の一方面	明治三三	全集二巻
読書に関する邦人の弊習	明治三三	全集二巻
近日画論の変兆	明治三三	全集二巻
中等学校の漢文科	明治三三	全集三巻
再び中等学校の漢文科に就て	明治三三	全集三巻

書籍采訪使を支那に派遣すべし	明治三四	全集一二巻
東洋史学の現状	明治四三	全集六巻
清国派遣教授学術視察報告	明治四四	全集一二巻
支那史の価値	明治四四	全集六巻
支那学問の近状	明治四四	全集六巻
支那の時局と新旧思想	明治四四	全集四巻
昔の満洲研究	大正二	全集八巻
支那歴史家の蒙古研究	大正四	全集六巻
支那古典学の研究法に就きて	大正六	全集七巻
支那人の見たる支那将来観と其の批評	大正一〇	全集八巻
支那研究の変遷	大正一三	全集五巻
日本画家は如何に支那を観るか	大正一三	全集一三巻
支那文化の研究に就て	昭和二	全集六巻

これら以外の文章にも、方法論の模索に関わる記述は少なくなく、要するに湖南は、生涯にわたって絶えず、よりよい学問の方法や研究の仕方に関する方法を模索していたのである。ちなみに神田喜一郎「内藤先生とシナ古代史の研究三題」（全集一一巻月報四）によれば、聖書の高等批評に対しても強い興味を抱いていたという。方法論の吸収に対していかに貪欲であったかが思い知らされる。

同じ理由から、過去の学術史に対する関心もまた、生涯にわたって持ち続けられ、それは論考や著書となって結実している。論考は枚挙にたえないが、とりあえず以下の数篇を挙げることができる。

学変臆説	明治三〇	全集一巻
支那学変	明治三〇	全集一巻
支那の古銭及金石に就て	大正一一	全集未収
通典の著者杜佑	昭和四	全集六巻
昭和六年一月廿六日御講書始漢書進講案	昭和六	全集七巻

【『近世文学史論』】 如上の論考に対して、方法論の模索を明確に意識した著書としては、以下の三冊を挙げることができる。まず、江戸文化史に対して「全観を尽くす」ことを意図した『近世文学史論』は、江戸儒学が、「日本の『近世』と呼ぶにふさわしい地平を独自に切り開き、客観的・科学的な学問の方法を生み出し」、それが医学、国学などの江戸の「文運」全体に波及・展開していったことを述べている（山田伸吾「『近世文学史論』の方法」、『研究論集』五集、二〇〇八年）。

このいわば江戸学術史における湖南の最大関心事は、先人による学問方法の創出ならびにその変遷である。たとえば、儒学については、徂徠が「前の古義に資《と》りて、更に之を洗刷して、学問用心の根底より異見を出し」（一巻六〇頁）、「史乗実蹟を知るを尚《たっと》び空疎の言を斥《しりぞ》」（一巻二八頁）ける学問を樹立した。また医学においても、「世情の趨く所、議論漸やく唯物《ゆいぶつ》実験の主義に流る……医方に於て実に前古未有の大変態たり、一時趨嚮（趨勢動向）、各科の方法、必ず実験実行に拠りて、以て議論を立て、従前性理《せいり》空談《くうだん》の習、洗除して遺《のこ》すなし」（同六七頁）となる。さらに国学では、本居宣長が、

「古道を明らめんと欲せば、先づ漢意を浄刷せざるべからず」とした真淵の意を継承して、「古言によりて古史を解し、古俗に徴して古道を明らむるの学を大成す」(同八六頁)ることとなったという。『近世文学史論』は、日本の学術史における近世への胎動を描くと同時に、湖南が江戸の学問世界に沈潜・研鑽して、学問の方法論を模索した記録であるとも言えよう。

『先哲の学問』 つぎに『先哲の学問』は、たとえば山片蟠桃の『夢の代』について、「此の本を読みますといふと、実に色々な知識を得ますもので、私は若い頃から愛読したのでありますが、学問の方からの知識も得らるれば、実際の知識も得られる本であります」(九巻四五七頁)との語に象徴されるように、湖南が若年の頃から親しんだ山崎闇斎、富永仲基、山梨稲川といった先哲の学問の内容を紹介するとともに、その「学問の方法」、「研究の仕方」について解説している。

それは、たとえば富永仲基について、「自分の研究の方法に論理的基礎を置いた……学問を、今日の言葉で言へば科学的に組織だつた方法で考へた」(同三八六頁)とし、さらに新井白石について、「古代を研究するに、古語を研究し、古語の意味から古代をはつきりさす、これは支那でも西洋でも必要とされる方法であつて、この方法でやり出してから、近代に古代の研究が盛んとなつたのである。……あらゆる事に就て、古い本は古い語の研究から解釈しようとした」と述べている(同三五一頁)。さらに山梨稲川についても、音韻と字形と訓詁とを一つに綜合して研究するという方法を高く評価して、「支那の経学に重大な基礎を立てたのは、戴震が、小学からして経学をやるといふ方法をはつきり立てましたことにあります。支那の経学が、今日から考へても、学術的、科学的といひますか、組織的になつて来ましたのは、戴震からであります。若し山梨先生がもう少し生きて居られたならば、この基礎の学問が立つて、もつと経学がさかんになつたことであらうと思ひます」(同五〇三頁)としている。

【『支那史学史』】また次節でもとりあげる『支那史学史』は、まさに名著中の名著で、「中国における史学的発展の基線がはっきりと描かれており、その背後には、時代思潮史ともいうべき観点が遠景を構成している」(谷川道雄「『支那史学史』中文版序」、上海古籍出版社、二〇〇八年)。それはまた、湖南自身にとっては、「博士が一生のうちに通読、熟読して消化され、所謂内藤史学の養分となった史書について、その自己の史学に於いてもつ意義と価値とを示されたものに外ならない」(貝塚茂樹「支那史学史書評」、『史林』三三巻一号、一九五〇年)。したがって本書もまた、湖南が中国の史書全般を渉猟・味読して、自らの歴史研究の方法論を模索した記録であると見ることができる。

この点を最も象徴的に示すのが、銭大昕に関する記述である。すなわち銭大昕について、まず「清朝風の史学の創立者である。当時の学風である考証の方法を史学に応用し、清朝一代の史学の研究法を立て……以後の史学の風を一変せしめた」(一一巻三四〇頁)と評価したうえで、その「研究法」として以下の六点を挙げている。第一に正確な定本を求めたこと、第二に史料となるべき書籍の選択をしたこと、第三に金石文を利用したこと、第四に経学の知識を応用したこと、第五に沿革地理の学問に注意したこと、第六に暦数天文学の学問に通じたこと、である。さらに、こうした「銭大昕のやうな学問の仕方を、章学誠は史考の学とし、本当の史学でない」としたが、銭大昕自身は、「これら材料の学問だけで終る考はなく……顧炎武などと同じく、各時代の制度その他沿革の上より大勢の推移を考へるつもりであつたらしい。それが出来れば今日いふところの歴史が出来上がつたのであらう」と述べている。

このように、湖南の学問史に関わる著作『近世文学史論』『先哲の学問』『支那史学史』は、湖南が史学研究法の模索が、『支那史学史』の焦点になっていることは明かである。

自らの歴史学の研究法を模索するため弛《たゆ》まぬ精進を持続した足跡であり、また自らの認識対象である日本中国の文化を理解するための学問である歴史学自身をも認識の対象としていたことの証なのである。

湖南自身

さらにまた、本書第三章で明らかにしたように、湖南の冷徹な観察眼は、人間としての自らをも認識の対象にしていた。すなわち青年湖南は、人間というものは年齢と共に醜悪になる一方であり、「老ては速やかに死せんことを欲すべし」と思念し、自殺肯定論すら唱えていた。しかし老いを迎えるや、そうした考えをあっさり放棄して、自虐的なまでに老いを受け入れ、悠々自適に余生を楽しむ諦観に達することになるが、そうした自らの変化を冷静に見つめ観察していたのである。青年湖南が記した「自ら視るより易きはなく、又自ら視るより難きはなし。自らを以て自らを視れば易くして而して明に、他を以て自らを視れば難くして而して昏きなり」(「現時の観察者」一巻四七二頁)、あるいは「造物にも失策あり、人間に両眼を賦与するに、頗る其の処を失へり、人を視るにのみ便宜にして、自ら視るに極めて不便ならしめたり」(「両眼」二巻三〇四頁)といった、自己認識への強い志向は、生涯にわたり保たれたのである。

【筆名に見る湖南の心情】また湖南の若き日の筆名からは、屈折して揺れ動く心情を一目瞭然に読み取ることができる。全集一巻を始めとする内藤乾吉氏の「あとがき」に列挙されている順に、最小限の注釈を加えてみよう。

図1　湖南落款印
「不癡不慧」『湖南』
21号表紙、2001年

「同憂生」……世の虐《しいた》げられた人々と憂いを共有する者。

「加一倍子《チャーイーペイズ》」……人の二倍の苦労・努力をしている者。

「老朽子」……古びて使い物にならない者。

「不癡不慧《ふちふえ》主人」……おろかならず、さとからざる主人（図1）。

「冷眼子」……冷めた目で世の中を冷徹に観察する者。「冷眼子」（一巻四七八頁）に「心は熱ならんことを欲す、而して眼は冷ならんことを欲す。……我れ自ら冷眼子と名《なづ》く」とある。

「落人後子」……人後に落つる者。「緇心録」（一巻四二〇頁）に「百事人後に落ちぬれば文章事業あらゆる願望」を棄てて帰農したい、とある。

「酔夢子」……酔った如く夢見る如く道理をわきまえない者。

「歩虚小仙」……虚空なる世界を歩む小さな仙人。

「行吟《こうぎん》子」……胸中の鬱屈を晴らすため行きながら詩歌を口ずさむ者。出典は『楚辞』漁父。

「罔両《もうりょう》生」……罔両のような者。罔両は、景外の微陰、すなわち影の周辺の薄い影を指し、何かに依存して存在するが、実際には自律している者の意。出典は『荘子』斉物論篇。

「洴澼絖《へいへきこう》子」……洴澼絖のような者。洴澼絖は、絖を洴澼する、すなわち絮《わた》を水でさらすの意で、一見、無価値でありながら、実際には極めて有用なものを指す。出典は『荘子』逍遥遊篇。

「夢花生」……林の中の美しい花を食する夢が覚めた途端、あらゆる文章を理解できる博識を獲得していたという後漢の大儒・馬融にちなむ筆名。出典は『独異志』。

「湖南鷗侶《おうりょ》」……湖の南に住む鷗の友。鷗侶は、鷗伴、鷗盟と同義で、鷗と友となり隠遁するの意。帰郷して隠遁生活を送りたいとの願望を表す。

「不平子」……現状に満たされない者。

「壺乾坤生《つぼけんこんせい》」……壺の中にも天地・仙境があるとして、所与の世界をありのままに受け入れる道家的視点に立つ者。「為之奈何」（『大同新報』一一号）に「壺裏の乾坤、局促《こじんまり》として自ら楽めり」とある。

「臥遊生」……居室に所蔵する山水画によって、山野跋渉の気分にひたる者。

「悶々先生」……世間や自身のあり方に悶々と不満を抱く者。

「彫蟲生《ちょうちゅうせい》」……詩文の彫琢という小技を事とする者。

「夢村倦客《むそんけんきゃく》」……故郷の村を夢想する倦客。倦客は、異郷での生活に倦み疲れた旅人の意。

「億人居主」……人をおもう館の主人。

「あふちのや」……樗《あふち》の屋。世間的な尺度に照らせば無用であるが、真の超越的な値を有する大木である樗のような者の住む住居。出典は『荘子』逍遥游篇。

「擁腫生」……擁腫のような者。擁腫は、『荘子』逍遥游篇にみえる無用の用としての樗の木の表面のデコボコを指す。

「坱圠《おうあつ》生」……坱圠のような者。坱圠は、雲霧のように広がり際限が無いの意。出典は『史記』賈生列伝。

「黒頭尊者」……黒頭は、高齢を意味する黄髪に対する語で、髪の黒い若者。尊者は、仏教語で、徳と智慧を備えた人物。あわせて若き湖

図2　湖南落款印「黒頭尊者」『湖南』19号表紙、1999年

南の自負を表す。『涙珠唾珠』の著者名としても用いられたことがある（図2）。

「欣求生《ごんぐせい》」……浄土への往生、仏法を喜んで希求する者。

「潜夫」……阿諛追従により富貴を保つことなく、節操を守るために市井に隠れ住む者。世俗社会や官界に対する拒否感を読み取れる。

こうした筆名からは、自嘲、自棄、自虐、さらに自負、矜持、自重、自尊、願望などがない交ぜになり鬱勃として楽しまぬ心理を読みとれる。さらに筆名の多さは、何としてでも言葉によって自己を表現したいという意志の表れであり、自己認識に対する強固な志向を読み取ることができる。こうした湖南の心情を念頭に置けば、やや解釈しがたい筆名も以下のように理解できよう。

「隣疝子《りんせんし》」……隣は傍「かたはら」、疝は腹痛「はらいた」、あわせて「かたはらいたし」となり、傍観者として世を冷笑する者の意。「餅は餅屋」（『大同新報』四号）に、「隣の疝気を頭痛にやむ」と見える。

「冬渉子」……冬に渉る者。冷たく厳しい冬の川を渉るように世渡りしている者の意。

本節では以下のことが明らかになった。経世意識を生涯にわたり持ち続けた湖南の認識対象は、日本と中国の現在および将来であり、その認識を十全なものとするため、過去のあらゆる歴史事象を沿革的に観察することが必要であると考えた。湖南はまた、そうした観察手段としての学問、すなわち歴史研究の方法そのものをも認識の対象とし、さらに、そうした認識を行っている自分自身をも観察の対象としていた。彼にとって歴史学は、自らを知り、自らを含む日本を知り、さらにその日本を含む支那文化を知るための方途であったのである。

3　史料論

前節における対象論を踏まえ、本節では湖南の史料論における特徴について論ずる。以下、「疑古」、「釈古」という語を用いて論を進めるが、これらの語は多義的であり、しばしば論者によって意味する所が異なる。そこで本節では、史料論に関する次のような二つの立場を表す語として用いることにする。

史料論とは

言うまでもなく、歴史の史料は決して全てが信頼できる事実を記録しているわけではない。根拠のない記述や後代の偽作も少なからず存在する。それ故、歴史研究における最初の作業は、厳密な考証・批判によって、史料価値の弁別を行い、「附加の分を去」り、「不正確と思はるるものを篩《ふる》ひ落す」(一〇巻八五～八六頁)ことである。この作業を疑古と呼ぶ。

しかし疑古は、あくまで研究の起点でしかない。そのような疑古に対する釈古の立場について、かつて楊寛氏は、古人の伝承は十人十色に異なるが、事柄の発生には原因がある。それぞれの伝承には必ず史実の残映が存在しており、一概に否定することはできない。それらに対して新たな観点から、帰納や推理を加えるならば、信ずべき古史を作り上げることができる、と唱えた（『中国上古史導論』自序六五頁、『古史弁』第七冊上、一九四一年）。同じことを楊氏はまた、我々は収集した史料に分析・綜合を加え、歴史の背景を検討して、その史料が本来有する価値を恢復しなければならない、とも表現している（同四〇一頁）。

つまり、疑古によって史料の属する時代を明確に弁別したうえで、後代性が明確な史料に対しても、方法を設けて何らかの史実を読み取り、歴史の真実に近づこうとする立場である。この場合の方法、あるいは「新たな観点から、帰納や推理を加える」という場合の「新たな観点」とは、甲骨金文・木竹簡をはじめとする考古学的史料との照合、未開民族などの調査によって獲られた宗教学・社会学・人類学などの知見の援用であり、文献史料とあわせて、二重証拠法、三重証拠法などと呼ばれている。確認すべきは、楊氏の考えでは、歴史家の任務とは、まず「疑古」を行い、その後「釈古」によって完結させることで尽くされる（同六六頁）、ということである。つまり、疑古と釈古は互いに矛盾対立する立場ではなく、連続して行われるべき補完的な関係にあるのである。言い換えれば、「其の偽を弁じる」疑古は、「其の真を求める」釈古の前提として行われるべきものなのである（同四〇一頁）。

湖南もまた古代史料の用い方について、「宜しくその材料を選び分け、十分に批判して之を用ひなければならぬ」（一〇巻一八頁）と述べている。史料の選別（疑古）とその批判的利用（釈古）とが、連続して行われるべき二種類の作業として位置づけられている。以下には、湖南の史料論における特徴を、如上の意味での疑古と釈古（その一、その二、その三）に分けて論ずることとする。

疑古
湖南の疑古に対する考え方は、以下に引く「支那古典学の研究法に就きて」（七巻）なる一文に最も明確に表れている。

経書といふ者を順次に晩出の書からして、上代にまで溯つて調べた上、割合に竄乱《ざんらん》のない本に根拠して、更に一段と旧い処を研究して行く方法を取るのでなければ、確実に信憑すべき定論に達することが出来ないのである。……是の如き研究法は勿論一朝一夕には出来ないのみならず、如何に聡明な人でも、一人や二人の手で出来ることでないが、要するに、研究の方法も定めず、単に部分的に考証を事として居ては、いつまでたつても、信用するに足る結論を得る事が出来ない。殊に今日は清人の如く経書を限界として、それ以上に疑問を挟むものを罪悪とする様な考へが必要でない。尤も方針のない研究法で、妄りに古書を疑ふのでは何等の利益もないが、少なくとも以上の様な方針を立てて進んで行くならば、研究に多少の確実味を加へ得ると信ずる。然《そ》う云ふ方法にして初めて支那古典学の基礎が立ち、古代史の研究も出来るのである（一六二一〜一六三頁）。

これは一九一七年における文章であるが、その核心はまさに疑古派の驍将・顧頡剛氏のそれ、すなわち「私は本当に、戦国の学を以て西漢の学を打破し、戦国以前の材料を以て戦国の学を打破し、これら二つの防衛線に突撃して、清朝の学者が成し遂げていない仕事を完成させたい」（「古史弁第二冊自序」一九三〇年）と一致している。

【富永の方法を自らのものとする】湖南による「疑古」の実態を考えるためには、必然的に富永仲基に言及せざるをえない。すでに述べたように、そもそも湖南が富永仲基を第一流の天才としたのは、その研究法を高く評価したからであった。湖南は三〇年以上の時間をかけて富永を発見・顕彰する過程において、富永が主唱した所謂加上法をはじめとする古代研究の諸原則を、着実に自らの方法論としていった。諸原則というのは、加上の原則（後述）、異部名字難必和会の原則（複数の伝説が並存する場合には、どれか一つを真実であると確定することはできないという原則）、「三物五類立言之紀」の論理（伝説や語義は人や時代によって大きく異なり、語義の変化には五種類の法則性が存在するという原則）のほか、語義の多義性は普遍的な現象であるといった原則である（「大阪の町人学者富永仲基」九巻）。

湖南は、これらのうち加上法を「思想の上から歴史の前後を発見する方法」（九巻三七八頁）として絶賛し、上引の如く自らの「支那古典の研究法」であると宣言し、中国史に直接、当てはめて、「現在の支那の書籍に最も古い位置を与へられて居るものは最も新しい伝説であつて、比較的新しい時代に置かれてゐるものが比較的古い伝説であることを知るのである」（一〇巻二〇頁）と述べている。

湖南が、富永の加上法をはじめとする疑古の原則を自らの方法として明確に用いている例を挙げてみよう。まず「付益、竄入《ざんにゆう》、訛誤などの沢山積重つてゐる古書を取扱ふ方法として」、実際に加上法を『尚書』の分析に適用し、「尚書にて周書の前に殷に関する諸篇を置くことは、孔子並に其の門下を去る遠からざる時代に為されたのであらうが、堯舜や禹に関するものは更に其の以後に付け加へられたものと考へ得られぬことはない」という結論を導いている（「尚書稽疑」七巻二〇頁）。また『尚書』洪範に対して、詳細な文献学的考証を試み、核心部分と後代の付加部分を明確に腑分け・分離して、「かく洪範には後世の竄入が著しくあるけれども、其の原有の部分はたしかに古きものなるべく、……その附加の分を去れば、支那の王者の昔守つた大法は之によつて伝はつたといふことができるのである」(一〇巻八五頁)とする。

さらにまた、『尚書』のうち周公十二篇の「各篇を通じて見るに、その編纂は孔子及びその以後に行はれたものであるから、当時の思想や言葉の入つたものもあるであらう。故に古書によつて古代の事を研究するには、その編纂された時代といふことを考の中に置かねばならぬ。『史記』を作つた時代には、その時の思想で周代を扱ひ、孔子もその時代の思想で扱つたものとみるべく、その当時の真の事実のみを知るには、現存の金文か又はそれに類似せるものによるの外ない」(同八七頁)。しかし、そうした確実な史料は充分ではなく、「此の時代のことは、一々の事実を正確に定めていくことは不可能で、大体の事柄を知ると共に、後世の人々の書いた歴史とどれだけ異なるかを知るだけの研究が漸く出来るのである」という(同八八頁)。このあたりは加上法に加え、複数の伝説が並存する場合、真実を決めることはできない、という富永の「異部名字難必和会」なる原則の影響を明確に読み取ることができる。なお、富永の方法論が湖南史学に及ぼした影響、さらには、湖南史学と顧頡剛氏の所謂「層累地造成的中国古史」説との関係などについては、すでに多くの論者によって言及されており、これ以上の多言は控えることにする。

【貝塚氏に与えたショック】以上の如く、湖南は確かに疑古の立場に立って、史料を弁別し篩い落としている。これが湖南史学の特徴の一つであることは間違いない。実際、最後の直弟子とも言うべき貝塚茂樹氏は、学生時代に湖南の京都大学における最後の演習授業「古代史料の研究」に参加した経験を持つが、その回顧談に登場する湖南も、確かに疑古派のイメージを強く伴っている。すなわち湖南の「御説」によれば、春秋三伝は、「口頭によって伝承されたものであるから、これを同時代史料として時代の歴史を知る金科玉条としてはならない」(『貝塚茂樹著作集』五巻三四四頁)。また「完全な文章語で書かれた『左伝』も、根源に溯ると、戦国時代に口頭で流布していた伝説を、たぶん戦国時代のいつごろか、文章に定着したものであるという先生の説は、私にとって電撃のようなショックであった。……内藤先生は、こんな説話がもとになってできた中国の古代史では、朧気《おぼろげ》なことしかわからない。それを中世、近代史の正確な記録のように思いこんで議論することが間違いの根源であるといわれる」（同四〇四頁）。

しかし、確かに一読の限りでは疑古の側面が強調されているとの印象が強いが、貝塚氏の記述を裏返せば、湖南老師の真意は、春秋三伝に見える口頭史料は「金科玉条」とせず、慎重に扱うべし、『左伝』を正確な記録であると思いこまず、「朧気なこと」を理解するための史料にすべし、という所にあったとも言えよう。

まず疑古によって、史料の成立とその限界を明確に認識する。しかし、史料学の目的は、史料を篩い落とすことにではなく、「史料が本来有する価値を恢復」することにあり、何らかの方法を設けてそれを果たさねばならない。すなわち史料の形成ならびに伝承の過程を十分に吟味して、それに即した形で、可能な限り史実の反映を読み取る作業が求められる。それを釈古なる語を以て表現するならば、以下に見るように、湖南の歴史家としての真骨頂は、疑古にではなく、まさにその釈古において表れている。

釈古の一（書物の成立過程を考慮しての釈古）

湖南の釈古として、まず指摘すべきは、書物の成立・伝承の過程を考慮したうえで、後代の書物に史料価値を見出す、という考え方である。これについては、『周礼』に対する湖南の見方を例にしてみたい。『支那上古史』に曰く、「周礼が後に出来たから全部偽物なりとは云へない。後の人が先人の知らないものを見出すことは往々あることである。周礼は周の制度を記したものとしては最後に出たものであるから、その頃までに分つたすべてのものを取り込んでゐる。……周礼は周公より漢初までの理想論と実際に有つた官職とを調和して作つたものである」(一〇巻九四頁)、と。

また『支那史学史』では、『周礼』は、『礼記』の王制篇を「一層詳しく大袈裟」にしており、それが編纂されたのは「礼記以後であるに相違ない」と、後代性を明確にしつつ、その成立過程についてさらに詳しく述べる。

礼記の王制からして既に古い制度に関する記録を一種の著述にする考から作られたものであつて、月令などと同様の性質のものである。荀子の王制は殆ど未だ満足に昔の制度を編纂しようといふやうな考もなく、記憶その儘を書いた傾きがある。孟子などになると、一層正直にこのことを告白して、昔の制度は諸侯が己れに不便なるために皆な破壊してしまつたので明かでないが、自分の記憶に存するもののみを述べると云つてゐる。つまり孟子以来、不確かな記憶が色々に潤色され、又他の方面から古い記憶が呼び起され、それを纏めたのが荀子の王制となり、更に礼記の王制となり、更に周礼となつたのである……故に周礼に有つて礼記・儀礼に見えないものの中にも、周の制度に関する貴重な史料が含まれてゐるのである。……古文は最も従来の儒家の説に対しては異議が多く、その異議の多い論議の根底には、その出来た時代の考を含んではゐるが、その材料には古いものがあるものと見るべきである(一一巻六九〜七〇頁)。

このように『周礼』なる書物をその成立に即して綿密に観察すれば、出来た時代の考えだけではなく、そこに「古いもの」、「周の制度に関する貴重な史料」を認めることができる、というのである。言うまでもなく、書物は編纂された時代の産物であり、そもそもまた、この考え方を前提としてこそ、史料の属する時代を弁別する疑古なる作業の存在理由を認めることができる。湖南もまた、「古書によつて古代の事を研究するには、その編纂された時代といふことを考の中に置かねばならぬ。『史記』を作つた時代には、その時の思想で周代を扱ひ、孔子もその時代の思想で扱つたものとみる」べきである（一〇巻八七頁）、と述べている。

【後代の史料が古い時代の事実を伝える】しかしその一方、上述の如く後代の史料の中に古い記憶が保存されていることもある、と湖南は主張する。その理由を、『尚書』各篇に関する湖南の理解に基づき、考えてみたい。たとえば湖南は、次のように述べて、盤庚《ばんこう》篇に史料価値を認める。まず盤庚篇とは、武王が殷に克った時、「殷の遺老に、殷の滅びた所以と人民の欲する所とを問」うた結果として残されたものであり、本来それは「口づから伝はつて居たものであらう。盤庚の事は後からの想像で出来たのとは異なり、殷の人民より直ちに聞いたものを記録したことは明かである」とする（同五八頁）。また『尚書』金縢《きんとう》篇についても、「比較的古い伝説が後に記録に入つたものであつて、召誥・洛誥の如く初めからの記録ではないが、相当確実な記録と見て可からうと思ふ」（同八一頁）と述べている。

同様に、清朝の学者によって復元された泰誓と牧誓の両篇について、その「文句」や「韻をふんでゐて余程流暢である」ことが似ており、同じ傾向を持つ武成篇とともに「西周の代に出来、諷誦されて次第に言ひ伝へられたもの」（同七七～七八頁）とする。その後、これらの諸篇も文字化され、「其の記録になつた当時の考が雑《まざ》らぬとは限らない。しかし兎に角周初を距《へだ》たること遠からざる時代の伝説なることは明かで、其の内容（特にその日付や官名）は大体信用することが出来る」（同七八頁）。そのほか、経書よりも後代に成立した諸子についても、「ともかく諸子は昔は皆な官職の伝への典拠があつて起つたものであるから、その中には、今日史料としては経書に劣らぬもののあることは確かである」（一一巻八五頁）としている。

以上の記載からすれば、上古における歴史は口頭伝承から文字記録へという過程を経るものであり、しかも口頭伝承には相当の信憑性を認めることができる。したがって、後代の史料であっても、古い時代の事実を伝えるものとして、その史料価値を認めることができる。文字使用が一般化する以前の記録のあり方をこのように考えた上で、湖南は後代の史料にも価値を見出すことが出来るとしたのである。

【口頭伝承の信憑性】 当時の文字と口頭伝承の関係に関する湖南の見方を、いま少し詳しく見てみたい。湖南は、先に言及した「尚書稽疑」と同じ観点からの論文「易疑」において、「一体諸《もろもろ》の経書は、多く秦漢の間になつて、今日の形に纏まつたので、其中で春秋公羊伝のみは、何休の解詁に、明白に『口授相伝、漢の公羊氏及び弟子胡母生《こぼせい》等に至り、乃ち始めて竹帛に記す』といつてあるが、これが本音である」（七巻四六頁）と述べている。つまり、多くの書物が「伝説」すなわち口頭伝承により伝えられ、その後文字記録化した、と考えていたのである。さらにまた、次のようにも述べている。

此の時代は多くは書いた文章よりは口伝の多い時代で、主なる君主の輔佐者の中には盲者があつて、それが故事を諳《そらん》んじ、君主の問ひに応じてそれを答ふるを常とした。その外は天文の職の者が天文を知り、卜筮《ぼくぜい》の家の者が卜筮を知り、史官が君主の訓戒になることを知る位のことで、従つて文章が盛んにならなかつたのであらう……当時簡冊はあつたであらうが、一時的辞命の類であつて、用が済めば之を残す必要なき為め、次々と失はれたものであらう。故に尚書を以て昔の簡冊をそのまま編した者と思ふのは当らない（一〇巻一〇一頁）。

要するに「此の時代の史実は皆瞽史《こし》の誦が根底になつたものである」（同一〇六頁）、とするのである。しかも、そうした口頭伝承による記憶の信憑性に関して、「殷人は盤庚以後の事はよく記憶してゐたやうである。盤庚より紂までは、直系では八代になる。我がアイヌでも十代位の事は記憶してゐるから、今日存する書籍より考へても、盤庚以後の事は多少信用することができる」（同五九頁）の如く、口頭伝承の信憑性を認めていた。

そのうえ「『史記』は元来尚書の如き古書を引く時に、余り古い言葉は当時に分る言葉に直した処があるから、この還元された尚書は、言葉は真に古いものとはならないが、意味だけは失はないことが明かである」（同七七頁）。後代の書き換えによって、「言葉」は変化しても、「古い時代の意味」が残されている可能性も認め、そこにも古い時代の歴史の真実を読み取ることができるのである。

以上のように、上古の文献は基本的にすべて、口頭で長期に伝えられていた伝承が、ある時期に文字化されるという過程を経て出来ている。その場合、文字化された時代の思想が反映される可能性も当然あるが、その一方で、口頭伝承が保存してきた古来の「事実」がそのまま文字記録となる可能性もまた認めうる。また後代における文字の書き換えも、語彙や文体は変化しても、内容は古いということもあり得る。このような考え方を延長・敷衍すると、「従来の古文家・今文家は、今文を取れば古文を排し、古文を取れば今文を全く不完全なものと考へる傾きがあつたが、上述の如く、経書といふものが、漸次に発展して、幾回にも編纂されたものと考へるならば、今文古文の色々出来たことに就ての疑問は無くなる訳である」（一一巻七一頁）の如く、今古文論争を相対化して、そのいずれに対しても客観的な立場から史料として扱うことが可能になるのである。

要するに、加上説では、古い時代に関する記述ほど新しく出来たことになり、その記述は基本的に新しい時代の思想の反映であると見る。しかし、口頭伝承が文字記録化される経緯を考えると、文献の「成立」と、それが伝える内容の年代は区別して扱うべきであるとの見方が成り立つのである。時代や文献成立の状況に即した柔軟な釈古であり、疑古とは次元を異にしている。言うまでもなく、相反するこうした史料状況の中で、如何に史料価値を判断して（三重証拠法など）、史実の影を見出すのかは、すべて研究者の力量にかかっている。

釈古の二（作者の意図・時代状況を考慮しての釈古）

上述の如く、湖南は口頭伝承に信憑性を認め、そこに古くからの歴史の影を読み取ることができるとする。しかし、かりに古い伝承がそのまま伝えられたとしても、伝承自体が当初より不正確な内容であるならば、歴史の真実を再現するうえで、大きな障碍となる。不正確な口頭伝承や文字記録から、如何にして客観的事実を読み取るのか。史料価値に必ずしも信頼を置けないそのような史料に対し、湖南はどのように釈古を行い、歴史の真実に近づこうとしたのか。これについては、『史記』の「欠点」に関する議論の中で以下のように述べていることが手掛かりとなる。

殊にその中でも伝説口碑を多く取入れた点は、今日の如く事実の考証を主とする歴史学からすれば、最も欠点とすべきことのやうであるが、しかし古代に於ては、口説なるものは決して記録より軽いものとばかり見ることは出来ない。口説は時代によつて変化するには相違ないけれども、口説は大体その道々によつてその道の目的の為に伝へられるものであるから、他の流儀のことは考へない。やはり文書を書く人が自分の都合のために文書を書くのと同一で、他の都合を考へない点において真実がある。種々の目的のために出来た口説を集めて見ると、その差違によつて、そこに真相が出て来る(一一巻一三二頁)。

すなわち、たとえ主観的一方的な立場からする口説であっても、関連するものを複数集めて、互いの差異を比較検討することで、真相に近づくことが可能となる、というのである。複数の口説を集めることが、時代を溯るにつれて困難になるという条件をつける必要はあるが、極めて説得力に富む。つまり、史料価値に難点があると考えられる史料であっても、方法を講ずれば、真実を見出す手掛かりにすることができる、という主張である。

【上海電報の読法】注目すべきことに、湖南はすでに新聞記者時代に、こうした釈古的発想を自らのものとし、デタラメや訛伝であるとされる文字史料、たとえば新聞記事などの読み方に適用している。「上海電報の読法」(三巻)なる一文によれば、上海電報すなわち上海発行の欧字新聞の記事は、「妄説、無責任、架空結撰」と見なされ、信憑性を認める者は皆無である。しかしその反面、それらは「上海居留欧人の意嚮(少なくとも想像)を代表」しており、それに基づき彼等の「支那に対する観察、希望、意見」を知ることができる価値を認めなくてはならないという。湖南は、上海電報が事実を捉えきれずに誤報道ばかりを伝える理由について、次の諸点を列挙する。

すなわち東西両文明の性質・源委《なりたち》が全く異なり、欧人には中国を理解しがたいこと。取材源が極めて限られていること。しかも取材源の「支那人は世界中、最も謡言蜚語（うわさ・流言）に富める人民なり、最も夸耀《こよう》（ひけらかす）の思想に富める人民」であり、なおかつ、観察者たる欧人は「限りなき好奇の念に駆られ、支那社会の根底たる真相を」見破れず、結果としてその報道は「幻化無辺際（際限なく変化する）」となること。さらに、「欧州の慣例思想を以て東洋の事態を律するの過に出づる」ことが致命的であるという。

しかし湖南によれば、そうした誕謾不経《たんまんふけい》（荒唐無稽で誤った）の報道は全く無価値ではありながら、「一面に於ては反て明らかに欧人特に英人の希望、意見、魂胆を徴するを得べし、而して英人の希望、意見、魂胆の反対なる反面は、即ち毎に露人の希望、意見、魂胆なるを知るべし。蓋し希望、意見、魂胆を徴するの価値より言へば、此の誕謾不経の報道は、寧ろ真実無妄なる者よりも、更に利益多し、上海電報を読む者、須らく是の如き観を作すべし」という。

要するに、上海電報の記事は根拠のないデタラメでなければ、一方的な希望的観測であって、事実の解明には全く無益であるが、欧人の価値観を知るうえでは極めて有用である。しかも、その点に関しては、デタラメ報道のほうが正確な記事よりかえって役に立つ、とまで述べているのである。同様の認識に基づき、日露戦争の二年前に執筆された「訛伝と満洲開放」（四巻）では、ロシアが満洲における既得権を放棄して、清朝との間に新たな条約（露清特約）を締結して「政事上、商業上の特権を取得せり」との報道は、「全く訛伝たることを疑ふべからざるも、猶ほ因りて以て露国の魂胆を窺ひ知る」ことができ、さらに今後も訛伝が続出して世人を驚かすであろうが、「其間には多少の訛伝ならざる事実を包有することあらん」と述べている。

【デタラメから真実を読み取る】 このように、訛伝から当事者の魂胆・真意を読み解くという発想は、ほかでもない新聞記者としての経験を重ねていく中で培われたに違いない。すなわち、当事者の一方的な説明や、うわさ話、デタラメといったものの中に、意外にも特ダネにつながる事柄の真相が秘められているということ、甚だしきに至っては、そのような情報の方がかえって、真相を伝えていることすらあるという、いわば取材の妙味あるいは奥義とでも呼ぶべきものを記者生活を通じて体得したと考えられる。そのようにして獲得された柔軟な目が、真実を伝えているようには見えない複数の史料の中から真実を読み取る、という釈古を可能にしたのであろう。

たとえば、史料価値について様々な議論のある『毛詩序』について、湖南は単に否定するのではなく、以下の如く釈古的に利用すべし、という。「かりに今日の毛詩の序は正確なものといふことが出来ぬとしても、いづれ当時には何かその詩の作られた由来の昔語りがあつて、それによつて序が作られたに相違ない。されば支那の古伝説を知るためには、この詩の序を全く廃することは出来ない」（一一巻六一頁）。さらに「詩と離して考へるならば、歴史的資料としては詩序の記述は役立つのである」（一〇巻一〇七頁）とも述べている。

また明代の野史の風を帯びた掌故の書についても、「正確な事実を知るには役に立たないが、明代のその当時に一般に事実として認められていたことを知るにはよい。その事が偽りであつても時人はそれを真として信じてゐたのである」（一一巻二七〇頁）と、野史風の史料の利用の仕方を述べている。『旧唐書』についても、「纏まつた史料のない処に材料を集めるのに苦心をしたものであるから、その下手な書法をたどつて事実の脈絡を尋ぬれば、当時の状態が髣髴として分明する点がある」（同一九五頁）とし、歴代正史の中で最も蕪雑とされる『元史』についても、「全体から云へば蕪雑であつて、天子の詔勅を記すに口語のものをそのまま改めもせずに書いてゐる処もある位で、故《ことさ》らにいたづらをして、元代がかくの如く質陋《しつろう》（粗野で非文化的）であつたことを示したのであらうとまで云はれる位であるが、しかしそれだけに史料としては余り手を加へないものが入つてゐるので、今日から史料として取り扱ふのには面白いところがある」（同二六七頁）と述べている。

以上のように、湖南は、史料価値が不安定な史料に臨む時には、当事者の「希望、意見、魂胆」、あるいは時人が「真として信じてゐたこと」を読み取るための材料とした。それによって大体の事柄、時代の雰囲気といった語で示される歴史の姿を明らかにしうる、と考えてゐたのである。だからこそ、次節で述べるように、「常識から考へて不信用な古伝説を巧みに取扱つた」林春溥《りんしゆんふ》の方法を、疑古的な崔述の方法に比べて「遥かに進歩している」と評価しえたのである（同三九四頁）。逆に言えば、湖南が求めたのは、古人が「信じてゐたこと」、「当時に一般に事実として認められてゐたこと」を知ること、つまり過去の歴史世界を共感的に理解することであり、そのためには正確な事実を知るうえでは信憑性が低いとされる史料も利用可能となるのである。

湖南は、朱子の古典理解について、「古書を取扱ふに当つて書物によまれずに紙背に徹する眼光を持つてゐた」（武内義雄談・本書一九四頁参照）と述べたと伝えられているが、書物に読まされるのではなく、こちらから読み込むという眼光を、湖南自身も持っていたのである。『毛詩序』を『詩』と切り離し、「歴史的資料」として役立てるという発想は、まさにその点を示している。ちなみに湖南は、早期の文章「作家」において、文学の文学たる所以は、「『自然』の黙示録たるに在り、開かれたる秘密の天啓たるに在り」。それ故、一個人を示すという点では、作家のではなく、作家ならざる人の著作の方が「自然の響き」が多い。逆に作家が嘔心吐血《おうしんとけつ》して著した著作は、作家個人ではなく、作家の属する「時代」を示すことが多い、と述べている（一巻四一〇頁）。著作者の意図に制約されず、こちらが読み取りたい事柄を読み取るという湖南の釈古の基本的な方向がすでに明確に述べられている。

釈古の三（直観による釈古）

如上の「釈古の二」とも関係するが、湖南の史料論における特徴として、さらに一つ、直観による釈古について述べてみたい。かつて湖南史学の「面白さ」について論じた際（本書第三章）、湖南独自の直観によって史料価値を判断する鑑別法を採りあげて、次のように述べた。すなわち湖南は、名篇「応仁の乱に就て」（九巻）によって、下克上の雰囲気を活写することに成功したが、主なる史料として、専門的には「胡散臭い材料」である『塵塚物語』を用いた。そのことについて湖南は、「事実が確かであつても無くても、大体其時代においてさういふ風な考へ、さういふ風な気分があつたといふ事が判れば沢山でありますから、強ひて事実を穿鑿する必要もありませぬ、唯だ其時分の気分の判る材料でお話して見ようと思ひます」と述べている。つまり論理ではなく、歴史家としての感性によって史料価値を判断するというのである。

また湖南は、史料から時代精神を感得する特殊な眼力（直観力）を文献以外の対象にも向け、絵画の鑑別などにおいても、その力を存分に発揮した。たとえば、大英博物館蔵「女史箴図《しんず》」の真贋について、「即ち此の図巻が顧愷之の真跡でないにしても、少なくとも六朝末までの模本であることは確かであつて、顧愷之の時代を多く隔てざるものである」（一三巻四六頁）と述べている。時代が近ければ、贋物であっても本物と共通の歴史的性格を有していることから推して、本物の画風を読みとれるというのである。しかも、そのような史料の扱い方の有効性を、湖南自身が確信していたからこそ、その歴史叙述には、多少の「胡散臭さ」は伴うものの、時代の特質とそこに輝く人間の個性を見事に切り取った史料が多用されているのである。要するに、湖南の史料論における特徴の一つとして、直観によって史料を鑑別するという、疑古とは全く異なる釈古の方法を指摘できるのである。

【疑古と釈古の駆使】 以上本節では、湖南の史料論として、疑古と三種類の釈古について述べてきた。その繰り返すことになるが、本節で言う史料論とは、史料の成立ならびに伝承過程を十分に知悉して、その限界と可能性に応じた取り扱いをすること。すなわち史料を最大限に利用して、それが本来有する価値を恢復する作業、ならびにそうした作業に関する考え方を指す。極めて単純化すれば、疑古とは、史料の限界を明確にして篩い落とすことであり、湖南はその方法を富永仲基に負っていた。

その疑古を踏まえて行われる釈古とは、史料のなかに史実を見出すことである。まず史料を弁別して、かりに後代性が明確で史料成立時の思想や語彙による潤色を確認したとしても、三種の釈古によって歴史的事実に接近しようとした。すなわち、口頭伝承が文字化されるという史料成立過程のなかで保存されてきた古来の「事実」を慎重に読み取る（釈古の一）。記録者による主観的一方的な史料、あるいは後世から見て不合理な記述で、史料価値が低いと判断されるような史料に対しても見方を変えて臨み、そうした主観性一方性自体のなかに、あるいは「不合理」を不合理とは考えない当事者の論理のなかに、内包されている歴史の刻印（時代精神）を読み取ろうとする（釈古の二）。さらに論理や実証を超え、しばしば湖南独自の感性に基づく直観により史料価値を判断する（釈古の三）。

このように湖南は、古代史においては、真の事実を確定することは困難であるとの前提のもと、

「書物に読まれる」ことなく、疑古と釈古を駆使すれば、「大体の事柄は知りうる」と考えていたのである。なお、言うまでもなく釈古に関する三つの側面は、湖南においては本来不可分であり、おそらく史料に接した時点において、時代精神をつかみ取る独自の直観により史料価値を直ちに判断しえたに違いない。したがって、湖南において、他の二側面は、直観によって得た釈古的理解を、言わば論理によって跡付けするための方法であったとも考えられる。

4 認識論

前節までには、湖南の対象論と史料論における特徴について見てきたが、次に論ずべきは認識論である。湖南自ら「史学といふものは、その材料を集め、材料を選択するだけでは史学にならないので、それを如何に取扱ふかといふことが史学である」(一一巻四八一頁)と述べているが、疑古と釈古によって弁別した史料に対して、分析・考察を加える作業において、湖南史学はいかなる特徴を有しているのであろうか。これについては以下に述べる如く、変化の思想と異文化理解の二点を指摘できる。

変化の思想

湖南の歴史認識の背景に変化の思想があることについては、本書第三章で詳しく述べたところである。そこでは湖南の歴史認識の特徴として、あらゆる対象を理解するにあたり、その誕生から、変容、衰滅に至る全過程を明らかにしたうえで観察する、つまり変化の相において認識するという点を指摘した。さらにそうした歴史認識の背後に、『史記』と仏教思想の影響を読み取ることができる、とも論じた。そこで取りあげた湖南の認識対象は、支那「中古」史の全体、支那絵画、清朝史、経書、支那史学、江戸の語彙、江戸の人名、風俗、日本の文体、支那の学問、人間、湖南自身、社会、国家、民族などであった。

【『日本文化史研究』における変化の思想】それを踏まえる本節では、まず『日本文化史研究』（九巻）を例にして、変化の相における認識について改めて検証しておきたい。この書は、増補、付録、補遺を含めて二四篇の論文で構成されているが、まさに変化の思想が全書を貫徹しており、日本文化や天平文化といった抽象的な事象から、神社、漢文学、肖像画、大阪の学問、普通教育、風景観、書道などという、実に様々の具体的な問題に至るまで、それぞれ変化の相において分析されている。以下に、そのうちの白眉と思われるところを指摘しておきたい。

たとえば「日本風景論」は、風景観の歴史的変遷という極めて興味深いテーマを採り上げた名篇である。そこでは、「風景に関する観念が或る程度に発達するには相当の歴史を要する、しかうしてその歴史によつてその国民の風景に関する趣味の程度を知ることが出来、かつそれによつてその国民の文化の程度をも知ることが出来る」（同二五五頁）とし、さらに「風景に関する考へは或る時代においては雄抜な奇《めず》らしき変つた景色を求める傾きが盛んであつたが、長い間には必ず平凡な風景の中に、かへつて面白い景趣のあることを発見するに至るのが当然であると思ふ」（同二六二頁）としている。

また「日本文化の独立と普通教育」は、歴代の字書、教科書の内容を例として、支那文化の輸入に依って発達してきた我が邦の「教育の変遷」を示そうとした論文である。その骨子は、次のような四時期に分けて教育の変遷を示すことにある。すなわち前期は「教育が支那文化本位であつた時」で、さらにそれが「支那文学を主として、国語はそれを翻訳する為にのみ用ひられた時期」と「国語が主となり、それに支那文字を従属させる教育が行はれることになつた時代」との二期に分かれる。これに対して後期は、教育が国語本位に変わってくる時期で、これがさらに「国語の教科書が支那文字の字書から離れて独立したが、……従来有るところの支那文学の様式に拘束されて居る時代」と「支那文学の様式を離れて、国語と必要知識とから教科書が成立つて来た時代」とに分かれる。そのうえで「この四つの時期の中、前半は公家教育を主とした時代で、後半の最初は中流教育の時代、最後は庶民教育の時代」と区別することもできる、と言う（同二四一〜二四二頁）。

【中国を変化の相において分析する】 このほか全集を見渡すと、その博学多識に、すなわち文化のあらゆる事象が認識対象になっていることに驚かされるとともに、それら全てに対し、等しく変化の相において分析が行われていることに圧倒させられる。その執拗かつ徹底的な姿勢には、ある種の辟易感をすら覚えるほどである。たとえば「紙の話」では、「これらすべての紙の変遷と、支那人の紙に対する関心と嗜好の推移とは、支那人の文化生活の一面を察知し得べき貴重な」材料であるとしている（八巻八三頁）。また唐代のパスポート、すなわち「過所」の実物について論じた、「三井寺所蔵の唐過所に就て」（七巻）では、最初にその「沿革」に関して、漢魏六朝間の文献史料によって明らかにし、その後、五代・梁の時までは用いられたが、宋中葉に至って廃絶するという変遷の経緯を述べている。

さらにまた、『清朝史通論』第四講では、「清朝の学問の大体といふものは、やはり漢学が主なるものであつて、漢学といふものは大体今申したやうな変遷を経て来て居ります。……さうして今日以後も益々発達する余地がある」（八巻三八一頁）として、中国で学問が本当に学術的になり全盛を極めたのは清朝であり、その清朝の文化を知るについて重大なことは、漢学の変遷を理解することである、としている。

当然ながら、湖南の同じその目は、同時代としての清末から民国二〇年に至る中国の現状にも向けられていた。すなわち『清朝衰亡論』(五巻)は、清朝衰亡の原因を探るため、清朝一代に原因を求め、その「兵力上の変遷」、「財政経済上の変遷」、「思想上の変遷」という三側面から検討している。また『支那論』(五巻)は、「破壊された清朝の跡に、新しい時代を建設する方から看た立論であるから、支那の古来、殊に近世の大勢を統論せねばならぬ」。つまり、清朝自身を中国史全体の変化の流れに位置づけたうえで、将来を見通す試みこそが『支那論』である、と述べている。さらに『新支那論』(五巻)では、「支那の歴史から今日の現状に迄及んだ政治、経済、文化その他の事を、正しき方針によつて研究すべく導く必要がある」(同五四三頁)として、やはり過去から現在、さらに将来へという変化の視点による研究であることを明言している。

これら三冊の書は、いずれも中国を変化の相において分析し、「大勢」、「大惰力」、「自然発動力」と表現される大きな動きをとらえ、それに照らして現状を理解して、問題を解決する方途を提示し、さらに将来を予言しようとしている。そうした湖南にとって、中国の目前の現状は、過去数千年の歴史を背景として未来へと続く滔々たる時の流れの一齣《ひとこま》として受け取られる。この点を最もよく示すのが、先にも引用した次の一文である。

余等の如き歴史を専攻する者に取つては、数千年の記録が示して居る所の変遷の中で、最も肝要な一節が、目前に一齣の脚色として演出されて居るといふのは、此上もない興味あることである。……試みに目下最も重大視せられて居ると思ふ幾つかの問題を提げて看て、それを一々かの大惰力、自然発動力の標準によつて見るといふのが、此の小冊子の出来る由来である（五巻三〇六頁）。

以上、変化の思想が、湖南の歴史認識における特徴であることを再確認した。要するに、湖南にとって、対象を理解することは、そのものの現状をなりたたしめている過去を理解し、さらに、その将来のあり方をも考慮したうえで理解することであった。認識対象の現時点における姿を、大きな時間軸の中に位置づけ相対化して見つめ直すという視点にほかならない。

【歴史学とは変遷の脈絡を捉える学問】実際、湖南自らが、歴史学とは本来、こうした変化の視点によって物事を認識することである、と明確に述べている。たとえば島村抱月との論争の中で、「文学史の研究は、氏が所謂抽象普遍の理が、時代の変遷するに随て、如何に起伏し、如何に各時代の特色を帯びて発現し来るかを主とすべき者なり」（一二巻八二頁）と記している。「文学史の研究」という限定のもとではあるが、歴史研究とは、普遍的な原理が時代に応じて如何に変化しつつ姿を現したのか、その変遷の跡を尋ねる作業である、と明言している。

また『清朝史通論』の結論部分で、「文化の全体を通じて見ると、経学・史学・詩文・書画等の各科に就いて、其の変遷の間には、或る点まで自から一種の共通した脈絡があるといふことが分かります」（八巻四四五頁）と記しているが、これによって文化の各分野に通底する「変遷の脈絡」を捉えることが、清朝の歴史を描くことである、と考えていたことが分かる。さらにまた、湖南が日本第一の歴史家と評価する北畠親房《きたばたけちかふさ》の著『神皇正統記《じんのうしようとうき》』について、「単に昔からの歴史を天子にお教へ申上げるといふだけでなしに、昔の変化を述べて新しい時代の天子は如何なる覚悟でゐられ、如何なる方法でなさるがいいかといふことに対する自分の意見を悉《ことごと》く現した処の著述であります」（九巻一一九頁）

と述べている。

以上において検証したように、湖南が変化の相において歴史を認識しようとしていたことは間違いない。ただし、ここで確認すべきは、湖南のみならず当時一般に、歴史学とは、ものごとを変化・沿革の観点から認識する学問であると考えられていたということである。たとえば、湖南の同僚、友人であった内田銀蔵は、その著『史学理論』(前掲)において、史学とは、「人生と其の産物なる文化」を対象として、「歴史的」に考察することであるとし、その歴史的な考察とは、「専ら事物の起源及過去に於ける変遷沿革を尋」ねること、すなわち「生成発展の関係に於て事物を考察し、如何にしてかくなりしかといふ問に答ふる」ことであるとする。さらに史学は、「個々の事実の確定より進みて其の綜合を期す。而して綜合を遂行するに当り、一方に於ては事実を適当に結び付けて生成発展の成り行きを目のあたり見る如く描出し、之を組み立て之を再現せんとす。又他の一方に於ては事実相互の因果関係を解釈し説明せんとするなり」と述べている(同一五五〜一六一頁)。

【変化の原則と例外】したがって湖南史学の特徴として改めて論ずべきは、変化の原則や意味について湖南が如何に考えていたのかという点である。しかし、そうした点を追究しようとすると、問題は俄然、複雑化する。たとえば湖南は、天平文化の位置づけについて述べるくだりで、文化の発達一般に関して、支那の学問の影響を受けたかつての我が国には、時代がくだるほど堕落するという尚古思想があったが、近年は西洋の文芸復興以後の考え方の影響を受けて、世界は進歩するものと考えていると指摘した後、次のように論じている。

それはどちらもある点においては各真理でありませう、私ども歴史家と申しますものは、世の中を年代順に縦に見て行くのでありますから、これがもし進歩が停止するといふ風に考へると、ちつとも興味のないものでありますが、しかしそれが果して今日の時代に考へるやうに、必ず進歩するものかどうかといふこともこれも一つの疑問だと思ひます。これまでも私どもは随分支那の歴史をなるべく進歩したものと考へようとして居るのであります、支那のやうな保守的といはれてゐる国でも進歩してをると考へてをるのであります。……しかし近年になりまして、……今から二千年ほど前の漢代の文化といふものが非常に立派なものであるといふことが分かつてから、少しその事に疑ひを持つやうになりました。或はある時代にある種のものが非常に絶頂に達するまで発達した以上は、そのことについてはその以後の時代にはもうそれより以上発達しないのではないか、それ以後の時代において発達するのは、その発達すべき種類が変はつてくる……(九巻一八一頁)。

このように、全体としては進化論的発想に立ちながら、同時に懐疑をも表明しているのである。さらに、「新雑誌及び新聞」(一巻四四〇頁)なる文章では、「社会の進化は一定の規則あり、東西洋何《いず》れの国、何れの社会を問はず必ず此規則を履《ふ》んで発達する者なり、……誰か知らん社会の発達は一定の原則の下に支配せらると雖も、此原則をして緩急正変各作用現象を異にせしめ、以て特別なる国体特別なる人民を形《かたちづく》るの刺衝因縁、他に数多《あまた》之あるを」と記している。すなわち、社会発達の一般原則が、様々な具体的要因によって制約・影響され、緩・急や正・変の作用がはたらき、異なる現象が生ずる。それ故、単純な進化論では説明できない様々な要因によって形成される「国体・人民」の特別なるあり方を重視する必要性が唱えられているのである。

以上のように、進化論的な変化に限っても、湖南はその一般原則を認めつつも、むしろ例外的事態の存在や、現実の特殊性の解明に重きを置いている。これによっても分かるように湖南の変化の思想は、相当に複雑な内容を備えており、その全容を論ずるためには別稿を用意すべきである。ここでは、本書第三章を踏まえて、以下の如く三種類の変化の思想が並存していたことを指摘するにとどめることにする。

【『史記』や『易』の変化の思想】まず第一は、『史記』や『易』など中国古典に見られる循環的な変化、あるいは対立物への転化として表れる変化である。すなわち『史記』には、「三王の道は、循環するが若し、終はりて復た始まる」（高祖本紀讃）という語に象徴される循環の思想が見られるが、そうした『史記』の変化の思想と対応する記述を湖南の論著の諸処に見出すことができる。たとえば『近世文学史論』における「夫時運の豊亨（盛大・順調）、一たび其の極みに達すれば、則ち衰殺の勢生じ……」（一巻三三頁）という表現は、『史記』平準書の「是を以て物盛なれば則ち衰え、時極まれば則ち転ず。一質一文なるは、終始の変なり」と対応し、また同じく「盛衰の理に達し、大勢を達観する」（一巻三四四頁）という湖南の表現は、『史記』太史公自序の「始を原ね、終わりを察し、盛を見て衰を観、之を行事に論考す」と対応している。いずれも歴史の循環を意識したものの見方である。

つぎに『易』は言うまでもなく、森羅万象の変化を卦《か》爻《こう》によって占断するための書である。「泰卦・九三」に「平らかにして陂《かたむ》かざるはなく、往きて復らざるはなし」とあるように、陰陽なる統一的な対立物が、消息と往来（エネルギーの盛衰と交替）によって相互に転化する可能性を秘めながら、流転変化しつつ森羅万象を生み出していく動きを先知しようというのである。とりわけ「幾《きざし》を知るは其れ神か……幾とは動の微、吉凶の先ず見《あらわ》るるものなり。君子は幾を見て作《た》つ」（『易』繋辞下）とあるように、「幾」すなわち現象・吉凶の発生の萌しを捉えて、その将来を知ることに価値を置く。

こうした易の変化の思想が、湖南の歴史認識における一つの特徴であることについては、本書第三章で指摘した。すなわち、湖南が最初にまとめた論文集『研幾小録』の「研幾」なる語は、まさにこの『易』繫辞上に見える「夫れ易は、聖人の深を極めて幾《きわ》を研むる所以なり。唯だ深なり、故によく天下の志に通ず。唯だ幾なり。故によく天下の務めをなす」という一文に基づいている。この書名に込められた真意は、自らの学問が、易と同様に、「幾を研む」、すなわち萌しを探ることによって現象の生成・変化を先知することを企図している、と示すことにあったと考えられる。つまり、『易』に見える変化の思想にならって歴史を認識しようとする姿勢を示しているのである。しかも、「神以て来を知り、知以て往を蔵す」(繫辞上)、あるいは「往を彰《あきら》かにして来を察する」(繫辞下)とあるように、『易』においては、来すなわち未来を知って察することと、往すなわち過去を蔵して彰かにすることとは、不可分一体のことであった。

【仏教の変化の思想】 湖南の変化の思想として第二に指摘すべきは、生老病死の語によって象徴される諸行無常の思想、すなわち万物は刹那的な存在であり、一切は変化の中にあるという仏教の変化の思想である。前章でも引用した「贈渡米僧序」(一巻三四三頁)には、社会にも人間の生老病死に類するものがあり、「夫れ幼よりして壮、壮よりして老、一社会の終始此に一元(発生から消滅に至る一周期)を全成すれば、此社会の亡滅して而して代る者は必ず他の幼社会、老者の復た盛なり難きは、個人然りとす、社会も亦復然るが若し」と記している。社会もまた人間同様、発生、変容、さらに消滅の過程を経るとしている。

こうした湖南の仏教的な認識は、若い頃ほど濃厚かつ端的に見られる。たとえば、湖南自ら応募して甲賞に入選した「少年園を読む」(一巻)は、仏典や中国古典の多引によって構成された美文であり、その内容は、自立して単身、「生存競争、修羅闘諍《とうそう》」の人生行路へ進まんとする著者（湖南）が、至福の少年時代を回顧するというものである。冒頭の一段を見てみよう。

ああ人生幾何ぞ、譬へば草上の露の如し、赫たる紅日、斜めに東山の頂より射来らば、昼《ひる》待ちあへず晞《かわ》くべし、五十歳月、長きが如しと云ふと雖も、無量寿の天地より較算し来らば、一弾指にだも直《あた》るべからず、さるを猶昨歓に恋々とし、来苦に惴々《ずいずい》とし、且つ満足し、且つ企望し、且つ追憶し、且つ予想し、五尺の身軀、椀大の頭脳を以て、四方八面、見る処に知解分別を作し、……矧《いは》んや其変ぜざる者よりして之を観れば、蜉蝣《かげろう》（寿命は一日）も以て大椿《だいちん》（八千年を春とする大木）と寿を争ふに足るをや、刹那に来り刹那に去るの刻は、皆是れパラダイス也、七宝荘厳の浄土也、修羅闘諍の巷也、焦熱叫喚の地獄也……（同四四二頁）。

知解分別より生ずる煩悩に対し、刹那に生きるという自覚を以て臨むこと、つまり諸行無常の諦観を体得し、その立場から世界を見るべし、と唱えているのである。

【進化論的なものの見方】 湖南の変化の思想に関して第三に指摘すべきは、西洋の社会進化論が唱える直線的な変化の図式である。たとえば「時代と中心」なる文章には、社会発展の図式が明確な言葉で示されている。曰く、「宗教が中心たる時代あり、政治が中心たる時代あり、今の時は、政治が中心たる時代なり。腕力が中心たる時代あり、財力が中心たる時代あり、今の時は財力が中心たらんとするの時代なり。……今の時に当りて、宗教者の敵とすべき者は、政権なり、財力なり」（一巻三〇〇頁）、と。これと同様の図式は、他のいくつかの文章でも唱えられている。

湖南の著述のなかには、このように発展図式が明言されている例とともに、一定の進化の図式を暗黙の前提にして論理を組み立てている例も見られる。たとえば、帝王の世系に基づき社会状態が推測できるとして、周の世系に見える王名に関して、「不都合にも、棄は農作の人、公劉も農作の人なるに反し、皇僕・高圉《こうぎょ》・亜圉の如き馬を扱ふ人が後に出てくるのは信じ難く、これは後世作為したものといふべきである。……周は全然時代が狂つて居る」（一〇巻四九頁）と述べ、さらにまた「之を信ずれば農が先に開け、牧畜が後に開けたことになるが、これは少し自然の発達に合はない」（同七四頁）としている。この記述からは、湖南が牧畜から農耕へという素朴な社会進化論を論拠としていることが分かる。しかし上述の如く、それはあくまで進化論的なものの見方とすべきであり、決して教条的なものではなかった。

以上のように、湖南の認識論における特徴の一つとして、対象をその背後にある沿革に位置づけて理解する、すなわち変化の相において理解するという点が指摘できる。より詳しく言えば、変化に関する古今東西の様々な思想・学問を念頭に置いたうえで、自己を含むあらゆる認識対象について、それぞれの具体的な発生から衰滅に到る変化の流れを見きわめ、その流れに位置づけて理解し、さらにその未来をも知ろうとしたのである。

異文化理解

ここで言う異文化理解とは、上に述べた変化の思想が、対象を外側から、いわば冷静かつ客観的な立場に立って行う認識であるのに対して、当事者と同じ立場に身を置き、自らの目線を当事者の目線に重ねて共感的に認識・理解するということである。

【司馬遷と崔述に対する評価と批判】こうした湖南の二つの立場は、司馬遷や崔述に対する両義的な評価に明確に表れている。すなわち、『史記』の編纂方針に関連して、次のように述べている。

たとへ諸子百家の説でも、経書に佚したものをそれから採るのはよい。ただ雅馴《がじゅん》でないものを採らないとあるのは、当時としては良い方法であつたらうが、必ずしも全く正しいとは言ひ難い。……禹本紀・山海経にある所の怪物に至つては、自分は敢て之を言はずと云つてゐる。すべて雅馴なるものを取る主義がこれで知られる。雅馴といふのは、正しくして訓へになるといふ意味で、即ち論理上より考へて合理的であることである。これは当時としては進歩した考であつたらうが、之が為めに、古来の奇怪なる伝説を務めて合理的に解釈する傾きを生ずる。例へば殷や周の先祖の生れて来た由来は、司馬遷の学んだ詩伝では、父なくして生れた子であつたに相違ない。……ともかく三家の詩伝よりは合理的で、昔の奇怪なる伝その儘《まま》とは異なつたものである。かかる点は司馬遷の判断法にも一種の弊のあることが見られるが……歴史を必ず合理的に解釈することは、今日の進歩した考からすれば、必ずしも正当ではないけれども、当時に於ては進歩した考であつたのである（一一巻一一五頁）。

つまり、古伝説のうち雅馴なるものだけを採用するという司馬遷の方針は、当時としては「進歩した考」であったが、今日の「進歩した考」からは、受け入れられない、というのである。湖南は同じことを、より明確に「墨子に引かれている尚書は大部分が伝説よりなる。太史公は雅馴にして道理に適《かな》えるものに信用を置いたが、古の伝説は雅馴ならず、奇怪なことを書いてあっても、その方が却つて信用の多いことがある」（一〇巻八〇頁）と述べている。古代社会に身を置き古代人の立場で見るならば、奇怪な記述のほうがかえって信憑性が高く、「合理的な解釈」だけでは、古代人にとっての真実を読み解くことはできないというのである。

ほぼ同様の論理で、崔述に対しても、両義的な評価を下している。すなわち、顧頡剛氏によって疑古の先駆として位置づけられた崔述の研究法全般に対しては、辛口の湖南にしては珍しく、「頭は鋭い」、「この人の頭のよいことを示す」といった語によって基本的に肯定的な評価をしている。たとえば『考信録提要』巻上「釈例」に、崔述の研究法の「原則」が記されているとして、その大要を詳しく紹介している。

先づ書を読むには信を考ふべしとて、古来より学問の変遷するにつれて事実の誤られ来つたことを総論した。先づ見る所多ければ誤り少く、見る所少なければ誤り多しと論じ、何かある事実があると、己の見る所の少ないために、己の知つてゐるその当時に存在したと伝へられる人物にあてはめ、その事実に対して中心になる人を定めることを第一に排斥した。……次に己を以て人を度《はか》り、今を以て古を度り、不肖を以て聖賢を度るは宜しからずと言つてゐる……（一一巻三八九〜三九一頁）。

しかし、そのような崔述の研究法も、「現在の常識によつて古代の伝説を推して考へるので、時に判断の当を得ぬことがある。……元来が伝説であつたものが、後に史実のやうに考へられるに至つたものであることに考へつかなかつたのである。これは古代の伝説時代のことをも、後世の常識で考へた為にかかる結果となつたのである……かかる点に崔述には判断の誤りがあるけれども、大体古代のことを考へるのに、なるべく確かな書籍を根拠として、その他の雑説を正すといふ考はよい。……しかし古来支那で古代の事を研究した学者で、彼の如く明快な議論をした人はない。つまりこれは古代史研究の啓蒙時代といふべきもの」（同三九二頁）とも述べている。

要するに湖南は、崔述の疑古的な研究法を評価する反面、自文化中心主義的な判断を避けるべきと唱えたはずの崔述が、自らその過ちを犯して、「現在の常識」に基づき古代の伝説を解釈して判断を誤った、と鋭く論断しているのである。

称賛すべき司馬遷、崔述ともに、「合理的な解釈」「現在の常識」に基づいたために、古代の伝説の伝説たる所以を明らかにできなかったというのである。それではどうすればよいのか。

【古代的論理をあるがままに理解する】 そのためには当然、解釈者が自らの常識や価値観を一旦棚上げにして、古代的な価値観によって、古代世界に臨む必要がある。上述の如く湖南は、明代の野史の利用の仕方について、「正確な事実を知るには役に立たないが、明代のその当時に一般に事実として認められてゐたことを知るにはよい。その事が偽りであつても時人はそれを真として信じてゐたのである」（同二七〇頁）と述べているが、これと同様に、後世の常識や価値観からすればデタラメであると判断されようと、古代世界の人々にとって真実と見なされていたのであるならば、その真実を真実たらしめていた古代的論理を理解しない限り、古代を理解したことにはならない。つまり、最も必要なことは、自文化中心主義的な見方を克服し、古代的論理をあるがままに解釈しようとすることである。

以下に、そうした湖南の異文化理解の実例を挙げてみたい。

たとえば、『詩経』大雅・生民に見える周の始祖・后稷の母が、巨人の足跡を履んだため、感じて子を生んだとする、いわゆる感生伝説を、宋代の欧陽修や蘇洵が荒唐無稽であるとするのに対し、湖南は、「古代の伝説はかかる理屈に叶わぬ所に確かに古いところがあるものである」（一〇巻七二頁）として評価している。また周公が病に倒れた武王の延命を祖先神に禱《いの》った顚末を記す『尚書』金縢篇についても、「今日の常識論者は、周公の如き聖人に迷信のある筈なしと言ひ、又金縢が尚書の他の篇と体裁を異にし、長い間のことを前後取揃へて書せる点などより疑ひを挿むが、然し此の身代りを禱る事は寧ろ当時有り得ることであつて、その禱る語も質朴で当時の状態をよく表したものと見えるから、是れは古い伝説によつて記されたものであらう……比較的古い伝説が後に記録に入つたものであつて、召誥・洛誥の如く初めからの記録ではないが、相当確実な記録と見て可《よ》からうと思ふ」（同八一頁）と、書物としての成立年代とその内容の年代を切り離し、そこに信憑性を認めている。現代の価値観によって判断せずに、古代的論理を、そのまま認めているのである。ちなみに言えば、甲骨文や近年出土の戦国簡牘に見える祈禱関連の史料から考えると、湖南の金縢篇理解は極めて妥当である。

【異文化理解は学問進歩の自然の趨勢】しかも湖南は、こうした異文化理解の方向へと進むのが学問進歩の自然の趨勢であると早くから考えていた。若き日の論文「青年の仏教徒」（一巻五一五頁）において、研究の方法が時代にともなって変化する過程を、支那に例をとり、大略次のように述べている。

まず、文字を以て聖賢の心を得んと欲した漢から唐の訓詁学は、「其字釈句解、必ず伝承する所あり、敢て縦《ほしい》ままに私意を加へずと雖も……固より聖賢の真意を髣髴の間に窺ふの眼光あらず」。ついで人智の進歩は、こうした齷齪《あくせく》の事に満足することができず、宋に至り「字拘句束の弊を一洗し、直ちに霊活々たる己が一心を以て（字句の理解にこだわる弊害を一掃して、自らの柔軟で想像力にとむ心によって）」、聖賢の経伝に対し、貫通縦横して理解を加えることになる。この宋学は、漢唐の学に比べれば「上ること数等」ではあるが、独断に過ぎ、妄りに古義を変え、明確な根拠もなく錯簡を改補するに至る。よって、古の聖賢の意を得るという点において、「其の冥契暗合《めいけいあんごう》する処は、一絲を差《たが》へざる（感性的理解がぴたりと一致する所は寸分の狂いもなくなる）」ほど精緻な理解に至ることもあるが、逆に「違背乖離《いはいかいり》する処は」、千里の開きにとどまらなくなる。それ故、明清時代に考証の学が起こり、文字章句の末を以て聖賢を求めんとする旧弊は見られるが、「其憑据《ひょうきょ》（根拠）漠然たる伝説を取らずして、却て多く同時代の事に参考し、字解句釈の拘束を脱して、当時社会の境遇風習を以て拠とし、我を以て聖賢を視るの空談を去りて、聖賢時代の聖賢を視んと欲するの傾向あるは」、学問の進歩自然の趨勢である、と。

このような趨勢からすれば、崔述の疑古派的な研究は、上述の如く、あくまで「啓蒙時代」の手法であるとしか位置づけられない。清朝の学者のうち、学問進歩の趨勢に適う学者として湖南が評価しているのは、林春溥《りんしゅんふ》である。曰く、「林春溥は、古史の研究に就いて古代の伝説に理解を有し、崔述と異なり、複雑な手数をかけて、手際よく利用して判断した。古代史の研究法としては、崔述の啓蒙時代より林春溥の方が遥かに進歩してゐる。これが清朝の学風に相応した古史研究法である」（一一巻三九六頁）、と。また曰く、「この人は崔述とは違ひ、常識から考へて不信用な古伝説を巧みに取扱つた。三墳といふ書が今日あるが……これは尤も信用の出来ぬ書である。これらも好んで取扱ひ、偽造されたやうに思はれるものの中から、何か役に立つことを拾ひ出さうとした」（同三九四頁）、と。

【自らの価値観を棚上げにする】言うまでもなく、異文化理解を行うために、第一に求められるのは、自らの価値観を一旦棚上げすることであり、湖南もしばしば、その必要性を唱えている。たとえば

「読書に関する邦人の弊習付漢学の門径」なる一文において、日本の学者の欠陥として、「主我の見太《はなは》だ強く、其幼学習慣の薫染より生ずる偏局の定説先づ胸中に横《よこた》はるありて、誤つて之を名けて見識と為し、爾《しか》せしより後、一切箇《こ》の自ら名くる見識に拠りて判断し、其の見識と合せざる者は之を容《い》るるを欲せず、又之を信ずる能はず」（二巻一六六頁）の如く、先入観によって判断することを挙げ、批判している。

また、日本の中国論者が、「支那の歴史に存する潜運黙移の精神を知らないで、日本人の思想を以て支那の歴史を解釈した極めて浅い考から言ふ」（四巻五六九頁）状況にあることを厳しく批判し、異文化理解の必要性を唱えている。さらに、同時代の日本の画家は、五〇〇年ないし七〇〇年前に過ぎ去った「宋の画院」や「明初の画院」の人々の物の見方で支那の風景を見ている。したがって近代の支那画を鑑賞せんとするには、此の見方を改める必要があり、「見方が改まつて後、始めて支那画の時代的変遷の意味も解り、又殊に、近代画の趣味の奈辺に在るかが諒解される」（一三巻五三三頁）と述べている。絵画鑑賞における自文化中心主義批判である。

こうした異文化理解の姿勢が湖南の認識論における特徴であることは、当時すでに大島徹水によって指摘されている。

多くの学者は仏教を自己の学問の上から見てとやかう判断して見る癖がありますが、内藤先生の仏教の見方は、自分の学問のなかや我見をもつて見るのでなく、その教への上から判断するといふ偉いところがありました（安藤徳器『西園寺公と湖南先生』二一六頁、言海書房、一九三六年）。

異文化理解の必要性は、日本の台湾統治政策に関しても訴えられている。湖南が台湾で執筆した文章に、「変通なき一視同仁」という一篇がある。このやや理解しがたいタイトルは、「実情に応ずるという柔軟性を欠いた画一的人道主義」とでも意訳できよう。湖南はそのなかで、日本の台湾統治に対して、現地の実状に配慮せず画一的な文明化政策を進めているとの異議を唱え、「社会の発達、人民の思想に高下の差あれば、則ち其の下《ひく》き者をして遽《にわか》に高からしむるの不可なるは、……小児を愛して、其の成長を速かにせんが為に、直ちに成人と同様の衣食居所を取らしめば、彼堪《た》ふることを得んや」(二巻三九四頁) と記している。つまり、歴史的な発展段階が異なる相手には、それに即した理解と対応とが必要であり、自らの価値観 (一視同仁) は、そのままでは通用しないことを指摘している。

湖南はまた、異文化理解が日支両国で相互に行われることが、親善関係を成立させる前提であるとする。すなわち大正五年に発表した時論「両国国民性の理解と日支親善」(四巻六〇〇頁) で、以下のように述べている。

之を要するに両方がその長所短所を理解して、自分の方の標準を以てのみ他を計ると云ふことをせずに、他の方の標準をも互に考へると云ふやうになつて、相互に尊敬心を失はなければ、両国民の交際は茲《ここ》に新しい進歩を持ち来たすことを得るだらうと思ふ。かくの如き点を先づ我日本人が注意すると云ふことが必要であつて、之れは単に支那人の疑懼心を去つて、それに安全を感ぜしめると云ふのみでなく、真に各々の長所を理解して、互に相親しむ感じを起さしめる基礎になるものと思ふ。

【支那人に代つて支那の為めに考へる】なお、湖南の異文化理解に関連して、是非、付言しておきたいことがある。次章で詳論するように湖南の中国認識がしばしば誤解される一因として、『支那論』自叙に見える「支那人に代つて支那の為めに考へる」という語がある。この語は独り歩きして、「人はここに植民地経営にあたる本国知識人による対植民地の認識視点に類似するものを容易に見出すであろう」(子安宣邦「支那学の成立」、『現代思想』一九九三年七号、一六二頁)と理解されることすらある。しかし、自叙の文章では、問題の語に続き、「外国の側から、例へば我が日本の如く、支那の事勢によつては、多くの利害を感ずべき国から看た議論の欠けて居ること」をあらかじめ断っておきたい、と明確に記されている。つまり、湖南が述べているのは、自らの拠って立つ観点についてである。『支那論』は、支那人の立場に立って考えた議論であり、そこでは外国人としての立場からの議論は行っていない、と自ら言明しているのである。これと同様に、湖南は自説を展開する際、しばしば自らの議論の拠って立つ立場を明示することがある。無論それは、立論の観点を明確にすることによって、自らの議論に対しても冷静かつ客観的に見つめようと努めているからである。

たとえば「清国に代て謀る」(三巻三二五頁)なる文章には、「今若し吾輩をして清国に代りて、現在の形勢に処せしめんか」との語が見える。これは、チベットが清朝の衰運を視て、ロシアとの外交交渉を始めたことにより、満洲の問題とあわせて東西において困難な外交問題を抱えることになった、そのような情況に自らを置いて議論するという意味である。また「支那問題」(四巻五八三頁)なる文章においても、「一方は支那の前途を極めて自然の成行きから考へ、それから又支那人が自分の成行を考へて自覚すると云ふ上から考へると云ふことと、それから今日日本の政策上から考へる事と違ひます」、「以上は支那人の政治の方から考へるのでありますが、日本の方から考へますと」(同五八五頁）等の語が見えている。これまた、支那人としての観点、日本人としての観点を明確に区別し、自らの議論は、そのいずれにも立ったうえでの立論である、と述べているのである。

「支那人に代つて支那の為めに考へる」という語は、湖南が日本人としての自らの立場から一旦離れ、当事者である支那人の立場でものを見るという、まさに異文化理解の観点に立つことを表明しているにすぎない。確かに湖南の語調は、現代人からすれば、やや高慢尊大に受けとられかねない部分があることは否めない。しかしそれは、今からほぼ一〇〇年前に五〇歳の帝国大学教授によって書かれた文章が与える語感以上のものではなく、そこに対植民地的認識を読み取ることはできない。

眼は冷たく心は熱く

このように、湖南は自文化中心主義を避けて、極力、異文化をそれ自身の論理に即して理解すべきことを唱えた。それでは、前述した変化の思想と、この異文化理解の姿勢は、湖南のなかで如何なる関係にあったのか。

【局外者・傍観者の目でものを見る】まず確認すべきは、変化の思想は、認識対象を歴史の大きな流れに位置づけ、いわば局外者・傍観者の目でものを見るということである。たとえば『清朝衰亡論』の結論部分で、「故に今日の支那の状態は、是は大勢の推移、自然の成行であつて、今の官軍が勝たうが革命軍が負けようが、それで大局が変ずるものではない。……是は幾百年来の趨勢で、今日ではどうしても一変すべき時期に到着して居るのである」（五巻二五七頁）と、一種の冷徹な諦観に達しているとすら思えるほど、大勢の推移を重く見ている。同じ『清朝衰亡論』緒言でも、「時局に小曲折はいくらあつても、大勢の帰着する処は、結局一である」（同一八九頁）と述べ、やはり大勢の変化は止めようもなく進み、人間の思慮や営為を以ては抗《あらが》いきれない、と見ている。

こうした変化の思想によって物事を観察する立場を、湖南自ら傍観者、局外者の語を以て形容している。すなわち「支那の改革といふことについていろいろに考へ、……支那自体が生んだところの思想並に社会組織でなければ、支那にはたうてい芽生えることが出来ないといふことを発見するに至つたので、その点は支那が実際に経《へ》きたつたところと同じ経過を自分等の頭に持つてゐるのであるが、ただ自分等はいくらか傍観者の位置に立つて、冷静にその経過を考へることが出来るために、当局の支那人よりかは或は確実な知識といふものをつかみ得る便宜が多からうと思ふ」（八巻一七二頁）と記し、また「聡明なる意見は毎《つね》に局外より出で、健全なる主張は多く勢利圏内の人と伴はず、是れ殆ど世の常情にして怪しむに足る者なし。帝国議会の未だ開設せられざるや、所謂政党なる者は、単に空言の下に集まれる団体に過ぎず……然るに其時に当たりて、政党の健全、党人の熱誠之を今日に比すれば、殆ど隔世の思あり」（三巻三三三頁）と記している。

歴史の大きな潮流に自らの目を重ねて、森羅万象に対して前述の如く循環、転化、諸行無常、進化論といった様々な変化の思想によって、いわば相対主義的な、ひいては虚無的とすら言える視線を注いでいたのである。この点では、天道の立場から現世を観察・記録していた史官と同じであるとも言えよう。そのような冷徹な立場から見れば、万物一切が相対的な存在となって、あらゆる現象は全体状況の中におけるそれぞれの位置に即してのみ、理解されることになる。

【当事者の目でものを見る】これに対して異文化理解は、認識対象を当事者の立場に立って、それ自身の論理に即して意味づけるという姿勢であり、言わば当事者にとっての真実を明らかにする。たとえば『支那上古史』の「春秋時代通論」に以下のような記述がある。

春秋より戦国に変る間の著しい事の一つとして、軍事上で車戦が歩戦に変る事がある。これは春秋の時より戎狄《じゆうてき》と戦ふ必要から起つたやうである。晋が肥・鼓の如き赤狄《せきてき》を亡ぼす時に、大体は車戦の組織であつたけれども、臨時に車戦を徒戦に改めて夷狄《いてき》を破つたといふことがあるから、これが始めての事であるかも知れない。戦国時代になると、車戦を騎戦に変じた著しいことがあるが、歩戦に変ずることはこの時代から行はれたものである（一〇巻一二五〜一二六頁）。

これだけでも、車戦から歩兵戦へという戦争形態の変化について十分理解できるが、湖南の湖南たる所以は、これに続けて「かかる事は、戦士の名誉に関することと見え、晋の此時の命令を聴かない者があつたといはれてゐる」（一〇巻一二六頁）という一文を加えている点にある。この戦士の名誉云々というくだりは、『左伝』の「荀呉の嬖人《へきじん》、卒に即くを肯んぜず。斬りて以て徇《とな》う（総大将である荀呉の寵臣が、戦車を降りて歩兵として組織されることを拒むと、これを斬首して見せしめとした）」（『左伝』昭公元年）という、わずか一二文字に着目して加えられたにすぎない。しかしこの一行が加わることで、戦争形態の転換が当時の人々にとって如何なる意味を持っていたのかが極めてリアルに理解できる。すなわち、戦士としての名誉や自尊心を守るために歩兵戦を拒否した人物の目線による意味づけを追加することにより、歴史の潮流とそこに生きる人間の息吹を数千年を隔てて蘇らせているのである。

湖南の著作には、このような例がまさに枚挙に暇がないほど多く見られる。言うまでもなく、物事を当事者の目線に重ねて見ようとする湖南の立場に立てば、自ずと当事者の喜怒哀楽などの感情や価値観・世界観をうかがうことができる史料を多引することになるからである。その結果、読者は、歴史上の人物の「人間」としての存在を具体的に感得できることになるのである。

時には、感情移入の結果として、当事者に対する湖南の同情や怒りが熱情を伴って記されることもある。たとえば「光緒帝」（二巻三〇二頁）なる一文では、明の崇禎帝もフランスのルイ一六世も暗君ではなく、彼等は、「治を希《ねが》ふこと至て切にして、而して数百年積重の勢に圧せられて、其の傾覆の禍を奈何ともすること能はざりき。光緒帝の運命、頗るかの二帝に類するを見て感傷殊に深し」と述べているが、歴史の大きな動きを踏まえ、そのもとで生きる個人の無力を、その人物の立場に立って共感しつつ指摘している。さらに「冷眼子」なる文章でも、「人皆女子の教育を云々す、知らず云々する時、果して身を女子の境界に置き一想過するや否や、汝は高等教育を要せず、高等教育を授くるは汝に於て害ありて益なし、汝豈に勃然として怒らざらんや……」（一巻四八〇頁）とある。

【冷徹な観察眼と熱い同情心】 以上の如く、局外者・傍観者として歴史の流れを冷徹に捉える目と当事者になりきって物事を見る熱い目が、湖南のなかで並存していたのである。この点について、当の湖南自身が自己分析をしている。

心は熱ならんことを欲す、而して眼は冷ならんことを欲す。……我れ自ら冷眼子と名く、冷は眼に在る也、世人誤て夫の死灰《しかい》槁木《こうぼく》（燃えつきた灰や枯れ木）の者と一例に視て、冷眼子が日来《ひごろ》哀惜せる一滴丈夫児の涙を融出せしむる勿れ（「冷眼子」一巻四七八頁）。

要するに、湖南においては冷徹な観察眼と熱い同情心とが、すなわち変化の思想と異文化理解の姿勢とが、齟齬することなく並存していたのである。歴史の大勢について冷徹に見通すことができればできるほど、認識対象や当事者をそれぞれ歴史の局面に位置づけて、より深くより客観的に理解することができ、それだけ、その存在や生き様に対する共感の度がつのり、同情心が熱くなる。つまり、眼の冷たさに反比例して、心は熱くなるのである。これこそが湖南における両者並存の理由であろう。

以上、本節では、湖南史学の認識論における特徴としての変化の思想と異文化理解について述べてきた。湖南は、一方では傍観者の目を以て歴史の大きな変化の流れを冷静に捉え、もう一方では、当事者の目を以て、すなわち歴史の内側から認識対象を熱く共感的に理解しようとしたのである。

5　表現論

歴史研究の作業は、対象論、史料論、認識論を駆使して一定の結論に到達した後、最終的に、一連の思索・論証の過程を表現することになる。湖南史学の特徴として最後に論ずべきは、その歴史的思索を表現するに際しての特徴である。

湖南の文章表現一般に関しては、京都大学で教鞭をとる以前、とくにその青年時代において、様々な必要に応じて各種の文章を書き分けていることを指摘できる。通常の新聞記事、論説あるいは社説風の記事のほか、すぐれて学術的な文章、仏典や漢籍に見える語を多用した難解な美文、諧謔や皮肉、隠喩に充ちた短文、さらに寸鉄人を刺すかの如き警句・箴言《しんげん》などである。一方、研究者となってからは一転して、基本的に、読み上げればそのまま講演原稿にもなりそうな分かりやすい文体のみとなる。

湖南と文章表現に関して、いま一つ指摘すべきは、湖南が少年時代から死の直前に至るまで、漢詩の彫琢に強い執着を見せ、絶えず他者に添削を依頼して詩作の修錬に勉めていたということである。すなわち、青年湖南が父親に宛てた書簡には、

御示《おしめし》の如く児は詩に於て古体は快く作り候へ共《ども》短律はいつも不満足の思ひあり……此もひまには学問修錬をつみ短律も少々は格に入る様《よう》致《いたし》度《たく》候《そうろう》……学殖足らねば想像がありても之を述ぶる材料なく誠に面白きことを言ひかねて居《おり》候《そうろう》事《こと》毎々《つねづね》に御座候（明治二三年一一月一八日内藤調一宛書簡、一四巻三八二頁）

なる記述が見え、より良き「表現者」たらんことに対する強い意欲がうかがえる。しかも、その意欲は生涯にわたって持ち続けられた。これらの点についての論究は、やはり別の機会に譲ることとして、本節では以下、とくに歴史叙述における象徴主義について述べることにする。

象徴主義

前節までに述べたように、湖南は、変化の思想により大きな歴史の流れを把握して、認識対象の属する時代の歴史的性格を理解し、それに基づいて史料を選択・把握し、そのうえで自らの目線を当事者の目線に重ね合わせて対象に向き合い、その時代や文化の特質、ならびにそこに生きる人間の個性を観察・理解しようと努めた。さらに、そうした作業の結果を目に浮かぶが如く叙述することを目標としたのであるが、それを湖南は象徴主義なる語によって表している。

本書第三章でも言及したが、湖南にとっての歴史叙述とは、過去の時代と人間の特質を可視的に生

き生きと描き出すことであり、そのための方法が「象徴主義」である。たとえば湖南は、『史記』の叙述について、「逸事とか人の実見談を巧みに用ひ、その事実を活動させ、それが小説にならぬ程度に書いたので」あり、これこそ「史家の手腕」であり、「歴史を書く人の腕前から云へば至当」（一一巻一九八頁）であるとする。また『資治通鑑』や『新唐書』が、野史や小説を巧みに用い「当代の裏面の生活」を表わそうとしたことを評価して、「歴史は案牘《あんとく》（公的文書）・文書の行列ではなくして、象徴主義を主とするものであるといふ論がある」（同二一〇頁）と記している。

湖南が『史記』や『通鑑』を例にして論じている象徴主義とは、逸事とか実見談を引き、過去の人物を「活動」させ、それによって実録や案牘といった「表面の材料」では表すことができない、「裏面の生活」すなわち時代精神そのものを描き出すことである。実際、湖南自らも意識的に、そうした「象徴主義」の立場に立って、時代の特質を象徴する逸事や実見談を効果的に用い、生き生きとした歴史叙述を行っている。とりわけ湖南が意を用いたのは、我が身を過去の世界へと没入させ、歴史的人物と直に接するという感覚を以て研究し、そうした「実感」に基づき、その時代や人物を目に浮かべることができるような叙述を行うことであった。

すなわち早期の著作『近世文学史論』について、「みずからその時に処して、しかうしてまのあたりそのひとに接するが如」くして研究した結果であると述べているが（一巻一三頁）、こうした姿勢は以下にいくつかの例を挙げるように、生涯にわたり一貫して持ち続けられた。

【古人との邂逅が可能となる史料の引用】 そのような湖南であったからこそ、古人との邂逅が可能となるような史料には、とりわけ強い興味を示した。たとえば、越前の漁民達の漂流譚を記した『韃靼《だつたん》漂流記』の史料価値を高く評価したのは、順治帝の摂政・睿親王《えいしんおう》などに引見された時のことが極めて具体的に記され、諸王の人となりを如実に思い浮かべることができるからである。湖南が言うには、「漂流人が見たる三王の容貌、性質は、当時の史伝を読む上に大いに興味を与へる、中にも睿親王の人と為りが活動するやうな心持ちがする。……清朝開国史の第一頁を実見した漂流人の奇遇が、大いに歴史家に感興を与へる訳である」(四巻四一四頁)。また曰く、「僅かの文句でありますが、睿親王の来歴を知つて居る歴史家などには、誠に眼前に睿親王を見る心地が致します。さういふやうに、この漂流記は余程の面白味をもつて読むことが出来る」(八巻二三七頁)と。

したがって史書に対する評価も、過去を具体的にイメージできるか否かを基準にしている。たとえば『通鑑紀事本末』に対し、「その時に生れて親しくその事を見るの思ひがあり、一目《いちもく》(一挙に)その事を知ることができる」という楊万里の序文を取りあげて高く評価し(一一巻二一七頁)、『南宋雑事詩』(南宋の遺事を題材とした清代康熙年間の詩集。著者は七名の杭州在野詩人)についても、「これを見れば、南宋時代の臨安の繁昌の有様が目前にみえるやうである」と述べている(同三八四頁)。また、かの本居宣長が、半生の心血を注ぎ、その本領を発揮して完成した『古事記伝』について、「其の書を読めば、上世の言語風俗、器服礼文、身処して而して目睹するが若し」(一巻八七頁)としている。

象徴主義に基づく湖南の歴史叙述は、逸事や実見談が心憎いまで巧みに用いられ、読者は過去の社会や文化の状況、さらには人物について明確なイメージを結ぶことになる。そうした例は、まさに枚挙に暇がなく、本書第三章とは異なる例を二、三挙げてみよう。

たとえば、全集未収の「支那の亡兆」(『太陽』二五巻七号)なる一文では、支那が滅亡に帰する兆候の一つとして賄賂を挙げ、悪事には違いがないが、久しい間には「賄賂の中にも自然に何となく一種の秩序が立」つことになるとして、次のように述べている。

清朝時代には、漏規或は陋規《ろうき》と称して居る。道光の頃、穆清阿と称する有名な賄賂取りの宰相が在つたが、或る低い地位に在る官吏が過分に大きな進物を持参した、処が穆清阿は此の進物はお前の身分に過ぎて居ると言つて之を受け取らなかつた。是は若し身分相当のものであつたならば、勿論是を受け取つたに違ひ無い……(一二五頁)。

ところが、辛亥革命以来、この賄賂の中の秩序が全く紊乱して、無制限に取るようになったとする。「秩序ある賄賂」の例が挙げられていることにより、それが無秩序化した際における国民道徳の低下と人民の不幸なる境地が、一挙に納得できるのである。

また『資治通鑑』について、「その編纂が謹厳に扱はれたことを物語るものとして、通鑑の草稿は二棟の庫に充ちて残つて居つたのを、黄山谷がその数百巻を見たが、草稿には一字も草書で書かれたものがなかつたといふ話しが伝へられてゐる」(一一巻二〇八頁)と記し、さらに「通鑑の編修があまり永くかかるのは、温公(司馬光)が編修の手当を私用に供した為めであるといふものがあつたので、温公は結末を急いだ為め、唐より五代頃のことは繁冗であると云つてある」(同二一三頁)と記す。この二つの逸事は、『通鑑』の成り立ちや性格を知るうえにおいても極めて貴重である。しかし、それに増して重要なことは、九百年以上も前の歴史書である『通鑑』を、具体的な意志と感情を持つ人間の手によって編纂された作品として、当時の状況や雰囲気をともない一層身近なものに感じさせうる象徴力を持っているという点である。

さらに清朝において校勘学が全盛期を迎えた頃の状況について、全般的な説明を加えた後に次のように記している。

当時相当産のあつたものが、校勘学をやり、出版などを企てた為め、全く産を失ふまでに至つたやうなものもあつた。古書を集め校勘をやつたものは、自己一代の中に仆れるか、或は子の代に至つて仆《たお》れるかした。……かかる蔵書家の中で最も気の毒なのは張金吾である。この人は八万巻の書を集めたといふ。さうして愛日精廬書志を作つたが、その出来上がつた道光頃には、既にその蔵書が借金の為めに持つて行かれ、学問のできるので自慢であつた妻も死に、自己もそれから一年を経て、四十三歳を一期に若死にしてしまつた（同四三二頁）。

こうした記述により、「経学のみならず、総ての学問の基礎学」（八巻三七五頁）でありながら、「学問中最も贅沢で、微細な所にまで注意を要する」（一一巻四三四頁）校勘学の一面を、また当時の文人にとって学問が如何なる意味を有したのかということを、彼等の人となりとともにリアルに理解できる。加えて「書籍を芸術的に取扱ふ風が盛んになり、正直にいへば書籍を骨董扱ひをなし、愛玩を兼ねたもの」（同四三二頁）となっていく時代状況をも感得できるのである。

設身処地・紀事本末体

以上の如く湖南は、過去の人物の生き方と彼らが属する時代の歴史的特質を、双つながら鮮やかにイメージできるような叙述を理想とし、実際にそれを実現していたのである。それでは、実見談や逸事の効果的な利用による象徴主義的な歴史叙述を、湖南は、いかにして自らのものとしたのであろうか。

【中国史学の最高到達点】結論を先取りして述べるならば、自らを歴史的世界へと没入させ、そこで得た実感を歴史理解の核に据えるという認識方法、ついで、そうした実感を逸事や見聞談を引用することによって表現するという叙述スタイルは、いずれも伝統中国における歴史学の最高到達点であり、湖南はまさに、それを自家薬籠中のものにしていたのである。

前者の認識方法については、羅炳良《らへいりよう》『一八世紀中国史学的理論成就』（北京師範大学出版社、二〇〇〇年）に依拠して述べることとする。この書は従来ともすれば、訓詁考証の学としての側面だけが評価されてきた、いわゆる乾嘉の学（清朝考証学）が、実際には歴史の客観的理解に関する理論面においても長足の進歩を遂げ、大きな成果を挙げていたことを明らかにした注目すべき好著である。すなわち、歴史展開の動因に関する理論、歴史展開の法則に関する理論、歴史と現実（過去と現在）の関係に関する理論、さらに歴史認識の原則に関する理論について、それぞれ一章を設け、具体的な成果を明らかにしている。そのうち本章の論旨と直接に関わるのは、歴史認識の原則に関する理論についての成果である。

羅氏は、杭世駿、王鳴盛、趙翼、銭大昕、崔述、洪亮吉、章学誠などの歴史認識のあり方を検討して、これらの乾嘉学者には、先人の説に盲従せず、史実に対する客観的な考証を踏まえ歴史的文脈に照らして評価するという態度が、普遍的に見られたとする。その典型として、崔述の議論が引かれている。

夫《そ》れ古を論ずるの道は、当に其の心を平らかにして其の世を論ずべし。しかる後に古人の情、得るべし。若し先入の見を執りて、復《ま》た其の時勢を問わずして、但だこれを揣度《したく》（臆測）し、以て必ず当に然るべしと為さば、これ須《すべか》らく有ることなかるべきの獄《あやまち》なり。烏《いずく》んぞ定論と為すに足らんや（『豊鎬考信録』巻一・弁太伯不従翦商之説）。

もっとも前述の如く、この原則を唱える崔述にして実際には、自文化中心主義の制約を免れてはいなかったことを湖南は指摘している。羅氏においては、乾嘉期の学者がこうした認識態度を普遍的に志向するようになり、原則となったことを強調しているのである。

【孟子の「知人論世」と章学誠の歴史認識の態度】それはともかく、対象を歴史的文脈に照らして理解するというこうした原則は、羅氏によれば、古くは『孟子』萬章下篇に見える「古人を尚論（古代に溯り真に理解）」するための方法、すなわち「其の詩を頌し、其の書を読むも、其の人を知らずして可ならんや。ここを以て其の世を論ず。是れ尚友なり（古人の詩を朗唱し、古人の書物を読んだからといって、その人物の如何を知らずして良いわけがない。それ故、古人の生きた時代状況を理解する必要があるのであり、これが古人を友とするということである）」にまで溯る。以降、「知人論世」の語によって象徴される孟子の歴史理解の方法は、後世の史学者により、意識的あるいは無意識的に範とされ、如上の乾嘉期に至って普遍的に受け入れられることになる。さらに、最後にそれを総括して極めて高い理論水準へと引き上げたのが章学誠であったとする。

すなわち章学誠は、歴史認識に際しての不可欠の態度として、「恕」を挙げ、「古を論じて必ず恕とは、寛容の謂にはあらずして、能く古人の為に身を設けて地に処するなり（古を論ずる場合の恕とは寛容を意味するのではなく、古人を理解するに際し、その時、その場所へと我が身を没入させ、当事者の立場で理解するということである）。……古人の世を知らずして、妄りに古人の文辞を論ずるべからず。其の世を知るも、古人の身処を知らざれば、亦た遽かに其の文を論ずるべからず」（『文史通義』文徳）と述べているのである。

こうした羅氏の見解に基づけば、上述の如く湖南が生涯持ち続けた「みずからその時に処して、しかうしてまのあたりそのひとに接するが如くする」という歴史認識の態度は、実は中国の伝統史学が最終的に到達した歴史認識の原則と一致していたのである。ただし、周知の如く、「忘れられてゐた」歴史家・章学誠を「最初に発掘・顕彰」したのは湖南であり、章の学問全体に対しても少なからず評価・言及している。しかし、ここで問題としているような章学誠の歴史認識の態度については、何らの記述も残していない。つまり、湖南の歴史認識の態度が、章学誠の著述から直接学び取られたという確証は見いだせないのである。

とは言え羅氏の言うように、章学誠の認識態度は、はるか孟子の「知人論世」に源するものであり、以後、中国の文史を通ずる古代認識の態度の一つであり続けた。たとえば、章学誠の「古人の為に身を設けて地に処する」という語の典拠として、厳傑・武秀成『文史通義全訳』（三三五頁、貴州人民出版社、一九九七年）は、朱子が『中庸章句』二〇章の「群臣を体する（群臣を理解するの意）」に施した注の「体とは、設くるに身を以てし、其の地に処《お》らしめて、其の心を察するを謂うなり」を挙げている。

また台湾の中国史学史研究者・杜維運は、こうした認識態度を「歴史想像（historical imagination）」なる語によって表し、中国史学における例として、章学誠の他、王船山『読通鑑論』巻末・釈資治通鑑論の「身を古の時勢に設け、己の躬《みず》から逢う所と為し、慮《おもい》を古の謀為《はかりごと》に研《みが》き、己の身《みず》から任ずる所と為し、古人の宗社の安危を取りて、代わりて之が憂患を為し……」、戴名世「史論」（『戴名世集』巻一四）の「其の身を設け以て其の地に処らしめ、其の情を揣《はか》り以て其の変を度《はか》る」といった記述を挙げている（『史学方法論』一五一頁、北京大学出版社、二〇〇六年）。さらに山口久和『章学誠の知識論』（三五六～三五七頁、創文社、一九九八年）は、「設身処地」なる語の由来について、「本来、俚言（日常的な言葉）に近かったこの言葉を文学作品創作の方法概念として洗練使用したのは、清初の戯曲家・李漁あたりであろう。……どうやら元明以降の戯曲の盛行の中から生まれてきた概念であるように思われる」と述べている。

いずれにしても、早くから中国の文史に博通していた湖南にとって、孟子以来の「知人論世」の原則は、まさに習い性となって自然に身についていたと考えられ、それが湖南三二歳の時点における「みずからその時に処して」云々という『近世文学史論』自序の表現になったのであろう。実際、同じ自序の冒頭に、「その時を尚論し、その人を尚友す」との語が見えるが、この「尚論」、「尚友」なる語こそ、先に引用した『孟子』万章下篇に見える「知人論世」の原則を象徴する語にほかならない。

このように見てくると、『文史通義』『校讐通義』を一九〇二年に杭州で入手して（一一巻四七二頁）以来、それを「愛読」（七巻六九頁）するようになった湖南は、歴史認識の態度に関する章学誠の記述を読み、大きな共鳴を覚えるとともに、改めて自らの歴史に臨む態度に自信を強めたと考えられる。すなわち、湖南は章学誠の論著によって、自らの歴史理解の方法の正しさを再確認したのである。

【紀事本末体を高度に凝縮した湖南の叙述スタイル】つぎに論ずべきは、上の如き認識態度により歴史に臨んで獲得した実感を、実見談や逸事を利用して表現するという叙述スタイルを、湖南は、いかにして自らのものとしたのか、という点である。まず指摘すべきは、上述の如く湖南は、読者に明瞭なイメージを結ばせ、「その時に生れて親しくその事を見るの思ひ」がある『通鑑紀事本末』を高く評価し、いわゆる紀事本末体を最も進んだ歴史叙述の方法と考えていたことである。紀事本末体の出現理由とその位置づけについて、湖南は次のように記している。

史上の事実を単に或る場合に故事来歴を知る為に必要とするのみではなくして、歴史全体を治乱興亡の因果を知るべき一のまとまつた系統ある事柄と考へ、その目的に適つた歴史上に一貫した因果の上からそれを記憶する必要ありといふことになり、そこで通鑑は断代の歴史を一変して古今を通じた通史の体に作られたのであるが、なほその上に索引的の類書でなくして事件の類別によつて因果をつなぐ為めに作られたのが紀事本末である。故にこの体は後まで便利なものとして採用されたが、これは歴史に対する考の進歩である（一一巻二一七頁）。

さらにまた『通鑑紀事本末』は、「文は紀伝より省き、事は編年より明かである。……これは今日から見ても、最も進歩した歴史の書き方にかなつたものであつて、人の伝記・年歴に束縛されず、人間社会に起る事件を中心として書いたものである」（同二一八頁）、「単に通鑑の記事を、一つ一つ事件を纏めて記憶する為めに、便宜上書いたにすぎないのであるけれども、歴史の発達の順序としては、……自然に古代の最上の著述の趣意に合するやうになり来つたのである。章学誠のかういふ見方はつまり言はば、最近の歴史の体裁と自然に合して居るのであつて、今日西洋の有名な著述でも、すべてこの紀事本末の体で書くことになつてゐるのであるが、歴史がさうなるべきものだといふことは、章学誠は百五十年前に於て考へて居つたのである」（同四七九頁）と述べている。このように、紀事本末体について、「歴史の中で最も便利な最も進歩した体裁が出来た」（同四九四頁）という「支那の史論家」の意見を追認している。

要するに湖南は、成法のある理想的な著述としての『尚書』、編年体の『左氏伝』、紀伝体の通史『史記』、紀伝体の断代史『漢書』、さらに『左伝』に似た編年体の通史『通鑑』などの後を承けて出現した紀事本末体、すなわち事件を中心に纏めた紀事本末体の叙述を、「最上の著述の趣意に合する」（同四七九頁）と考えたのである。だからこそ湖南は、その論著を読めば自ずと分かるように、自らの歴史叙述の「さわり」の箇所を、この言わば最上の著述スタイルとしての紀事本末体にならって表現しているのである。湖南が効果的に引用している実見談や逸事とは、まさにこの紀事本末体を、すなわち起承転結の備わる事件史としての紀事本末体を高度に凝縮したスタイルなのである。

なお、関連して付け加えるならば、本書第三章では、湖南がとりわけ対話史料を多用することについて、読者を、いわば対話の傍聴者としての立場に置くことにより、読者と過去の間に存する時間の壁を取り除き、臨場感を以て過去に臨むことを可能にしている、と指摘した。そうした手法は、湖南が慣れ親しんだ『左伝』や『史記』など中国古典の伝統であり、これもまた特に意識することなく身につけていたと考えられる。

要するに、湖南の象徴主義的な歴史叙述は、その認識態度ならびに叙述スタイルの面で、伝統的な中国史学の最上のものから大きな影響を受けていたのである。

時代精神の直観

とは言え、歴史世界に没入し当事者の立場に立って理解しようとする態度で臨み、さらに逸事や実見談を利用して紀事本末体で表現しさえすれば、ただちに象徴主義の歴史叙述が実現するわけではない。何度も述べているように、象徴主義の歴史叙述とは、過去の歴史事象や人物を明確なイメージを以て描き出すとともに、時代精神を象徴していなければならない。湖南の歴史叙述が持つ象徴性やイメージ力は、どこから来るのであろうか。

【湖南の芸術家としての資質】 湖南における象徴の問題を考える時、直ちに想起するのは、湖南の芸術家としての資質である。すなわち、湖南が一生をかけて詩作を修錬し続けたこと、また中国絵画に精通し、その鑑識眼には定評があり、名著『支那絵画史』ほかの著述をなしたこと、さらに能書家であったこと、これらの事実は、湖南が一面において美を追求する文人、詩人であったことを物語る。

そのような資質を有する湖南にとって、詩や絵画といった芸術は、そこに時代精神を明確に見出すことができる貴重な史料となった。すなわち、「文学の文学たる所以は、『自然』の黙示録たるに在り……作家が嘔心吐血して著した著作は、作家個人ではなく、作家の属する時代を示すことが多し」、つまり、文学には自ずとその時代が表れると述べている（一巻四一〇頁）。また絵画についても、画題のほか、筆墨、顔料といった物質的要素が時代と相関するだけでなく、「其の精神たる筆致、用墨、傅彩《ふさい》（着色）、意匠に至るまで一々時代の思想と相応し、文学其他、思想上の作品に於て理致（著者の真意・本音）を味ふ能力ある者は、移して以て絵画の如き手法によりて生ずる作品の精神にも通じ難からず」（一三巻四九四頁）。つまり、文学や思想を理解できるならば、その同じ眼を以て絵画のなかに時代精神を読み取ることができる、というのである。

同様のことを、湖南の愛弟子・本田成之はより簡潔に述べている。

美術は他の文化と同じく其時代思潮の反映であると共に其の作者の全人格の表現である。言ひ換へると美術制作者は其の時代精神を端的に捉へて一世の人が表現を要求して已《や》まぬ理想を表現するのである。……されば或る美術品を鑑賞するには其の民族思想の内容を知らなければ理解しがたいものである（「支那古代の画像」『富岡鉄斎と南画』湯川弘文社、一九四三年）。

つまり、詩人や画家が自らの内面世界を含む森羅万象に対する了解を、その時の「心持ち」や「感興」とともに、図像や言語によって象徴的に表現したものが詩であり絵画である。そこには芸術家の技量に応じて時代精神が封じ込められることになる。逆に言えば、詩や絵画の鑑賞とは、それらを通して芸術家個人の技量と、そこに表現された時代精神を感じ取ることにほかならない。

【中国通史を時代精神の変遷史として捉える】しかも湖南の場合、上述の如く歴史の大勢を傍観者の目で冷静に捉え、かつまた認識対象を歴史の内側から同情者の目を以て理解することができたのである。つまり上古から現代に至る各時代の時代精神は、すでに文献史料によって充分すぎるほど感得・理解していた。その湖南の目を以て、詩や絵画に臨めば、それらに封じ込められている時代精神を直観する（感じ取る）ことは、極めて容易であったに違いない。反対にまた、詩や絵画に対する深い理解が、湖南の文献理解を、さらには中国史全体の把握をより深化させたということも当然有り得たはずである。

いずれにせよ文献史料と芸術の双方において時代精神を把握することが可能であれば、たとえば絵画や詩に反映されている時代精神と同様に、象徴的なイメージ力を有する実見談や逸事のなかに時代精神を読み取ることは困難でなかったはずである。湖南はそのような象徴性を有する実見談や故事を選び出して、紀事本末体の歴史叙述のなかで効果的に利用して時代の雰囲気を浮かび上がらせようとしたのである。

つまるところ、湖南の歴史叙述を輝かせる象徴性やイメージ力は、中国通史を上古から現代に至る時代精神の変遷史として捉えることが可能であるほどの該博にして透徹した知識、さらに個別の文献史料と芸術に対する高度な理解と鑑賞とが創り上げていたのである。あえて言えば、湖南にとっての歴史叙述とは、紀事本末体を全体の背景とする中に、象徴的なイメージ力に富んだ実見談や逸事を配して、あたかも一幅の絵画を描くように時代と人間を現出させることであった。

【詩と歴史の結合】 この故にこそ湖南は、清朝史学における歴史叙述の特色として、詩と歴史が結合すること、さらに歴史が芸術的文学的な表現になる傾向を肯定的に指摘したのである。たとえば『南宋雑事詩』について、以下の如く述べている。

> これらの種類の中に専ら歴史の事実に関するものを詩として書いたものがある。……元来は博覧を示す為めに作られたもので、考証といふものではないのであるが、面白いものである。材料は正史のみならず説部（小説や筆記類）などからも採つてゐて、唯に歴史の逸事遺聞を詩によせて表すの外に、歴史を詩として見る考へをもつて居るので、これらは実に支那人の特別な文化の産物と云つてよい。これを見れば、南宋時代の臨安の繁昌の有様が目前にみえるやうである（一一巻三八三～三八四頁）。

また、「乾隆以後は歴史や地理でも、一方では考証化すると共に、一方之を文学化する傾きがあり」、学問を芸術化する傾向があった（同三八四頁）、とも述べている。さらに春秋から唐末にいたる揚州地方の通史を書いた汪中の『広陵通典』について、「全く考拠と詞章とを合して一としたものであつて、その中に人物のことをのせ、山水のことを書くのでも、皆人を惹きつけるやうな美文を用ひてゐる。ここらが支那風の文化の結晶といふべきものであらう」（同三七九頁）と記している。

かつて湖南は、大正一〇年に発表された田中萃一郎の論文「支那学問研究法上の一特色（雪橋詩話を読みて）」（『田中萃一郎史学文集』三田史学会、一九三二年）について、「あれくらい支那の学問に理解ある学者は専門学者にも珍しい」と述べて絶賛したことがあるという（「内藤先生とシナ古代史の研究三題」、前掲）。その田中論文によれば、清末の文人・楊鍾羲《ようしようぎ》の著『雪橋詩話』とは、詩話の体裁によって書かれた野史で、「学術文芸に関する記事は勿論多く、朝儀制度、有職故実、百般のことにもわたつて論述してあつて、実に一篇是れ清朝の文化史である」（一一六頁）。同論文はまた、イギリスの史家ウアバンの「史学就中《なかんずく》修史学は鑑賞的記述であつて科学的記述はその任に非ず。即ち価値の絶対的理想的標準に照らして研究の結果として得たる史実に対し賢愚善悪美醜の批判を下すものである」という説を引き、「自然科学の欠点を補ふ可き哲学としての史学に於てはかくあらねばならぬのである。既に鑑賞的記述であるので修史学が一の文芸として目さる可きは当然のことである」（一二四頁）とも述べている。

湖南が田中論文を推奨したのは、「科学的研究の結果を韻語にて表現する支那学問研究上の一特色」を湖南もまた理解・吸収し、それを自らの方法ともして、研究成果を芸術的な面白さに高めて表現することを志向していたからに違いない。

以上、本節では湖南の表現論のうち象徴主義を取りあげた。湖南は、変化の思想や異文化理解に基づき把握した過去の時代の特質や人間の個性を、目に浮かぶが如く表現することを自らに課した。すなわち古代世界に没入することによって獲得した実感を、中国史学が最上の叙述スタイルとして生み出した紀事本末体で表現し、さらに絵画や詩と同様に強烈な象徴性や鮮明なイメージ力を持つ逸事や実見談を巧みに配することによって、象徴主義的な歴史叙述を実現していたのである。

6　湖南史学の根本にあるもの——他者への共感と同情

湖南史学を支えるいくつかの特徴

湖南史学の特徴を四節にわたって論じてきたが、それでは、こうした歴史家・湖南の学問全体は、いったいどのようにして形成されたのであろうか。この点について考えるため、いま一度、本章で述べたことを簡略に見ておきたい。

まず第二節では対象論を取りあげて、生涯にわたり経世意識を持ち続けた湖南が、自己ならびに研究法を含む日本中国の一切の存在を、認識・観察の対象としていたことを明らかにした。ついで第三節では史料論について考え、疑古の発想には富永仲基の影響が明確であることを改めて確認した。さらに釈古に関しては、史料に対する三種の立場を指摘した。すなわち、口頭伝承が文字記録化する状況に配慮したうえで、文献史料の価値を最大限に認めようとする立場（釈古の一）。つぎに、主観的一方的な史料は、事実の解明には無用であるが、当事者の価値観を読み取るための材料として用い、それによって時代の雰囲気を明らかにしようとする立場（釈古の二）。さらに、時代精神の把握に基づき直観によって史料価値を鑑別する立場（釈古の三）である。

つづいて第四節では認識論を取りあげ、湖南の歴史認識には、『史記』や『易』に見える循環の思想・仏教思想の諸行無常・西洋の社会進化論といった様々の変化の思想に照らして、認識対象を冷徹に観察する立場と、自らの目線を当事者の目線に重ねて熱く共感的に理解する異文化理解の立場とが齟齬なく並存していたことを明らかにした。最後に第五節では表現論のうち象徴主義について考え、芸術家の感性によって選び出したイメージ力を持つ逸事や実見談を紀事本末体の叙述のなかに巧みに配して、過去の時代の特質や人物の個性を目に浮かぶが如く表現する歴史叙述を実現していたことを論じた。

このように見てくると、湖南史学の特徴を根本的に規定していた要素として以下の諸点を挙げることができる。すなわち、終生持ち続けた経世意識。対象を冷徹かつ客観的に観察する変化の思想。対象の目線で対象を観察し、その内側から共感的同情的に理解しようとする異文化理解。対象世界と自己の内面をより良く表現することを弛《たゆ》まず研鑽する芸術家としての資質・執念。これらに加えて、中国史・日本史に関して、それぞれを時代精神の変遷史として捉えることが可能であるほどの深い理解。富永仲基や章学誠、司馬遷などといった日本中国の先学の学問（特に歴史学）の内容と方法論に関する該博な知識。さらに、そうした理解や知識を作り上げた飽くなき知的好奇心と学的向上心などである。

湖南は異文化理解の能力をいかにして獲得したのか

これらの諸要素こそが、後人の追随を許さぬ天才歴史家・内藤湖南の史学研究を支えていたのである。では、こうした要素を、湖南は如何にして獲得したのか。湖南に学ぶためには、この問題を避けることはできない。本書第三章では、極めて不充分ながら、変化の思想について論じた。本章では最後に、これら諸要素のうち最も本質的であると思われる対象を内側から観察・理解する異文化理解の能力をどのように獲得したのかについて述べたい。それは、上述の如く湖南史学の史料論（釈古の二）、認識論、さらに表現論にも関わり、湖南が面白い歴史叙述を創出しえた核心的な理由に迫ることになる。

無論、異文化理解能力を獲得するに至る経緯・事由といった漠然とした問題に対して十全かつ明快な解答を与えることは不可能であろう。しかし、ひるがえって考えるに、他者の立場で他者を理解するという能力（ものの見方）は、学問の研鑽によって獲得するというより、むしろ一人の人間として生きていく中で経験的に培われるものではなかろうか。しかもそれは、何不自由のない順境ではなく、逆境においてこそ、身につくことになるのではないか。

そうであるとすれば、全てを擲《なげう》っての帰郷までも考えた青年期不遇時代の経験も重要であると思われる。さらに加えて、新聞記者時代に、政治外交を初めとする様々の事象に関して、その内情・内幕を目睹・伝聞した経歴も考慮すべきかも知れない。しかし、それらより湖南のものの見方に本質的な影響を与えたと考えられるのは、明治維新という時代そのものである。すなわち、この歴史の大きなうねりに直接巻き込まれた父親をはじめ周囲の人々の処世・運命・禍福を、言い換えれば外側だけからは容易には窺い知ることができない歴史との葛藤を抱えつつ生き、かつ死んでいった人々の一部始終を、聞き尽くし見尽くした結果、外面的な理解がいかに事柄の真相とかけ離れたものであるのか、また当事者でなければ、その行動は理解できないということを、まさに身を以て悟得していたと考えられるのである。

明治維新と南部藩の対応

要するに、湖南が歴史の中の人間を内側から同情と共感をともなって見ることができたのは、賊軍の一戦士の子としての経歴からすれば、極めて当然なことであり、ある意味では必然的にそうせざるをえなかったのである。明治維新という時代の一大転換点に際会し、歴史の本流の行く先を見誤った南部藩は、官軍との戦いに敗れ賊軍となり果てたわけであるが、そこには、こうした表現だけでは到底括りきれない現実があった。しかも、以下の如く、湖南にとって極めて身近な人々が、歴史との葛藤劇を演じて見せたのであり、それを直接・間接に見聞する機会が少なくなかったのである。歴史は複雑で、内側からの共感的理解によってのみ真の理解に到達しうるということを、幼年時代から痛感していたに違いない。以下には、湖南自らが記録した、身近な五人の人物の処世を見てみたい。

【楢山《ならやま》佐渡】 湖南が「故国に在て近世の偉人」と認め、父・十湾から、ことある事に涙を以て語り聞かせられた南部藩家老。維新に際して尊王と佐幕の間で二分していた藩論を、藩主の意志も押し切り佐幕方針によって統一し、秋田藩に攻め込んだが、結果として官軍に敗北する。藩主の命を受け官軍に謝罪することになるや、「事此こに至るは、天なり。余まさに一死以て一藩に代はらんとす」と述べ、身を挺して秋田城下に至り、情を陳べ誠を表す。かくて一切の責任を引き受けて刑死することになるが、「其の刑に就くや、頭地に墜つるも目は瞑せず。人皆これを異とす」。藩人からは、「古より英雄、誰か疵缺《しけつ》（過誤と欠陥）なからん。心いやしくも清潔なれば、深く責めるべきにはあらず」として、慕い続けられた。その後、明治憲法発布に伴う大赦によって名誉回復がなされ、家督再興が許される。その際、旧藩人が、旧藩の祖宗を祭る神社に建てた慰霊碑の刻銘「楢山佐渡之碑」全文を、湖南は採録・公表している（一巻六〇一頁）。

【近内一人】湖南の叔父。俳諧を好み、剣術の達人であったが、戊辰の歳に「藩士出兵に際し主公素志を容れざるより岩手に於て割腹」、すなわち藩論が藩主の意と異なる佐幕へと決した際、藩主の無念を慮って戦争に三カ月先立つ時点で自刃した。湖南は、その人物を知悉する父・十湾が、本来、人並み以上の武功を立てるべきところを、「犬死にしたる」ことこそ口惜しけれ、とたびたび述懐していたことを記し、あわせて、その凄絶な辞世「ここちよや涼風かよふ腹のわた」を録している（同五七八頁）。

【熊谷直興】父の最も親しい友人で、戊辰の役における戦死者の一人。藩論が佐幕に傾いた時、上書して諌めるも、全く顧みられず。戊辰戦に出陣して戦死。明治十三、四年の頃、その手稿が発見されると、父の命により写し取った湖南は、「少時なれど、為めに感涙を催したりき」（同五八〇頁）と記している。

【内藤十湾】若い頃から尊王派であった父親の十湾は、南部藩の佐幕方針のもと戊辰の戦乱に参加して命は長らえるが、いわば賊軍の生き残りとしての「こだわり」を抱えながら、余生を送ることになった。十湾のそうした心境をうかがわせる材料として、戊辰戦死者二十三年祭の時に作った祭文が、湖南の手によって全文記録されている。その中に「予初め陣に出るや生て還らざるを誓ふ而して今茲に在り碌々一事の為すなく二十三年の長歳月を空過し霜鬢已《すで》に皤々《はは》（真白）たり是れ幸に似て実は不幸愧《は》づ可きの大なるもの……噫《ああ》諸君砕けて玉となり、余輩全くして瓦に帰す、其の栄辱果たして如何ぞや」（同五八〇頁）との一節が見え、玉となって砕け散った諸友の霊を心ならずも祭ることになってしまった十湾の気持ちが伝わってくる。当時、父からの書信で慰霊祭の様子を知らされた湖南は、

「大人の祭文にて人皆落涙せりとは極めて高尚厳粛なる出来事にて家伝に特筆すべきもの也」と、返信に書き記している（一四巻三八二頁）。

【奈良養斎】楢山の佐幕方針に義を以て反対した無名の勤王論者。大坂藩邸で財政改革に当たるという役目柄、京坂の間にあり、頗る天下の形勢に観る所があった。その結果、「天子の親政にあらざれば竟に治むべからざるに至らん」、「将軍家已《すで》に頼むべからず、時勢艱難且つ偏陲《へんすい》に在るも策を建てて決行せば、古楠氏に譲らざる道なきにあらず」といった持論を唱えて、藩論を勤王に導くべく努力するも、一切の献策が容《い》れられなかった。微賤に起こり顕職に至ったこと、ならびに剛果にして権貴も避けぬ人物であったため、失脚と復活を繰り返したが、一貫して勤王を唱える。楢山氏破れて後、ようやく、その見識が認められるも、明治五年に老死する（一巻六〇五頁）。

これら五人の複雑多様な処世を一瞥するだけで理解できるように、明治維新という大きな歴史の分岐点に余儀なく立たされた南部藩士達の生き方は、賊軍の語を以ては到底括りきれない。湖南は成長するにつれ、このことを、まさに涙しつつ追体験的に理解していった。すなわち、藩主の意に悖《もと》る苦渋の選択を行うも、事破れるや、いさぎよく一命を以て責めを塞ぎ、その「清潔」さを慕われた国老・楢山氏以外に、藩論の佐幕とは異なる勤王の志を持った人々の様々な処世の内奥を理解できるようになっていったのである。

維新史へのこだわり

外側から客観的に見るならば、彼等はあくまで賊軍の士でしかない。しかし内心には勤王の志を抱き、状況に応じて、それぞれの生き方を貫いた。佐幕方針が決まるや、藩主の意を慮って自刃した者。

藩論に反対を唱えながらも出陣して見事に戦死した者。藩論とは異なる本心を秘めつつ出陣して幸か不幸か生き延びた者。潜運黙移を把握して藩論とは異なる意見を唱え続けて老死した者。楢山を含め、彼らの真意は、彼らの境遇に自らを置いて忖度《そんたく》するのでなければ到底理解できない。人間の生き様は、外側からの観察では理解できず、内面に立ち入って共感的に理解しなければ、すなわち「設身処地」の観点に立たなければ分からないということを、明治二五年前後の青年湖南が『亜細亜』（『日本人』を改称）誌上の一連の文章で訴えている。

こうした賊軍・南部藩士の生き残りとしての十湾を父親に持つ湖南の「こだわり」は、おそらく一生の間、抱き続けられた。とりわけ青年時代には、敗者としての「こだわり」をしばしば公言している。たとえば、「三河に別る」と題する文章では、「余は薩長といふ者を眼中に置かざらんことを以て、平生自ら勉むれども、猶ほ余が弱き心は、同じく失敗者たりし当年の所謂佐幕地方人士に同情の感を懐き、相憐むの念なきを得ず、三河が偉人崛起の地にして、今日の形勢に在るを見れば、之が為に泣くべきもの、豈に余が郷国と隔離あらんや」（一巻五三二頁）と本心を語り、さらに「事《つか》ふる所に忠」（同五二六頁）でも、勤王と佐幕は単純に二分すべきではなく、そもそも幕府は王命を受けて天下に号令するのであるから、幕府に忠なるは、同時に天朝にも忠なることであるはずである。しかるに、官軍と賊軍の区別は、薩長の胸先三寸で決まっているとし、「近世の史冊を作る者を看よ、其勝つ者に媚び、其敗るる者を誣《し》ひ、幾多の真摯なる忠臣義士をして、恨を黄泉に呑ましむ、吾等素より之を悪む」（同五二六頁）との不満を漏らしている。

「緇《し》心録《しんろく》」なる文章でも、「九州人の善く歌ふ鄙謡を聞くに、淫猥にして聴くに堪ふべからず、此等が戦勝者として、大都に入り込み、風を移し俗を易へたれば、さる粋人共が、明治の世になりて歌妓の芸いたく衰へて、容姿のみにて售《う》るるやうなり行きしと歎くも故なきにあらず」（同四二二頁）と、勝者に対し手厳しく批判している。

以上は青年時代の文章であるが、湖南五七歳の時の文章「維新史の資料に就て」（九巻）においてもなお、同様の「こだわり」を見ることができる。この一文は、維新史料編纂局による史料収集の方針が偏向していることを指摘して、勝利を占めた側の記録だけではなく、敗者の材料を集めるべきことを唱えている。すなわち「一時の順逆などといふ考へは、神聖な史実の前には極めて微弱である」として、客観的収集の必要性を強調している。しかし、同じその文章で、元治元年の騒動（禁門の変）において服罪した長州の三家老は、「当時の順逆からいへば明らかに賊名を受くべきもので、而かもその服罪の仕方は維新の際の東北諸藩の家老と同様であるにかかはらず、これ等の人々は既に贈位の恩典に浴して居る。維新の際勝利者が便宜の為にした一時の処置は、別に今日から咎める必要はないけれども……其の薩長であると反薩長であるとを問はず同一の待遇を与へるべきであると思ふ」（一五九〜一六〇頁）と記している。「取るに足らない順逆論」を、当の湖南自らが繰り返しており、「こだわり」の深さを思い知らされる。

敗者に対する「こだわり」は、湖南をして、「敗」（一巻六七七頁）なる題名をつけた短文まで書かしめている。

宿志蹉跎《さた》、功名望絶ち、到る処《ところ》俗眼に白《さげす》まれ、窮して路頭に倒れ、烏《う》鳶《えん》蚊《ぶん》虻《ぼう》に好身手を餌《じ》し去る、亦た風流に非ずといはんや。時に抜くの言用いられず、世に超ゆるの才人の知るなく、怨憤狂発、自から頸を断ち脰《くび》を断ち、新聞屋に笑はれて已《や》む、亦た風流に非ずといはんや。敗か、箇《こ》の一字、自から無量の趣味あり（懐き続けた大志は破れ、功名を挙げる望みも絶たれる。その結果、至る所で白眼視され、最後には窮して路頭に倒れ、この立派な肉体も猛禽や昆虫の餌食となり果てる。なんと風流ではないか。時世を超脱した言説は用いられず、その才能の理解者もいない。怨恨と憤慨の情で荒れ狂い、最後には首を断たれ、新聞屋に笑いのタネとされて終わる。なんと風流ではないか。この敗という一文字には、自ずと限りない興趣を感じとることができる）。

自らの不遇を託《かこ》つと同時に、敗に対して「無量の趣味」を感ずる、すなわち敗北を当事者の立場に立ったうえで共感的に理解できる、と記しているのである。前述の如く、清末光緒帝の運命が、「数百年積重の勢に圧せられ」て亡んでいった崇禎帝やルイ一六世と似ていることを見て、「感傷殊に深し」と記したのも、やはり敗者に即して敗者を理解しようとする眼差しによる観察の結果であると言えよう。

対象を内面的に理解するものの見方の確立

こうした、官軍と賊軍、勝者と敗者に対する「こだわり」の強さは、湖南がまさに賊軍や敗者の内面に目を向け、彼等の視点に立って、内側から彼等を理解していたことを物語る。さらに、この「こだわり」こそが、湖南をしてあらゆる認識対象を、その内面において理解するように迫ったのである。湖南が歴史に対して、傍観者として冷徹に見る目と齟齬することなく、当事者として熱く見る目を持っていたことは指摘したが、以上の如く、そうした異文化理解の姿勢、ものの見方は、江戸から明治に至る歴史の大勢こそが湖南をして余儀なく持たせたのである。

本章では、湖南の方法論を学び取ることを念頭に置き、湖南史学の特徴と形成を主題として論じてきた。その結果、湖南史学を湖南史学たらしめている最も核心的な要素は、他者を他者の立場に立って理解することであり、それは賊軍として敗残した南部藩士を父に持つ湖南が、幕末から維新期にかけての多くの人々の生き様・死に様を否応なく見聞するなかで、自ずと身につけていった「ものの見方」である、と結論した。

ただし、湖南の経験や経歴は、決して特殊で稀有のそれではなく、明治初期、湖南同様の境遇にあった人は、数多い。ならば何故、湖南がその面白さにおいて傑出した歴史叙述を残すに足る異文化理解能力を身につけることができたのか、章を改めて、その点について考えてみたい。

付記　本章二七一－二七三頁において、湖南の芸術家的側面を強調し、文学や思想に対する理解は絵画の理解をも可能にすると湖南が考えていたことを明らかにしたが、『内藤湖南・十湾書簡集』(本書三六六～三六七頁参照)に、同様の主旨をより明確に表現した注目すべき記述が見られる。「すべての芸術一致することは無論なるが、此頃義太夫などきくにつけ、文章に於ける関鍵のみならず、其れが手の芸なる書法に通ずるよしも思ひ付き候……画なり浄瑠璃なり、自分でかかず語らぬ故、屡々隔靴《かっか》掻痒《そうよう》の感あれど、画は常に書にて、音楽は文章の調子にて考へ、どーかかうか了解することに御座候」(明治二七年九月三〇日付、七二頁)。

第五章

湖南史学の核心・心知——テキストはいかに理解するのか

1 「支那人に代つて支那の為めに考へる」再考

湖南の異文化理解能力について考えるうえで、極めて重大な手がかりとなるのが、前章でも若干触れた『支那論』自叙に見える「支那人に代つて支那の為めに考へる」(五巻二九四頁)という語である。この語は、一般に湖南の業績を学問論と時局論に二分したうえで、前者については高く評価する反面、後者については侵略的な内容を含むと論断する場合に、そのような湖南の帝国主義的な立場を象徴的に示す語として理解されている。

本章の視点——湖南の知的営為全般を貫くスタンス

たとえば、子安宣邦氏はかつて、「人はここに植民地経営にあたる本国知識人による対植民地の認識視点に類似するものを容易に見出すであろう」(「支那学の成立」、『現代思想』一九九三年七号)と断じられた。その後も、この言葉に「こだわり続け」た子安氏は最近、それは「湖南が中国人以上に中国数千年の歴史を観望し、……現在の中国を分析し、判断しうるような視点の持ち主であること」を意味し、そこには中国に対する「認識論的な支配の欲求と、それを可能にする学への自負」がある、と述べておられる。「対植民地の認識視点」という表現が、「認識論的な支配の欲求」という表現へと改められ、トーンダウンしてはいる。しかし、いずれにせよ、子安氏からすれば、『支那論』は、「肯定的な読み入れをたえず拒むような冷めた言葉」をもって中国の政治的将来を語っているのであり、この語に「支配への欲求」を見ておられる点は一貫している(「誰が『支那人に代つて支那の為めに考へる』のか」、『日本人は中国をどう語ってきたか』青土社、二〇一二年)。

これに対して、谷川道雄氏は『支那論』、『新支那論』の内容を踏まえた上で、この語には、「ひたすら中国社会の安定を望み」、「新生中国の自立的発展を願う」湖南の真情が込められており、この語に表れたスタンスを支えるのは「民族を超えた文化史観」であるとする(『内藤湖南の世界』三九〇頁、河合文化教育研究所、二〇〇一年)。

結論的に言えば、私は、谷川氏の理解こそが湖南の真意を正しく捉えており、子安氏の理解は誤りであると考えている。言うまでもなく、湖南が実際に「支那人に代つて支那の為めに考へ」た中身が『支那論』であり、この表現は本来、その中身を踏まえて理解されねばならない。実際、谷川氏は、『支那論』を検討したうえで、如上の結論を導かれている。ただし本章では、それとは少し異なった視点から、この問題を再考してみたい。

すなわち私見によれば、この表現は、単に『支那論』執筆の際におけるスタンスだけではなく、おそらくは湖南の中国に対する知的営為全般を貫く姿勢を、さらには面白い歴史叙述を創出し続けた湖南の異文化理解の姿勢をも表していると考えられる。そこで、この誤解を招きがちな表現を用いた真意を探ることを通じて、湖南が中国というテキストに対し、いかなる立場で、どのように読み解こうとしていたのかを、考えてみたい。まず、その前提として、我々が湖南をどう読むのか、という問題から稿を起こすことにする。

湖南の文章は、一体、どのように読めばよいのか。湖南に興味をいだく誰もが突き当たるこの問題に関して、湖南の直弟子・岡崎文夫氏が『支那史学史』に対する書評のなかで、極めて示唆的な発言をしている。

先生はいつも箇々の事実に即しつつ自ら全体を顕はさうと云ふ方法をとらるる為めに、其書はいつも精読することによつてのみ、其真意を味ひ得る。そしてそれは一面従来の支那学それ自身の持ち味とも考へらるるから、其意味に於て先生は支那学の伝統を継続せられて居ると考へても宜しからう(『史学雑誌』五九巻一号、一九四九年)。

ここで岡崎氏が言う支那学自身の持ち味とは、個別や特殊を理解する場合には、常に全体や普遍に位置づけて理解する。そのうえで、当の個別や特殊に対する表現を通じ、全体や普遍を表現するということであろう。それ故、読者が湖南を精読して真意を味わうためには、湖南の主張の全体を意識しつつ、箇々の事実に関する文章なり表現なりを理解することが求められる、というのである。

ただし岡崎氏が明言しているのは、全体を踏まえて個別を理解するという、言わば読み方の外在的な「枠組み」にとどまり、理解の仕方そのもの、すなわち支那学の伝統の核心にある精読の内在的かつ具体的方法については言及していない。それ故、以下には、「支那人に代つて支那の為めに考へる」という言葉に託された湖南の真意の解明を目指すとともに、その作業を通じて「支那学の伝統を継続」していた湖南の精読の具体的方法を明らかにし、湖南から学ぶことにしたい。

支那学における精読——心得・心印

まず確認すべきは、支那学における精読の具体的な方法であるが、これについて、吉川幸次郎氏が核心を衝く発言をしている。氏によれば、湖南の同僚で、互いに良き理解者でもあった狩野直喜氏は、中国の価値基準にそいつつ、その本質を発掘し、「心得」せんと努力しつづけた（狩野直喜『支那文学史』解説、四六六頁、みすず書房、一九七〇年）。「心得」とは、「すなわち原著者の心理に肉薄することと」であり、それを終生の方針とした（同四六三頁）。また狩野氏は自ら、「書を読みては是《ぜ》（真理）を求むるをのみ知り、但だ心印のみ有りて雷同無し」（王国維「送日本狩野博士游欧州」、『観堂集林』巻二四）とも述べたという。「心印」とは本来、禅語で、悟りの境地を心から心へと、文字を介せずに伝えることを指すが、ここでは、吉川氏が「心底からの共感に達することを求め、無批判な雷同はしない」（狩野直喜『支那学文藪』解説、五〇四頁、みすず書房、一九七三年）と解釈されていることに従う。さらに「みずからも実作者でない限り、前人の作品の完全な理解、つまり心得はむつかしい」というのが、狩野氏の主張であり、方法でもあった（前掲『支那文学史』四六三頁）。テキストの完全な理解は、読者が作者と同じ表現者としての立場に立ってこそ可能になるというのである。

湖南の心知

その狩野氏の学問・識力について、「天下の支那学、斯に於いてか準を取る」（「景印旧鈔本礼記疏残巻跋」一四巻二二五頁）と評した湖南もまた、同様の読み方を理想としていたことは、湖南の著作を読めば一目瞭然である。たとえば、宋学の特徴について、「字拘句束の弊を一洗し、直ちに霊活々たる己が一心を以て」、聖賢の経伝に対し、貫通縦横して理解を加えるため、独断に陥る危険もあるが、古の聖賢の意を得るという点において、「其の冥契暗合する処は、一絲を差《たが》へざる」ほど精緻な理解に至ることもある、と評価している。つまり一心を以て冥契暗合すれば、完璧な理解に至る、と述べているのである（一巻五一五頁）。また『史記』の著述目的は、武帝を譏謗《きぼう》（そしり・とがめる）するためであったと考えるのは、司馬遷の「心事」を見誤ったものだとする章学誠を肯定し、そうした見方は「司馬遷の著述の本心」をとらえ、なおかつ「司馬遷の本意を発揮」していると評価している（一一巻一三〇頁）。袁枢『通鑑紀事本末』の史学史上における位置づけについても、章学誠が著者・袁枢の「心事にまで立入つて考へ」（同二一八頁）たうえで、袁枢個人の意図や見識とは別に、「歴史の発達の順序として……自然に古代の最上の著述の趣意に合するやうに」なったとしていることに賛意を示している（同四七九頁）。

さらに司馬遷が史料を精選することに関連して、散逸した『尚書』の遺説が他書に見えるということは、「学を好み深く思ひ、心に其の意を知る」者だけが理解できる、と論じたことを、「余程よい考」で、「古史を論次するの法は此に尽《つ》きたり」とまで讃えている（同一一五頁）。これを承けて湖南自らも、金石史料を援用して文献史料を考証する手法は、「必ず博物を宏覧し、心に其の意を知る者にして」ようやく可能になる（「秦権跋」一四巻一四三頁）とし、また書家・貫名海屋《ぬきなかいおく》について、独自に到達・会得したその最高の境地は、同時代の書家はもとより、将来の能書家ですら「其の意を心知すること」は罕《まれ》であろう、（「貫名菘翁《ぬきなすうおう》朱子家訓跋」同前二〇一頁）と述べている。湖南において、「其の意」は、「心知」によって理解されるものであった。

また湖南は、『近世文学史論』の最末尾に、わざわざ一頁を割いて自作の漢詩を二首載せ、そのなかに「眼前の数子、心知すること有り」（一巻一三九頁）と記している。すなわち、江戸の学問といういささか時代遅れの内容を意図的に古めかしい文体で論じたこの書は、将来にわたって理解されることは無いかも知れないが、周囲の数人の知己は、自分の考えを「心知」してくれている、と述べているのである。他者の真意を心知するように、自らの意もまた心知されることを期待していたのである。

古人と邂逅する

しかも湖南は、著者の心理に肉薄するこのような読み方を、より具体的な別の言葉によってたびたび表現しており、碩学が自らの読書法を開陳した例としても極めて興味深い。すなわち処女作『近世文学史論』は、徳川三〇〇年気運の変移を、「みづからその時に処して、しかうしてまのあたりそのひとに接するが如」くして研究した成果である（一巻一三頁）、と記しているように、湖南は、今に生きる自らを、その時、その場へ没入させ、その人物と邂逅させることによって、古人の真意に肉薄しようとしていた。大正三年、四九歳の湖南が犬養木堂所蔵の「明賢尺牘《せきとく》」に寄せた跋文にも、明代の文人志士が多岐にわたる事柄について真情を吐露した尺牘を読むと、「恍として身を嘉萬啓禎《かばんけいてい》（嘉靖・萬暦・天啓・崇禎）の間に置き、親しく諸公と詩酒徴逐《ちようちく》するが若く、楽しみは言うべからず」と述べている（一四巻一六七頁）。また本書第三章で述べたが、そのように自らを歴史的世界に没入させ、古人との直接的な邂逅が可能となるような史料を高く評価し、そうした「実感」に基づいて研究を進め、読者がその時代や人物を目に浮かべることができるような叙述を行うことこそ、湖南史学の特徴であった。

過去の世界に自らを没入させて歴史を考えようとした湖南は、名所旧跡を訪れる際にも、史学の知識と美術に対する嗜好があれば、古代建築の「精妙なる技」が、文明の進歩なるものを懐疑させ、「人をして身を当年開花の社会に置くの想」をあらしめることもあり、また「二千年間幾変の社会、層々鱗次《りんじ》して、歩々眼前に実現す（二千年間に何度も変化した社会が、いくえにも重なって次々と目の前に出現する）」ることがある、と述べている（二巻六頁）。同様に、古人とその時代精神を再現せしめる演劇や役者に大きな関心を寄せた。たとえば森鹿三氏によれば、「市川団十郎逝く」なる一文は、『近世文学史論』で未だ発表に至らなかった徳川三〇〇年の歌舞伎に関する腹稿と見ることができる（『内藤湖南』六九頁、講談社、一九七八年）。湖南はその文章で、団十郎が「英雄豪傑に扮するや、神采気格より以て声容微息に至るまで、人をして宛然として其の人に接するの思あらしめ、躍然として其の是れ演技なるを覚えしめず……かの武士道の権化を表現するに於て、毫髪遺憾《ごうはついかん》なく、現実の欠陥を補ふに足る者と謂ふべし」と述べている（三巻五七九頁）。過去におけるリアルな時代精神は、かえって後の時代の役者のほうが、より完璧に再現しうる、と指摘している。

湖南にとって、歴史研究者の使命とは、そうした役者と同じ能力を身につけて時代精神を表現し、過去の人物に接する思いをあらしめるべきことであったのである。また「梅蘭芳について」においても、支那劇に関する自らの鑑賞力は、「矮人観場《あいじんかんじょう》（理解せぬまま人の意見に同調するの意）」であるとしながら、「尚お芸術たる要素の存在を知らしめた梅は、何となく頽隳《たいき》せる支那の復活を想像せしめる」と述べ、梅の演技から歴史の動きをくみ取ろうとしている（六巻二〇七頁）。

過去の人物を目の当たりにしてその時代や人物を考察するという湖南の歴史に対するスタンスは、

同時代の事象を読み解く時にも貫かれていた。すなわち清末民初の政治状況に対し、「最も肝要な一節が、目前に一齣の脚色として演出されて居る。此の舞台に対して見巧者《みごうしゃ》（演劇通）という程にはいかぬまでも、矮人観場という譏りを受ける迄にも至るまい」と述べている（五巻三〇六頁）。ここで湖南は、観察者としての自らを、演劇の観客の立場になぞらえている。同時代に臨む場合も、政治の当事者を目の当たりにして、彼らと接するつもりで観察していたのである。

以上のような湖南の歴史に対するスタンスを象徴して余りあるのは、『近世文学史論』冒頭の記述である。すなわち、執筆中、ふと手を休めると燈火《ともしび》が動き、「嘻嘻として梁に笑ふ者」が現れ、かりに「汝をして汝が論ずるところの時に処し、汝がくらぶるところの人と伍せし」めた時、彼らと比肩して活躍しうる学問もなく、みだりに前輩を是非するのか、と責められ、懊悩すること半日であった、という。さらにまた夢に儒服の客があらわれ、お前がいたずらに「万言千行、無用の弁を費や」して古人を批判するのは、果たして人のためか、己のためか、と罵られ、やはり半日懊悩した、という（一巻一三頁）。

民俗誌に掲載される妖怪譚と見まがう記述を、学術書の巻頭に掲げた理由は、湖南の読書法が、対象を心知すること、すなわち過去の人物を目の当たりにして直接対話することにより、その心理に肉薄するという方法であったからにほかならない。

無限の想像力の由来

ならば、何故に湖南は過去の人物を目の当たりにして、その心理を理解することができたのか。湖南はそうした「無限の想像力」（一巻五七二頁）をいかにして自らのものとしたのか。これについては、種々の観点からの考察が可能であると考えられる。たとえば本書第四章では、そうした湖南の想像力を、当事者の立場に立って対象を内側から観察・理解する能力であるとしたうえで、明治維新という時代そのものが、湖南をしてその能力を育ましめた、と考えた。すなわち賊軍の一戦士の子として生を受けた湖南は、時代のうねりに直接巻き込まれた父親をはじめ周囲の人々の処世・運命・禍福の実態を、言い換えれば外側だけからは容易には窺い知ることができない歴史との葛藤を抱えつつ、生きかつ死んでいった人々の一部始終を、聞き尽くし見尽くした結果、外面的な理解がいかに事柄の真相とかけ離れたものであるのか、また当事者でなければ、その行動は理解できないということを、まさに身を以て悟得していた。つまり湖南の生い立ち自体が、賊軍や敗者に対しては、彼等の内面に目を向け、彼等の視点に立って、同情と共感をともなって見なければ理解できないということを痛感させ、そのような能力を身につけさせた、と考えたのである。

ただし、当然ながら、時代状況と生い立ちは、湖南が対象を内側から心知する能力を身につけることになった、いわば必要条件でしかない。湖南と同じような境遇の同時代人が、すべて湖南同様に心知する能力を備えていたわけではないからである。問われるべきは、そうした能力を体得した湖南に固有の理由である。そこで次節では、狩野氏の「実作者でない限り、前人の作品の完全な理解、つまり心得はむつかしい」という主張を手がかりとして、この問題を考えてみたい。

3　いかにして心知するのか

実作者、すなわち一個の表現者としての湖南を見つめようとすれば、当然、湖南が生涯を通じて美的表現を追究し続けた詩文作家であり、また書家であったことを想起しなければならない。しかもその場合に、まず確認すべきは、そもそも湖南からすれば、詩文書画とは、いずれも表現者が自己の内面を、生命をかけて言語化・形象化したものであった、ということである。たとえば詩文については、「作家が嘔心吐《おうしんと》血《けつ》して著した著作」（一巻四一〇頁）、さらに「嘔心吐血の余」（同三二三頁）、「鏤心刻血《ろうしんこくけつ》の作」（同三二五頁）などと表現している。また書画についても、「法書宝絵は、みな古賢、心を鏤《くだ》き骨を刻みて成す所」（一四巻九八頁）と称している。

湖南が言う心血とは、表現者が内に抱える理想、主張、情念、感興、激情などを指すと考えられるが、かつての中国芸術においてはそれを胸中の「邱壑《きゅうがく》」（本来の意味は、深山幽谷）なる語で著した。たとえば湖南が尊敬した画家、富岡鉄斎は、「絵は胸中の邱壑を写すもので決してただ形をそのまま写すもので無い。自分の胸の中に邱壑がなくては本当に絵としての邱壑をつくることが出来ない」と述べたとされる（狩野直喜「富岡鉄齋翁」一二頁、『読書纂余』みすず書房、一九八〇年）。湖南もまた、作品と胸中の邱壑について、次のように述べている。

> 画家を論ずるに往々書巻の気を言い、又た胸中の邱壑を言う。蓋し書巻の気無き者は、いまだ胸中の邱壑ある能わず。……必ず胸中に先ず邱壑有り、而してこれを筆端に見わせば、往くとして真ならざるなく、往くとして神ならざるなし。斯れ画の能事を極めり（「白雲洞清賞序」一四巻一二〇頁）。

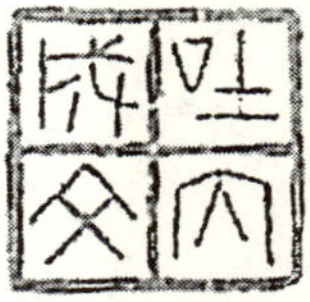

図3　湖南自用印「吐内成文」、安藤徳器『西園寺公と湖南先生』所載「湖南先生印譜」、言海書房、1936年

さらに湖南は、読書（学問）と詩画の関係について次のように言う。

詩は性情に本づき、読書正しきは、性情を涵泳《かんえい》する所以なり。涵泳いまだ洽《あま》ねからずして性霊（内面心性）を高談すれば、動《やや》もすれば「羚羊《れいよう》挂角《けいかく》、無迹可求《もとむべきあとなし》（羚羊は、身を守るため夜間は自分の角で樹にぶらさがり、足跡を隠すとされる動物。ここでは、検証しようのないデタラメの意）」を言い、薄俗に流入せざる者幾《ほと》んど希なり。画を論ずるは、亦た猶お詩を論ずるがごとし。画の工拙は、書に関せず。然れども天才の人、若し能く書を読めば、其の画は自然として醇雅沈厚《じゅんがちんこう》、甜俗《てんぞく》（わざとらしく低俗なこと）に免る（「鉄斎翁遺墨集序」同一二二頁）。

ここで湖南が言う「性情」、すなわち読書によって涵泳し、性霊を高談するための拠り所となる「性情」とは、明らかに邱壑を言い換えた語であると考えることができ、それがあってこそ薄俗、甜俗に流れることを免れることができるのである。

こうした表現者としての姿勢は、湖南が常用した雅印「吐内成文（内を吐きて文を成す）」（図3）に、また「真の邱壑を頤《やしな》う」（図4）といった揮毫《きごう》に象徴的に現れている。このように見てくると、胃ガンで死を覚悟した湖南の辞世ともいうべき短歌、

わがのんど　吐き出すくろき　きたなきち　ねじけ人らに　はきかけてむを（私の喉から吐き出す、真っ黒な汚い血を、ひねくれた人々に、吐きかけてやりたいものだなあ）（一四巻三二八頁）

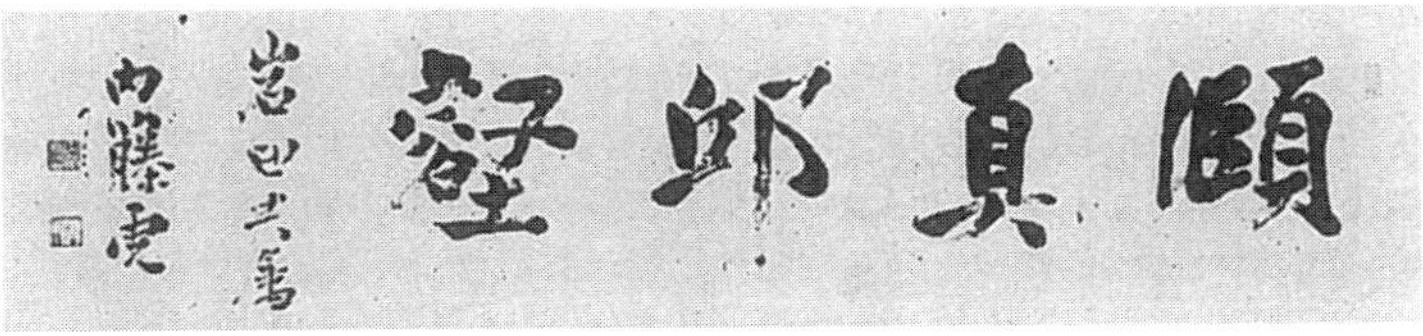

図４　湖南書「頤真邱壑」、『書論』14号、30頁、1979年

について、次のように解釈することができる。この場合の黒く汚い血とは、無論アイロニックな表現であり、あくまで、ひねくれた人々にとって「汚い」のであり、湖南自身は決してそうは考えていなかった。それは同時につくられた短歌に「わが腹ゆ　下す血あかし　我心きよくさやけき　しるしならずや（私の腹部から下る真っ赤な鮮血は、私の心が純粋で汚れていない証拠ではないか）」（同三三八頁）とあることに明らかである。つまり、この短歌において血が意味する所は、まさしく湖南自身の胸中の邱壑そのものであり、自分の真意を理解できない「ねじけ人」に対し、いま一度、強烈に言い立ててやりたい、というのが湖南の真意であると考えられる。

以上のような作品観を有する湖南にとって、詩文書画の鑑賞とは、表現者が作品に結晶化させた胸中の邱壑を、あるがままに感得・了解する、すなわち「心知」することでなければならなかったはずである。なおかつ湖南においては、学問もまた、詩文書画と同じく内面を吐露した「作品」であり、だからこそ前述の如く、その理解は「心知」を必要としたのである。

ここで今一度、問題を整理すると、そのような心知を、湖南自らは、歴史的世界に没入し、著者を目の当たりにすることによって果たしたのであった。そのように心知する能力を湖南が体得しえた具体的な理由を、実作者（詩文作家、書家）としての湖南に見出すというのが、本節の課題である。以下には、とりわけ書家としての湖南に着目して考えてみたい。

書家としての湖南

文人学者・幸田露伴が湖南没後、書家としての湖南について次のように述べている。

書は得意がらるる様子も無かつたが、しかしこれも其意が亦中々深処高処へ到つて居て、しかも上手であつた。……やはり広く見ているところから、おのづから大道路を端正に歩まれたといふ風で、それに加へて天資頗る高く、且つ根柢有る学識書巻の気が自然に行間から溢れ出て一家の美を成したものである。故に尋常書家には見られぬ品のよさが発揮されて優秀な支那の士君子的の風を成したのである（『書芸』四巻九号、一九三四年）。

さらに中国書法史の専家・杉村邦彦氏は、書家としての湖南を以下の如く位置づけている。まず湖南は、明治以後において最も傑出した能書家の一人であり、書作が学問研究と深く結びついていたが故に、書巻の気の横溢した香り高い書を数多く生み出した。また湖南は、書道史の本流ともいうべき晋唐を第一にとりあげ、生涯をかけてそれを自己の書作に取り入れようとしていた。とりわけ王羲之《おうぎし》に対しては、「余、書法に於いては一意、右軍に瓣香《べんこう》し（王羲之を崇仰し）、……独り余は篤信して移らず、甘んじて右軍の僕役と為らん」（一四巻一四五頁）と言うまでに尊崇し、そのほか空海、貫名海屋などを激賞していた（『書苑彷徨』二集、二六五～二六六頁、二玄社、一九八六年）。

さらに書法なるものについて、杉村氏が次の如き発言をしていることも念頭におきたい。曰く、

「長年書をやっている人なら誰しも、古典を通してその書者の人間性に思いを馳せ、さらに同時代の作品をも参照することによって、その時代がどのような雰囲気の時代であったかについて大体の予想を立てることができる」（『書苑彷徨』一集、三三〇頁、一九八一年）。また作品を見るということは、「自分という見る主体と、作品という見られる対象とが合一したまっただ中においてみる――言いかえると「見ふける」とか「見とれる」ということでなければならない。それは科学者の冷やかな眼ではなく、愛情をこめて自己を対象に投げ入れる必死の試みであると言った方がよい」（同三三一頁）と。

確かに湖南もまた、そのような意味で、書を鑑賞し、書家の人物・人格を想像していた。たとえば吉田松陰の筆札について、「樸拙奇古、鉄を截《き》り釘を断つは、猶其の人となりのごとし。……これを覧る者、以て先生の風節を十百載の下に想うべし」と言う（「書吉田松陰先生詩文手藁後」一四巻二〇三頁）。また寂厳《じゃくごん》の書について、初めてその書幅に対した時、「飄逸超脱《ひょういつちょうだつ》にして、絶えて人間煙火の気無き」を以て、明人の書かとも疑ったと述懐しつつ、「其の人となり既にして高く、其の書法の神妙、亦た猶お其の人となりのごとし」と、その人格に思いを馳せている（「寂厳遺墨集跋」同二〇〇頁）。

其の解を知る者は、旦暮これに遇う

しかし、より強調すべきは、最高の境地に達した表現者が書や絵画に込めた真意は、同じく最高の境地の表現者へと時代を超えて伝わる、と湖南が考えていたことである。たとえば、江戸の書家、貫名海屋について、唐人の真蹟を典範として錬磨したその技量は「十七帖を臨するや、神理冥契し、貌《ぼう》似《じ》に藉《か》りずして、俗刻を突過すること已《すで》に遠し。豈《こ》れ其の解を知る者は、旦暮これに遇うか」（「菘翁

臨十七帖跋」、同二〇二頁）と絶賛している。

すなわち、卓越した書家、貫名海屋が王羲之の書を臨模すると、両者の境地は奥深いところで互いに共鳴・融合し、外面的な模倣によらず、真意を再現する点において、通常の法帖をはるかに凌駕している。これが聖人の真意を理解するものは、数こそ少ないが必ず出現するということであろうか、というのである。ここに見える「其の解を知る者は、旦暮これに遇うか」は、『荘子』斉物論篇の、常識を越えた奇怪な話に関しては、「万世の後に一たび大聖の其の解を知る者に遇えば、是れ旦暮に之に遇うなり」という記載を承けている。すなわち、万世に一人しか、その話を理解できる大聖人が出現しないとしても、それでも朝な夕なに頻繁に出会っているとすべきほどに困難なことである、という意味である。『荘子』は、真の解を知る者はめったに存在しない、と唱えているが、湖南は、それを逆に捉え直して、希有ではあるが、必ず出現するという肯定的な意味で用いている。

後の今を視ること今の昔を視るがごとし

湖南は、蘭亭の会からちょうど二六甲子（一五六〇年）にあたる一九一三年、王羲之の遺徳を偲ぶため、その名迹を集めて展覧に供するとともに、神位を設けて祀り、あわせて来会者が詩文や書画の作品を献げる「蘭亭会」を開くことを主唱した。その際、自ら草した趣意書「蘭亭会縁起及章程」（六巻二〇〇頁）のなかで、来会者が新たに持ち寄った詩文書画については「別目を編む（別にまとめて書画集とする）」こととし、次のように述べている。「地の相距《へだた》る数千里、世の相去る千余年、其解を知らん者は旦暮に之に遇はん。後の今を視ること亦由《な》ほ今の昔を視るがごとくならんには億劫弾指《おくごうだんし》と雖も流風索《つ》きじ」。すなわち、地理的に数千里、時間的に千余年を隔てても、詠み手や書き手が作品に込めた真意を理解しようと思う者は、数は少ないけれども必ず存在するものである。やがて後世の人々が我々の詩文書画をそのように見るならば、ちょうど現代の我々が昔の詩文書画をそのように見ているのと同じ関係になる。永遠の時間からすれば瞬時の隔たりであるとはいえ、その風趣妙味はつきることがない、というのである。この場合の「後の今を視ること亦由ほ今の昔を視るがごとくならん」は、まさに王羲之「蘭亭序」（『晋書』巻八〇）最末尾の「後の今を視ること、亦た猶お今の昔を視るがごとし。……世殊《こと》なり事異なると雖も、懐《おも》いを興す所以、其の致《おもむき》は一なり。後の攬《み》る者、亦た将に斯《こ》の文に感ずること有らんとす」を承けているが、ここでも湖南は、技芸の錬磨を積み最高の境地に到達した者は、時空の制約を免れ、過去における同様の表現者の真意を知ろうとすれば了解・共鳴できる、と述べているのである。なお湖南の用いた雅印に、「蘭亭序」最末尾の最後の句「亦た将に斯の文に感ずること有らんとす（後世、この文章を読む人も必ずや感ずることが有るであろう）」を印文としたものが有る（『湖南』一九号、図5）。

湖南のこうした考えは「唐摹右軍瞻近《せんきん》漢時二帖跋」（一四巻一五七頁）において、さらに明確に述べられている。

図5　湖南自用印「亦将有感於斯文」、『湖南』19号表紙、1999年

王羲之「十七帖」の唐代の臨摹のうち、「瞻近」「漢時」の二帖はそれぞれ数行が失われたが、それを元代の趙孟頫《ちょうもうふ》が補写したものが伝わっている。清の翁方綱《おうほうこう》（『復初斎文集』巻二九、跋唐臨晋帖三首）は、唐臨と補写を比べ、唐臨は晋代の時代精神を表し、「行筆沈勁《こうひつちんけい》、墨彩透紙」であって、この点において、補写は及ばない。しかし趙孟頫の書には、王羲之の神技を思い

起こさせるものがある。現在、様々な形で唐代の臨書が出現しており、それによって書家の境地と質幹（性質・人格）が、その技量とあいまって作品に作用するということを初めて理解することができた、と述べている。この翁方綱の議論によって、私は、古今における書法変遷の理由について、恍然として悟る所が有った。また、書家の真意を「遇知（運命的に出会って知るの意）」する者については、やはり時代に限定されずに現れると思われる。

いま湖南の跋に登場する四人の書家の関係を考えると、王羲之の神髄を趙孟頫が会得し、翁方綱はその趙孟頫を介して王羲之の神致を追想している。湖南は、その翁方綱の見方に同意したうえで、その解（王羲之の書芸の極致）を遇知する者は、時間の隔たりに制約されずに存在しうるとしている。つまり晋の王羲之、宋末元初の趙孟頫、清の翁方綱、日本の内藤虎次郎は、書の表現者として、時代と地域を越え、王羲之の境地を追体験し共有している。湖南からすれば、自分を含め、王羲之の神髄を解した四人が邂逅している。さらに言えば、書法という中国文化が、時空の懸隔に制約されずに、四名の文人を結びつけているのである。このような見方は、表現者・湖南の書に対するたゆまぬ修錬のたまものであり、書芸の深奥を極めた者だけが了解できるのであろうが、少なくとも湖南にとって、後代の人間が時空を超えて、王羲之に遇い、さらに王羲之になりきることは不可能ではなかったのである。

富岡鉄斎の心知

ちなみに、湖南が「百年以来能く逸格《いっかく》を標する者ただ先生あり（この百年間で、絵画に対する最上級の評価である逸格を標榜することができるのは、ただ先生のみである)」(一四巻二一二頁)と評した画家(書家)・富岡鉄斎の「心知」について、晩年の弟子である本田成之が次のような記述をしている。

先生は固《もと》より心学者の系統を享《うけ》儒学仏学殊《こと》に陽明学を大いに体験した人で、其の絵をかくのは恰《あたか》も経書を講ずると同じ心持ちで之れに依つて人倫を扶植し名教を維持しようとせられた。……同時に又山海経や孔子、仏教や高僧伝にある奇跡的事実をも之れを架空な記事とは考へられなかつた……つまり古来海中に蓬萊、方丈、瀛洲《えいしゆう》の三神山があると伝へたのは此の山東省の海辺に現れる蜃気楼に外ならぬのである。鉄斎先生も夫れは知つて居られたに違いないが夫れでも先生は矢張り夫れが一実在の霊境と考へられたらしく蘇東坡が神明に祈つたら、ありありと蓬萊山が現れたと云ふ事を熱心に語られ、今でも世界の何処かに実在すると考へられていたらしい。其他、仏、菩薩を始め、日本の高僧やら偉人傑士の霊は今尚ほ厳然として存在していると考へられた。つまり先生は時間と空間とを全く超越して数千年に亘《わたつ》て嘗て存在した人物なり事件は先生の読書に依りて先生の意識に上つた以上は夫れは決して死滅したのではなくして今尚ほ宇宙間に活動しつつある者と考へられたらしい。……先生の頭の中には数千年の無尽蔵の人物なり事件が夢寐《むび》の間に髣髴として往来し、夫れが尽く浄化され、玲瓏として水中の月、鏡裡の花の如く時としては自分も其中に加はり、直接に古人と対話して其夢境たるを忘れると云ふような状態になることが屢《たびたび》あつたらしい。そんな時には直ちに紙を展《の》べ筆を執つて其趣を描くのであつた。先生に取つては古いとか新しいとか云ふような区別はなく只意識から消えてゆくのを惜しんだのである(本田成之『富岡鉄斎』一二三頁、中央美術社、一九二五年)。

富岡鉄斎はまた「千人萬人中、一人両人知」（同三二頁）なる雅印を用いたと伝えられるが、この印文は、晩唐の画僧にして詩人・禅月大師・貫休の『禅月集』巻二に見える詩「乾坤有清気」の一句で、聖人の「遺風」を理解できる者は、千人万人中に一人か二人しかいないという意味である。おそらく書家湖南が言うところの「心知」とは、鉄斎のそれと同様に、極めて少数の卓越した実作者のみに実践可能なことであったと思われる。

当事者の立場に立って理解する

書法においてそうした境地に達した湖南は、文献史料を理解する場合にも、歴史的人物を目の当たりにして直接問いかけるようにして読むという、常人には真似のできない読み方をすることができたに違いない。少なくとも常に、作者や当事者の立場に立つことが湖南にとっては当然のことであったのである。

それ故、同時代を観察する場合にも、やはり中国や日本における政治家自身になりきって問題を認識しようとしたと考えられる。しかも湖南は、生涯を通じて経世の志を保ち続けており、まさに当路の政治家の目を以て現実の問題を考えていたのである。湖南の経世の志については、つとに青江舜二郎氏が、「湖南は終生、政治にたいへん興味があったといわれる。長男乾吉氏を法科に入れたのも彼に代って政治をやらせたかったから」（『アジアびと・内藤湖南』三七二頁、時事通信社、一九七一年）と指摘し、加賀栄治氏もまた、「経世の抱負と国士の気慨」を終生持ち続けた湖南の学問は、「一己の箇身のため、名聞栄利のためにする学問ではなく、経世済民のためになす学問」であったと述べている

（本書二〇八頁参照）。

湖南自身、青年時には「済世の大願を発して塵の世を見捨てかねたる吾儂」（一巻四六六頁）と述べ、晩年の『支那論』緒言でも「多少の世の為、人の為にする婆心も籠つてある」（五巻三〇六頁）と明記し、終生変わらぬ経世の志を吐露している。なおかつ、その『支那論』緒言で、「支那の人民に取て、最も幸福なるべき境界」（同二九六頁）を模索することが自らの課題であると述べ、『新支那論』の結論でも、「支那の歴史から今日の現状に迄及んだ政治、経済、文化その他の事を、正しき方針によつて研究すべく導く必要がある」（同五四三頁）と明言している。また戊午の年、すなわち一九一八年における湖南の揮毫からも、経世の志を明確に読み取ることができる。

官は必ずしも高からずとも、但だ願う衣冠絶えずして常に士類と為るを
家は必ずしも富まざれども、但だ願う衣食贏《あら》く足り以て人に及ぼすべきを（図6）

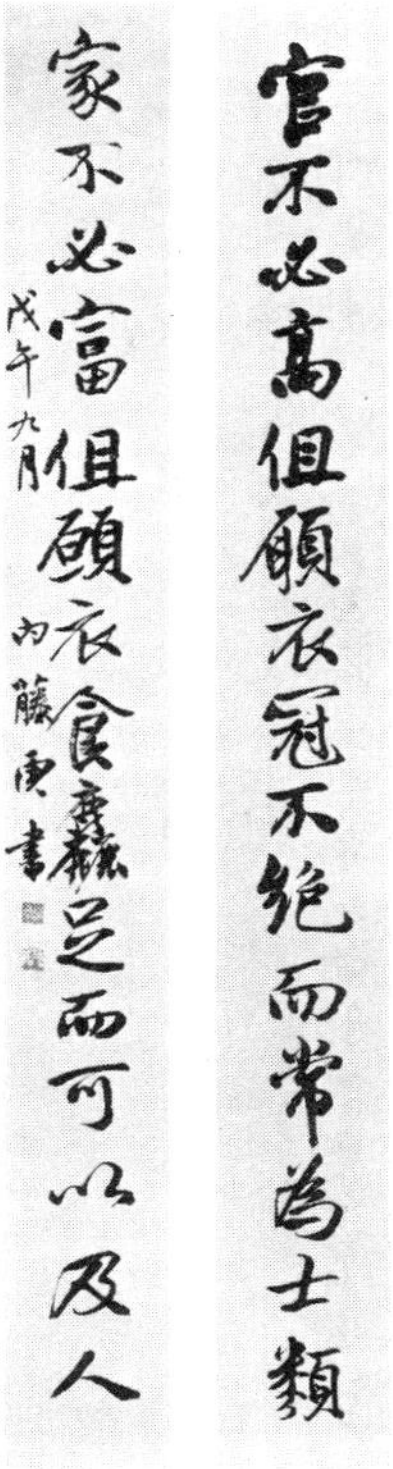

図6　湖南書幅『書論』15号、34頁、1979年

湖南は中国の人々を意識して漢文で書いた文章「清国保持主権回復利権之論」（一四巻二二三頁）において、中国の主権を護り利権を回復するためには、過激な行動を性急に取るのではなく、国力を増しつつ順を逐って解決していくべき

であると述べ、「是れ貴国の士大夫、宜しく詳審講究すべき所なり」あるいは「貴国の当路は……優柔不断」と論じている。湖南の胸中においては、当路の政治家となりきり、中国における歴史の大勢を明らかにし、国家民族がよりよい将来に向けて進むように導くことを自らの使命としているのである。

ここで、これまでの議論をふり返ると、前節において、湖南の特徴的なテキスト理解の方法を追究し、それは、歴史のなかに身を置き、当事者を目の当たりにして問い尋ね、さらには当事者自身になって観察・思考して、「心知」するという読み方であることを明らかにした。本節では、そのような心知する能力を獲得した理由を、書家としての湖南に見出そうとした。その結果、湖南は、書芸において最高の境地に達した者には、過去の最高の境地の表現者になりきって、その真意を理解することが可能であるとし、実際に、湖南自らもそれを実践し、実現しえていると考えていたことが明らかとなった。自らを歴史的世界の具体的な状況に置き、当事者を目の当たりにして、さらには当事者自身になりきって、事柄を理解するという能力を書家としての修錬の中で獲得したのである。対象を「心知」するという理解の方法は、中国文化全般に対しても及ぼされていたのであり、湖南が自らのそのようなスタンスを表現すれば、自ずと「支那人に代つて考へる」という表現になったに違いない。

なぜ中国なのか

以上によって、「支那人に代つて支那の為めに考へる」という表現のうち、「支那人に代つて考へる」を、湖南に即して解釈した。つぎに俎上に載せるべきは、何故湖南は「支那の為めに考へ」たのか、すなわち湖南にとって、中国とはいかなる存在であり、中国とはいかなる関係を持つべきと考えたのか、という問題である。しかし、これは、湖南の学問の本質に関わる容易ならざる問題であり、ここでは、現時点における私の結論的な考え方だけを記しておきたい。

そのために確認すべき最も重要なことは、湖南が心から中国文化を尊崇し、一生を通じてその理解・体得に努めたこと、またその中国文化に日本文化は含まれていると考えていたという点である。しかし現実の中国は、西欧文明との遭遇により本来のあり方を見失い呻吟し、存亡すら危うい状態にあった。それ故、湖南は中国文化を共有する一人の日本人として、中国と日本がそれぞれの歴史を踏まえて何を為すべきかを思索し主張したのである。また、そうした湖南の思索の根底にあったのが、「文化」という概念であり、その考え方によれば、中国は人類の将来像を提示すべき東洋文化の「主」（二巻一三五頁）であり、日本はその文化圏に属しながら、西欧文明の受容において一日の長がある。こうした歴史的経緯のもとにある両国は、互いの天職を遂行しつつ、共同して「文化運動（新しい東洋文化の形成）」を行うべきである。また、両国のあるべき関係は、本書一七～一八頁で引用した「両国国民性の理解と日支親善」（四巻六〇〇頁）の一文に見えるように互いの価値観の違いに留意しつつ、互いの長所を認めあって共同し、しかもそれぞれが相手に先んじて敬意を示しあうというものでなければならなかった。

中国に対するこうした認識の故にこそ、湖南は「支那の為めに考へ」ようとしたのである。

4 心知を基盤とする文化的共同体

「支那人に代つて支那の為めに考へる」という語について、前章では、湖南が「日本人としての自らの立場から一旦離れ、当事者である支那人の立場でものを見るという、まさに異文化理解の観点に立つことを表明している」（二五四頁）と考えた。すなわち『先哲の学問』や富永仲基に関する論考を一読すれば理解できるように、より良き研究法を生涯追い求めた湖南は、自説を展開する際、しばしば立論の観点を明確にして、自らの議論を省察することに務めたが、この表現もまた湖南が自らの立場を明示した一例であると解釈したのである。たとえば、同じ『支那論』の別の箇所に、「是は自分が支那の外に立つて、さうした支那流でなしに支那の立憲政治を考へるのであるが、それを今一面即ち支那側に立つて考へて」（五巻四一七頁）の如く同様の表現が見られるのであり、この解釈は正しいと信じている。

本章では、それを踏まえ、自らの知的営為をこの語によって表現した湖南の真意を探った。その結果、「支那人に代つて支那の為めに考へる」とは、対象を内側から心知すること、すなわち自らを中国の人々の立場に置き、とりわけ政治を担う人物になりきって、東洋文化の主たる担い手である中国の自立のために考える、という湖南のスタンスを表明した語であることが明らかとなった。

狩野直喜の学問

ここで今一度、狩野直喜の学問に対する吉川氏の解説を見てみたい。それによれば、狩野氏は、

「ものの本質にせまることを欲し、真実の掩蔽《えんぺい》をにくむという、学者にもっとも必要な資質の所有者」であり（前掲『支那文学史』四六六頁）、「すべての所与に対し、批判なくしては受け入れることを肯《がえ》んじない真の科学者」（前掲『支那学文藪』五〇四頁）であった。その読書は、「書物の言語の背後にあるすべてを、完全に発掘して、自己のものとしなければ、納得しなかった」（同五〇三頁）。さらに狩野氏の顕著な特徴は、世界文明の重要な一環としての中国文明に対して尊敬と愛を持っていたことであり、「僕は支那に生まれなかったことを恨む」（前掲『支那文学史』四六六頁）とすら口にした。しかしそれは、盲目的かつ無意味な陶酔ではなく、「価値を中国の認識のままにあきらかにしようとしたことは、それが中国人にとっての価値であるばかりでなく、ひろくわれわれの価値でもあることを論証しようとする努力を常に伴った」（同前『支那文学史』四六七頁）という。

おそらく、これらの指摘は、すべて湖南にも当てはまる。湖南が狩野氏と異なるのは、より明確に歴史の観点からの認識を貫徹し、またその顕著な経世の志に基づき、より深刻に東洋文化の将来を危惧していたことであろう。

章学誠の心知

稿を閉じるにあたり、以下の二点を加えておきたい。第一は、本章で明らかにした湖南の認識や考え方の特徴が、章学誠のそれと一致しているということである。すなわち章学誠もまたテキスト理解の方法について、『文史通義』の各所で、「善く古人の書を読むには、尤《もっと》も心に其の意を知るを貴ぶ」（「言公」下、倉修良編注『文史通義新編新注』二一六頁、浙江古籍出版社、二〇〇五年）、あるいは「古人の書を読みてその意を求むるは、蓋し難し……夫れ屈子の文を読みて、其の志を悲しむを知るは、屈子を知ると謂うべし」（「為謝司馬撰楚辞章句序」、同五一五頁）、「善く文を論ずる者は、作者の意指を求むるを貴び、形貌（外在的形式）に拘るべからず」（「詩教」下、同六〇頁）などと、テキストや作者の「意」、「志」、「意指」を心知すること、すなわち共感的に理解することを重視している。さらに、そのように古今の著述に対し「心を以て其の意を知る」ことに努めることこそ、経書に通じ古典を信奉するための端緒であり、先人の営為を受け継ぐことになる（「朱陸」、同一二八頁）、と述べている。

ならば章学誠において心知とは、いかなることであり、それはどうすれば可能になるのか。これについては葉瑛氏が、文徳篇の大要を論ずるくだりで、「恕とは即ち心に其の意を知ることなり」（『文史通義校注』二七九頁、中華書局、一九八五年）と記しているように、章学誠がテキスト理解の方法として唱えた「恕」の実践こそが、心知することである、と考えられる。その恕について章学誠は、「恕とは寛容の謂にはあらずして、能く古人の為に身を設けて地に処するなり（古人を理解するために、我が身を没入させ、当事者の立場に身を置くことである）……古人の世を知らずして、妄《みだ》りに古人の文辞を論ずるべからず。其の世を知るも、古人の身処（境涯）を知らざれば、亦た遽《にわ》かに其の文を論ずるべからず。身の処る所は、固より栄辱隠顕、屈伸憂楽の斉《ひとし》からざること有り。而して為にして言う所有るは、有子と雖も夫子の謂う所を知らず（何らかのねらいを持って発せられた言葉は、たとえ弟子の有若であっても、孔子の真意を理解できない）。況や千古以後に生ずるにおいてをや」（「文徳」、前掲『文史通義新編新注』一三六頁）と述べている。すなわち、章学誠の言う「恕」とは単なる寛容ではなく、古人の文章を理解するにあたっては古人の境涯に身を置くべし、つまり異文化理解を行うべし、ということである。同じことをまた、「蓋し学者、能く前人の書を読み、身を設けて境に処《お》ること能わずして、前人の得失を論ずれば、則ち其の説未だ当たるを得るを易《やす》きとせざるなり」（「劉忠介公年譜叙」同五三七頁）と表現している。

とは言え、湖南はこうした認識態度を章学誠の著述から直接学んだのではない。なぜなら湖南は、歴史家・章学誠を「発見」し、その著作を「愛読」するようになる以前に、こうした認識態度を身につけていたからである。すなわち本書第四章で述べたように、こうした認識態度は、孟子の「尚論」、「尚友」、「知人論世」に来源し、それ以後、中国の文史を通ずる古代認識の態度であり続け、最終的に章学誠が歴史認識の重要原則として明示したのであった。早くから中国の文史に博通していた湖南は、こうした認識態度を自然に修得していたと考えられ、さらに本章で述べた如く、書家としての修錬の過程で獲得した「心知」する能力が、それをより一層、強固着実なものにしたのである。初めて章学誠の著述に接した湖南は、大きな共鳴を覚えるとともに、それによって自らの歴史理解の方法の正しさを再確認したと考えられる（本書二六八頁参照）。

心知による東アジアの文化的共同体

つけ加えるべき第二の点は、かつて中国古典を共通の思想的かつ文化的基盤としていた東アジア文化圏においては、少なくともその一級の知識人の間には、時空を超えて互いに「心知」する相互理解が存在していたのではないかということである。たとえば、かつて三宅雪嶺は、湖南の処女作『近世文学史論』に序を寄せ、「著者内藤湖南は自助の人……孜々《しし》として倦《う》まずんば、其れ或は後人をして己を論ぜしむる猶お其の今時古人を論ずるが如くならしむるを得んか（自助の人、内藤湖南が、倦まず怠らず、このまま努力を重ねるならば、彼が今、古の学者達を議論しているように、将来の人に彼の学問について議論させるほどの人物になることも可能であろう）」（一巻六頁）と予言した。果たして湖南は、たゆまぬ研鑽を続け、並ぶ者なき「知的巨人」となり、後人たる我々は三宅の予言の如く、湖南が先哲に臨んだのと同様、様々な観点から湖南に関する議論を尽くし、学び、教えられ、反省しつつ努力しているのである。

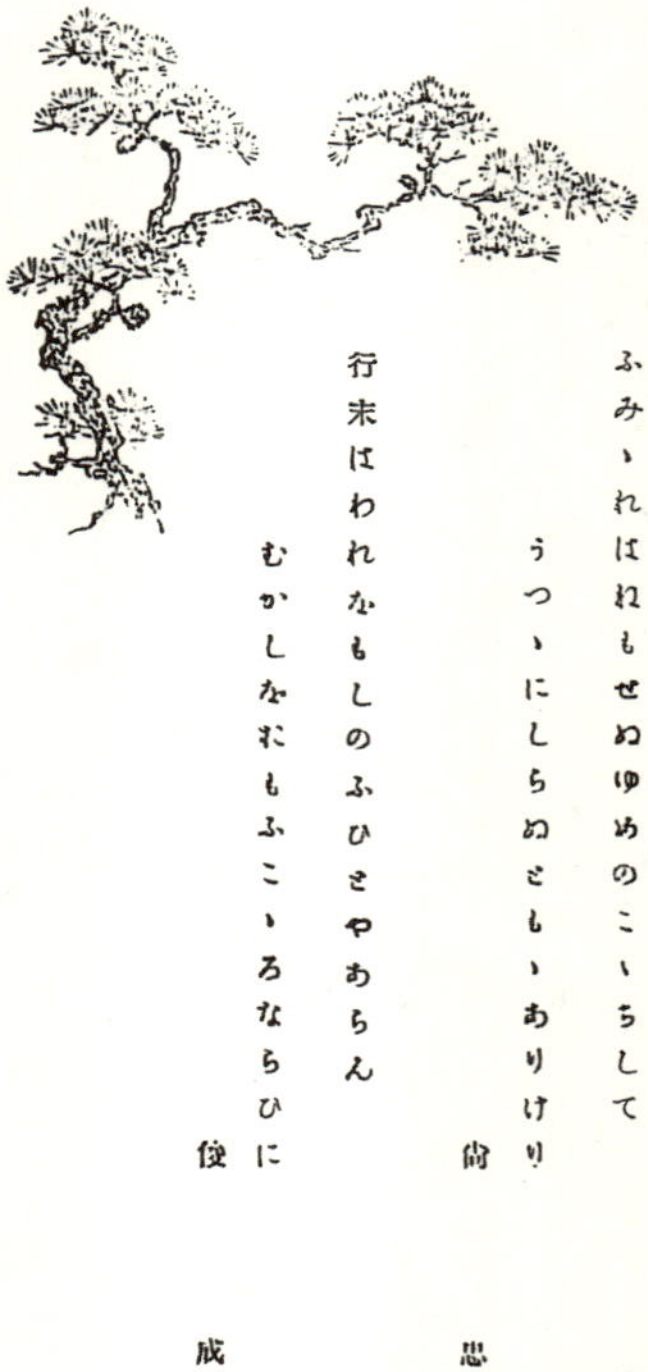
ふみゝれはれもせぬゆめのこゝちして
うつゝにしらぬともゝありけり
尚忠
行末はわれをもしのふひとやあらん
むかしをおもふこゝろならひに
俊成

図7 『近世文学史論』最終頁挿図、初版146頁、政教社、明治31年

古人を研究している当の人物が、やがて将来の人から研究される対象となる、という関係が、東アジアでは時空を超えて存在していた。たとえば、同じその『近世文学史論』の本論末尾には、あたかも同書巻末に掲げられた二首の漢詩（本書二九一頁既述）と対応させるかの如く、一頁を割いて二首の和歌が引用されている。そのうちの一首は、平安末期の歌人、藤原俊成の作であり、「行く末はわれをもしのふ　ひとやあらん　むかしをおもふ　こころならひに」（『新古今和歌集』一八巻）と詠んでいる（図7。図の松が「待つ」の意であることなどについては本書三一五頁の本章付記3を参照）。

湖南自身もまた前述の如く、王羲之「蘭亭序」の「後の今を視ること、亦由ほ今の昔を視るがごとし」を承けて、「後の今を視ること亦由ほ今の昔を視るがごとくならんには億劫弾指と雖も流風索《つ》きじ」と述べている。しばしば指摘されるように、湖南は吉田松陰から大きな影響を受けていたが、その松陰もまた『己未文稿詩歌』の「書感」なる詩において、「後の今を視ること猶お古《いにしえ》のごとし、吾、古を視ること猶お今のごとし」（福本義亮『吉田松陰詩歌集』七〇一頁、誠文堂新光社、一九三七年参照）と詠い、理解者の出現を願っている。さらに章学誠もまた、「然れども百年の後、吾輩亦た古人なり。身を設けて地に処るは、またまさに何如にすべけん」（「与孫淵如観察論学十規」、前掲『文史通義新編新注』三九八頁）と記している。

このように王羲之、藤原俊成、章学誠、吉田松陰、三宅雪嶺、内藤湖南といった、時空において隔たりのある六人の文人がいずれも、古《いにしえ》の人を論じている自分が、やがて将来の人間によって古の人として論じられることを想定しているのである。しかも、古人を論ずるには、心知すること、すなわち自らの身をその時代に置き、その人物を目の当たりにし、その人物になりきって、理解・共鳴することが理想とされ、それは可能であると考えられていた。ちなみに、こうした物の見方は、古く『呂氏春秋』長見篇に、「今の古に於けるや、猶お古の後世に於けるがごときなり。今の後世に於けるや、亦た猶お今の古に於けるがごときなり。故に審《つまび》らかに今を知れば、則ち古を知るべし。古を知れば、即ち後を知るべし。古今前後は一なり。故に聖人は上は千歳を知り、下は千歳を知る」とあり、また『漢書』京房伝にも、「臣は、後の今を視ること、猶お今の前を視るがごときを恐る」と見えている。

このような意味における心知とは、自らの知的営為を、時空を超えたより大きな東アジア全域における知的営為の場に位置づけて認識しようとすることでもある。これこそまさに、個別を全体に位置づけて理解する支那学本来の持ち味にほかならない。そうした心知が可能であれば、中国と日本という空間を跨ぎ、かつまた過去・現在・未来という時間を超えて、相互に邂逅・理解することが可能であると考えられていたのである。かつての東アジア世界には、学問や詩文書画を心知することを基盤とする文化的共同体が存在していたとも言えよう。

付記1　本章のもとになった原稿を中国・南開大学で発表した際、論文の主旨を伝えるため、「支那人に代つて支那の為めに考へる」という語を、言葉通りに中国語に翻訳すれば「替中国人為中国、思考問題」となるが、それでは湖南の中国人蔑視、云々といった不要な誤解を招く恐れがある。湖南の真意に即するならば、「作為中国人為中国、思考問題」と翻訳すべきである、と述べた。

付記2　本論文では、湖南の雅印「吐内成文」を「内を吐きて文を成す」と読み、詩文や学問は、文筆家の内面世界を表現したものとする湖南の考えを象徴していると解釈した。この解釈に対し、旧知の銭婉約氏（北京語言大学教授）から、「吐内成文」ではなく「吐納成文」と読むのが正しいのではないか、とのご指摘をいただいた。その読みに従えば、印文は「吐納して文を成す」となる。「吐納」は、古く『荘子』刻意篇に見える「吐故納新」、すなわち「故《ふるき》を吐き新《あたらしき》を納れる」道家的呼吸法を意味する語である。したがって印文の「吐納して文を成す」は、先人の学問や最新の業績を吸収・咀嚼して文章を創造する、といった意味に解釈できよう。この解釈を踏まえて考え直すと、確かに湖南の学問はその解釈通りであり、詩人・野口寧斎は、湖南の早期の著『禹域鴻爪記』（すなわち『燕山楚水』）に対して、「吐故納新して、一の膚泛《ふはん》の語も着けず（表面を飾る語は一度も用いられていない）」との語を寄せている（一巻四頁）。また湖南が高く評価していた『文心彫龍』の「明詩篇」に、印文とほぼ同様の表現が見えている。すなわち、春秋時代の詩人は、外交活動において自らが蓄積した詩の知識を「吐納して身の文を成」したとある。同じ「才略篇」にも後漢の大儒・馬融は、「経範を吐納」したとあり、「養気篇」にも「是を以て文芸を吐納する」とある。こうしてみると、銭氏の如く解釈する可能性は十分に考えられる。

　しかし、再三考慮した結果、次のような結論に達した。銭氏の解釈によれば、蓄積した学問や知識、経験を踏まえて文章を著すという意味となり、いささか新鮮味に欠ける常識的な内容となる。かりに雅印の所有者が湖南でなければ、そのように理解することも可能であろう。しかし、持ち主が内藤湖南である以上、すなわち、詩文とは文人の内面世界を言語化したもの、書画とは作家の胸中の邱壑を吐露したものと見なし、それらを心知することが作者を真に理解することである、と唱えた湖南であることを考慮すれば、やはり「吐納」ではなく「吐内」でなければならない。

その証拠として、「吐内成文」と同じ意味を、湖南自身が別の言葉によって表現している例をあげることができる。すなわち、中村正直の文集に対する書評「敬宇文集を読む」（四巻四〇〇頁）において、中村の文章の「内に充実せる者、溢れて而して文と為る」という点は、他者の及ぶべからざる所であると述べている。また言論人の自覚について論じた「言論」（一巻二九〇頁）において、人間には「霊性（天が与えた霊妙なる本性）」があり、それを「表出」したものが言論である、と明言している。これらは尾崎紅葉が「嘔心箸書」、すなわち「心を嘔きて書を箸《あらわ》し」（一四巻一一七頁）、それが一世を風靡しているという表現、あるいは本書でたびたび引用している「作家が嘔心吐血して著した著作」（一巻四一〇頁）という語とともに、「吐内成文」の言い換えとして理解できる。したがって、やはり「吐内」と読むのが正しいと考えたい。ちなみに、中国考古学者・黄暁芬氏（東亜大学教授）から漢代の璽印に関してご教授いただいている時、湖南の雅印に談が及び、「吐内」の「内」は、内藤湖南の「内」ではないか、とのご意見をいただいた。やや奇矯な説であり、管見によれば、湖南は姓の一字を以て自分自身を表すことはない。しかし、印文解釈の方向性は私の理解と一致しており、黄氏のお許しのもとに記させていただいた。

かくて、銭氏に従うことにはならなかったが、指摘を受け、湖南の文学観、学問観において『文心彫龍』が大きな位置を占めることを改めて確認できた。「一般に歴史を通論することは文心彫龍より始まる」（一一巻四八八頁）とする湖南は、漢文著作『玉石雑陳』に、特に「文心彫龍史通十条」を設けており、『史通』や『文史通義』と並ぶ重要著作と見ていたことは明らかである。また湖南が『文心彫龍』弁騒篇の主要部分を書写した扇面の存在も確認でき（『書論』一三号、五五頁）、さらに同篇を典拠とする「鎔経鋳辞（経典を咀嚼したうえで独自の文章を錬成する）」なる雅印も使用していた（杉村邦彦『墨林談叢』一八七〜一九五頁、柳原書店、一九九八年参照)。ご指摘をいただいた銭氏に感謝するとともに、今後は、この点に留意したいと考えている。

付記3　本章図7は、『近世文学史論』初版の本論最終頁であるが、ここには上述の如く、心知について詠んだ藤原俊成の和歌と理解者を待つの意を込めた松図のほかに、「ふみみれば　ねもせぬゆめのここちして　うつつにしらぬ　とももありけり(文見れば　寝もせぬ夢の　心地して　現に知らぬ友も有りけり)」という「尚忠」なる人物の和歌が引用されている。和歌の意味は極めて明白で、文書に対して共感的に臨めば、古人を友として理解できる、ということであり、まさしく本書で屢述した孟子の「尚友」「知人論世」の言い換えである。心知と尚友を詠んだ和歌二首と松図を本論末尾に配し、『近世文学史論』における湖南の古人理解の態度を象徴させようとした、と考えたい。なお、湖南やその父祖の、己を枉げず時流に迎合することなく時を待つ処世については、本書第二章一二一〜一二七頁で述べた。また「尚忠」なる人物は、幕末期に、一貫して佐幕的な姿勢をとり続けた関白九条尚忠のことであると思われるが、残念ながら、この和歌の出典は明らかにしえていない。今後の課題としたい。

第六章

湖南を以て湖南を読む——湖南執筆文をいかに鑑別するのか

1　未完の全集——史料論的検討の必要性

『内藤湖南全集』が出版されて以来、湖南研究はこの全集を根本史料とし、これに依拠して行われてきた。膨大かつ深奥な全集の編纂・刊行が、容易ならざる事業であったことは想像に難くない。五〇〇余篇の文章を一四巻に分け、ほぼ年代順に、しかもその全体像が体系的に把握できるように整理された全集には、すべての研究者が多大の恩恵を蒙っており、その意義は絶大無比と言っても過言ではない。

全集刊行後半世紀近くを経た今日、湖南研究は、盛況に向かいつつある。東アジア世界のあらゆる分野について、独自の歴史的観点から、縦横に観察、分析、総合した言説は、今なお真剣に学び、議論の俎上《そじょう》に載せるべき価値を有する。しかも、その一分野についてすら、一生をかけて研究に取り組んでもなお窮め尽くすことのできない豊かさを備えている。

本章の視点——史料論とは何か

しかし、あるいはこのように膨大かつ豊かであるが故に、湖南研究において等閑に付されてきた一つの重要な作業がある。それは、湖南執筆とされている文章について、史料論あるいは史料学ともいうべき観点から考察・検証するという作業である。本書第四章で見たように、およそ歴史研究とは、研究対象を設定したうえで、史料を収集・網羅し、分析・考察を加え、最後に一連の作業の経過ならびに結論を叙述する、という手順で行われる。史料論、あるいは史料学とは、史料収集後、最初に着手すべき史料価値の見極めに関する議論のことであり、史料の成立や性格、伝承、蓄積、改変、さらには消失などといった状況を十分に知悉《ちしつ》することによって、その限界と可能性を踏まえた取り扱いができるようにする作業、及びそうした作業に関する考え方を指す。この作業の必要性は時代を遡るほど大きくなると考えられ、特に古代史においては、この作業を経なければ研究自体が成立しない。伝承の過程が不明確な古代史料は、そのすべてを信頼できるわけではなく、根拠のない記述や偽作も存在する。それ故、最初に取り組むべきは、厳密な考証・批判による史料の性格や価値の究明であり、また、その「附加の分を去」り、「不正確と思はるゝものを篩《ふる》ひ落す」（一〇巻八五〜八六頁）作業である。湖南が富永仲基の「加上法」をあれほど高く評価した理由の一つは、それが古代史研究の史料論における卓越した方法であるからにほかならない。

古代史に限らず、史料論的検討は、例外なくあらゆる時代の研究に、その基礎的手続きとして不可欠である。湖南が活躍した明治大正期の研究においては、無署名文の扱いがしばしば問題となる。たとえば、中野《なかの》目徹《めとおる》『政教社の研究』（思文閣出版、一九九三年）は、『日本人』及びその後継誌には年とともに無署名文が増加することを指摘したうえで、「これは発行停止処分に前もって対応する措置と考えられるが、当時の読者はごく自然に著者を推測できたのではないかと思うと、雑誌や新聞の無署名記事の著者特定は、近代の史料論では重要な解決課題だということになる」と述べている（一七頁）。湖南執筆の無署名文には代筆も多く、著者見極めのための作業はより複雑になる。湖南を以て湖南を論ずるための基礎作業として、この種の問題に関する史料の検討を踏まえなければ、研究自体が砂上の楼閣となりかねない。

湖南研究における史料論的検討の欠如

それにもかかわらず、従来の湖南研究において、史料論的検討が十全に行われてこなかったのは、なぜか。本稿が多くを負っている関西大学図書館内藤文庫所蔵資料の整理完了・公開が近年のことに属するという事情も、確かにある。しかし、より本質的な理由としては、全集刊行以来、研究者が一四巻「著作目録」に半ば盲目的に依拠してきた、という事実を挙げるべきであろう。自己批判の意味を込めて敢えて言えば、全集の内容があまりに膨大で豊かなため、研究者は自らの関心に従い、その一部を切り取って理解するにとどまり、編者が尋常ならざる精力を傾注して作成した「著作目録」を対象化し、史料論的な観点から再検討する余裕はなかったのである。全集編纂時に比べて検索・閲覧が格段に容易になったとは言うものの、確実な検討のためには、多年にわたり様々な新聞・雑誌に掲載された膨大な数の文章に対し、編者が行った弁別作業をもう一度繰り返さなければならない。それにエネルギーを注ぐ覚悟が欠けていた。湖南研究における史料論的検討の欠如は、従来の湖南研究における怠惰と自覚のなさに起因しているのである。

全集の不備

これまで放置されてきたこの課題に、研究が盛況に向かいつつある今こそ、取り組まなければならない。「著作目録」には無署名文が多く著録されているが、後に詳述するように、なかには、編者自らが採録しないと明言する「代筆」の文章も含まれている。この一点から見ても、史料論的検討の必要性は明らかである。さらに、編者の説明に従い弁別作業を可能な範囲で辿《たど》ってみると、極めて不可解なことに気づかされる。すなわち、編者が湖南の著作と認める根拠があるにもかかわらず著録していない文章がある一方で、ないにもかかわらず著録する文章がある。「凡例」（一巻冒頭）によれば、「著作目録には、能《あた》うる限り全著作を網羅する」はずであるが、実際にはそのようになっていないのである。編者は、著録の根拠や基準について、説明を尽くしているわけではないと考えざるを得ない。もっとも、編者の「あとがき」における説明は、もっぱら収録文に関するものであり、そこで示されている採録の根拠・基準もまた、収録のためのそれであって、「著作目録」の作成に関しては特に何も述べてはいない。しかし、言うまでもなく収録文とは湖南の著作である以上、その根拠・基準は、そのまま著録のための根拠・基準でもあったはずである。

全集に不備があることは、これまでにも指摘されてきた。たとえば、六六〇篇に上る「著作目録」著録文のうち、約四分の一にあたる一五三篇もが全集に収録されていない。そのため、補遺作業の必要を唱える声は全集刊行中からすでにあった。一方、未収録とした理由が判然としないことに基づき、そこには何か忌避《きひ》隠蔽《いんぺい》すべきことが書かれているのではないかとの臆測すらも生じ得た。編者は、その理由をただ「凡例」に、「著者が雑誌、新聞の記者として執筆した論説、雑文を——殊にその早期のものを——全録することは煩冗に過ぎると思われるので、それらについては或る程度の選択を加えて収録する」（一巻冒頭）と記すのみで、著録文中から収録文を選択する基準については説明していない。なかには編者自身が明確に自覚していた不備もあり、『大阪朝日新聞』や『万《よろず》朝報』を精査していないため、なお存在するはずの無署名文を採録できなかったと、一・二・三巻各「あとがき」で断っている。これらの不備は、弁別作業の過程で生じたものではあるが、著録文や収録文に対する信頼を損なうものではない。加えて、誤植や収録文の部分的欠落なども認められるが、編纂に伴う幾多の困難を考慮すれば、不可避のこととして理解できよう。しかし、「著作目録」の著録基準が不明となれば、そうした不備とは次元が異なり、それに依拠して行われる湖南研究の信憑性に直結してくる。
とは言え、著録基準について説明が尽くされていないという不備はあっても、全集「著作目録」が湖南の全著作に近づくうえで最良の拠り所であることに変わりはない。それは、湖南執筆と見なし得る一群の無署名文の存在を、極めて高い蓋然性を以て教えている。求められるのは、この貴重な「著作目録」に史料論的な検討を加えることであり、そのための的確な方法を考えることである。編者の説明不足によって根拠が不明となっている無署名の著録文は、どのような方法を以てすれば、湖南の著作であるか否かを判断できるのか。

湖南執筆文の四分類

このような問題意識に基づき、原載紙誌に立ち返って編者の弁別作業を検証し、また、湖南が残した文章の性格について考えることとしたい。そのため、本章では、無署名文・代筆文が多い湖南執筆文を、署名に着目して四つに分類することとする。

第一に、湖南署名文である（筆名を用いたものを含む）。これには、湖南自身が執筆したものと口述筆記によるものとがある。口述筆記には、湖南の最終確認を経ているものと経ていないものとがあり、さらに、経ていないものについては、湖南から直接教えを受けた人々（子息を含む）によって整理・校訂が加えられたものと、未整理・未校訂のまま残されたものとがある。

第二は、他者の署名がある代作文である。これは署名者の依頼に応じて執筆されているが、その文面には、湖南自身の見解や心情が反映されている。

第三は、他者の署名がある代筆文である。これは、署名者が口述する見解を当人になり代わって文章化したものであり、署名者を著者とする。なお、湖南による代筆文には、さらに無署名のものがある。これは、その見解が誰のものであるかが示されておらず、著者の特定は容易ではない。この点において課題が共通するため、無署名代筆文は次の無署名文に分類する。

第四は、無署名で発表された湖南執筆文である。これには、湖南自身の著作と、上に述べた無署名代筆文、さらに無署名の代作文が含まれている。代筆文は他者の見解を文章化したものであるが、代作文には湖南自身の見解も反映されている。

以下、分類ごとに検討を加えたい。

2　湖南執筆文の史料論的検討

①湖南署名文

これは、改めて説明するまでもなく、「内藤虎次郎」・「内藤湖南」という署名（略称を含む）のある文章や、筆名を以て発表された文章である。新聞記者時代に用いた筆名は一〜四巻「あとがき」に列挙されているが、内藤文庫所蔵の父親宛書簡中で（全集未収録）、湖南はそれらが自身の筆名であることを報告している（筆名については、本書二一六〜二一八頁参照）。

署名文のうち、間違いなく湖南本人が執筆したものや、湖南の最終確認を経ている口述筆記を「著作目録」に著録すべきことは、論ずるまでもない。口述筆記に関しては、「凡例」（一巻冒頭）に「著者の述作の中、大阪朝日新聞在社時代までのものは、すべて自ら筆を執って作ったものと思われるが、それ以後のものには、講演その他口述筆記に成るものが頗る多く」云々という記述がある。七巻「あとがき」によれば、「京都大学就任以後に、新聞、雑誌に発表した一般向きの述作の大多数が、口述筆記に成る」のみでなく、「専門的な論文の中にも、往々それがある」という。専門論文の場合、筆記者が「著者の口授を筆記し、文章を整えて提出」したものに「著者が加筆して」完成する、というのが、その手順であった。最終的に湖南が「加筆して」、つまり確認して完成に至るというのは、「一般向き」の場合も同様であったと考えられる。『支那論』も、口述筆記の後、湖南の確認を経て刊行されている。大学での講義を文章化する際の「聴講者のノートを訂正するといふ方法」（『支那史学史』「例言」、一一巻三頁）も、その手順は同様である。もっとも、『支那上古史』・『支那史学史』については、生前に「加筆」が完了しなかった。病床の湖南に尋ねたところ、「上梓の際には勿論自分で書き直さなければならぬが、若しそれが出来なければこのまま出してもよろしいといふことであった」という（『支那上古史』跋、一〇巻二三七頁）。

ただし、口述筆記を湖南が確認したうえで発表した署名文であれば、すべて著録しているわけではない。「満洲発達の三大時期」（『日本及日本人』四五〇号、明治四〇年一月）は、湖南署名文であり、全集編纂時に収録を意識して原稿用紙に書き写してはいるものの（内藤文庫所蔵）、結局、「著作目録」に著録していない。その前置きで湖南は、講演の要領を筆記・文章化したのは稲葉君山であると説明し、草稿完成後、「予が訂正を求められたるも、君の補綴《ほてつ》は予が逮《およ》ばざる所をも充足して遺憾なきを以て、遂に其稿に従ふこと、せり。されば文章の全部と、考拠《こうきょ》（考証）の大部分は、主として君の労力によれり」と断っている。稲葉君山による代筆文とも代作文とも解釈できる内容であるが、未著録とした理由は不明である。

口述筆記による署名文が湖南の最終確認を経ているか否かは、すべてについて明らかなわけではない。しかし、湖南自身による附記や序、全集各巻の「あとがき」、さらには筆記者の回顧談等によって、判明するものは少なくない。口述筆記に限らず、およそ著述の最終的な確認が、その校正も含め、湖南にとって疎かにできない執筆作業の一環であったことは、文章に対する湖南の尋常ならざる彫琢《ちょうたく》ぶりや、誤字・誤植に対する厳格な姿勢にうかがうことができる。そもそも湖南は、早期の文章「言論」（一巻二九〇頁）で宣言している如く、言論に携わる者はそれを生命と同一視する覚悟と責任を有するべし、と考えていた。だからこそ、新聞記者時代の文章「与木公書（木公に与える書）」（木公は友人・中村千代松）が『秋田 魁《さきがけ》 新報』に掲載されるにあたり、「不注意により一字一傍訓なりとも従来の若きまづき誤謬を致されんには、僕は一見の後直ちに全文の取消を要求すべし……僕性褊狭《へんきょう》、此の如き事に向て寛弘の度量を有せず」（二巻二六七頁）と、激越な調子で編集者に警告したのである。その湖南にとって、著述の最終確認は当然の責務であったと言えよう。もっとも、『新支那論』は「親しく校正をする暇なかりし為め、これも岩井君に依頼した」如く（五巻四八五頁、「岩井君」は筆記者）、自ら完璧を期すことができない場合には、信頼する人物に委ねてもいる。しかし、依頼の事実を明記していること自体、校正は自らなすべき重要事と見ていたことの表れであろう。

【最終確認を経ていない湖南署名文】では、湖南の最終確認を経ていない文章は、どのように扱うべきなのか。確認を経ることなく発表された文章には誤記・誤植や錯簡・脱簡も少なくなく、それらを編者は全集に収録することなく、「著作目録」に著録するにとどめている（たとえば、「支那の古銭及金石に就て」、「梁啓超氏の非国際管理論を評す」、「富永仲基の仏教研究法」）。

また、大正から昭和にかけての新聞には、湖南の話を第三者がまとめたものと推測される記事が散見し、その多くに湖南の「談」と記されている。この類の文章のほとんどは、湖南による最終確認を経ていないと推測される。編者は、それらの多くを、全集編纂時に原稿用紙に筆写しながら（内藤文庫所蔵）、実際には収録せず、「著作目録」への著録もわずかである。四巻「あとがき」で、「明治三十一年から晩年に至るまでの間に、新聞、雑誌、講演等によって発表したもの」を集めた「時事論」に関して、「編者の考えで採録しなかったものも若干ある」と断っているが、著録すらされなかった「談」の類はこれに含まれると考えられる。ただし、「編者の考え」とは如何《いか》なるものかについては説明がなく、著録したものとしなかったものとの差異についても同様である。つまり、弁別基準が不明という、本章第一節で指摘したのと同じ不備が、ここにも存在する。

もっとも、湖南の確認を経ていない文章であっても、整理・校訂のうえ、「著作目録」に著録し、全集に収録するものは少なくない。その多くは、すでに湖南の死後間もない時期に整理・校訂され、単行本として出版されている（最も遅い『支那史学史』が昭和二四年刊）。その背景には、「遺著としてはなるべく多くを存したい意向」（九巻五二一頁）があり、また昭和一五年頃に「全集刊行を企てて」いたという事情もあった（二巻七五八頁）。この整理・校訂においては、湖南が使用した書物・材料による、あるいは、湖南本人から直接指導を受けた当該分野の専門家に依頼する、といった方法を採っている（各「跋」、「あとがき」等参照）。これは、湖南の意図を最大限に反映できるよう、かつ、それから逸脱することが極力ないよう、配慮したために違いない。

先に言及した「言論」において湖南は、人間には「霊性（天与のすぐれた本性）」があり、言論とはそれを表出するものである、その言論を以て「性霊（個々人の内面精神）」を欺いてはならない、とも宣言している。最終確認の際には、このような点まで含めて吟味・点検し、自らを省みたに違いない。したがって、湖南による最終確認を経ていないということは、その内容が湖南の「性霊」と齟齬《そご》をきたしていない保証がないということである。そのような文章を、署名があることを理由に疑うことなく湖南の著作と認めれば、湖南理解の妨げともなりかねない。しかし、同時にまた、史料収集における過度の禁欲主義は、湖南という存在に近づく道を狭くもする。

必要なことは、まず、署名文は、未確認、また未整理・未校訂のまま残されたものも含め、可能な限り網羅して収集することである。ただし、それらを著録するか否かは、厳密・慎重な史料論的検討を必ず加えたうえで、決定しなければならない。検討に際し最も問題となるのは、湖南の謦咳《けいがい》に接したことがある人々ですら、すでに鬼籍に入って久しい現在、如何なる方法を以てすれば、湖南の「性霊」と齟齬をきたしていないかについて検証可能なのか、という点である。これは、無署名文の弁別に共通する課題であり、後文で再び触れたい。

②他者の署名がある代作文

全集には「代作」が、あわせて二一篇収録されている（うち一五篇は漢文）。それらはすべて式辞や弔辞、碑銘といった、儀礼的な性格を帯びた文章であり、基本的に依頼に応じて執筆されている。つまり代作文とは、依頼者に代わって執筆した文章であり、依頼者の名前で公表されている。ただし、これは次に検討する代筆文とは区別されなければならない。代筆文とは、三宅雪嶺『真善美日本人』「凡例」の説明、「余が内藤虎次郎、長沢説《えつ》の二氏に口授し、之に托して文字を成せしもの」によって定義すれば、口授者の見解を当人に成り代わって文章化したものであり、そこに代筆者の見解は反映されていない。これに対し代作文とは、その実際の内容から定義するに、依頼者の意を汲むとともに、代作者である湖南自身が叙述対象に思いを致し、自らの見解や心情を込めて、しかもその場の状況や目的に適合するように執筆したものである。それ故、たとえば墓碑ならば、そこに死者に対する湖南自身の共鳴や共感の情を明確に読み取ることができる。すなわち、代作文には、文章家としての力量のみならず、湖南の人間性や世界観・社会観が如実に表れており、他者の署名文ではあっても、湖南理解に不可欠の文章である。故に編者は、「代作」と明記したうえで、「著作目録」に著録するのみでなく、収録もしたと考えられる。

このように理解すべき代作文は、依頼者の心情と湖南のそれとの間に齟齬があれば、執筆は不可能である。依頼には、常に応じたわけではないと考えられる。

全集「著作目録」に著録する最も早い代作文は、明治二二年「岩手毎日新聞発刊の辞」である。しかし、はるかそれ以前、秋田師範入学後わずか一カ月に起こったストライキに際し、「自分は文章が巧《うま》いので」、県知事宛の建白書を起草するよう頼まれたという（二巻七一〇頁）。秋田師範卒業時には、卒業証書授与式で成績一番の生徒が読み上げる「高等生徒総代の答辞」を、「大失敗にて六番に落」ちた湖南が、「学校監督掛よりの命」によって代作している（父親宛明治一八年七月二〇日付書簡、一四巻三七五頁）。

また、明治二二年七月一八日付父親宛書簡（内藤文庫所蔵）には、「本願寺の執行」を務める人物から「僧侶被選権の事」について論文執筆を依頼されたため、「傍観者」の立場で執筆したところ、さらに「僧侶の身となりて」書いてもらいたいと頼まれたので、これも執筆した、という記述がある。これらも、代作に分類すべき文章である。湖南はこの頃すでに、自己の立場を当事者の立場に置きかえたうえで執筆することを意識的に行っており、代作や代筆は、その修錬を積む機会となっていたのである。

このように、早い時期からその文章力を評価する人々に代作を依頼されており、後に記す如く、知られていない代作文は多いと考えられる。

③他者の署名がある代筆文

新聞記者として自立する以前、すなわち明治二〇年代に、湖南が執筆した代筆文は大量に上る。どの文章がそれであるのかは、関係者の証言によって初めて明らかになる。たとえば、三宅雪嶺署名文の一部が湖南の代筆によることは、三宅自身によって明らかにされており、『真善美日本人』は、まさにその一例である。この『真善美日本人』の「凡例」に従って定義すれば、代筆とは、口授者の見解を当人に成り代わって文章化することであることは、すでに述べたとおりである。湖南が代筆した文章には、口授者の署名があるものと無署名のものとがあり、まず、このうちの前者について、ここで検討したい。

湖南代筆の他者署名文は、内藤文庫所蔵の新聞・雑誌によっても知ることができる。それら紙誌は、湖南自身が父親に送ったものであり、「自筆の文に自らしるしを附けてあるものや、父が著者の文であることを記したものがある」（一巻「あとがき」）。たとえば、『大同新報』掲載文中には湖南執筆を示すしるしが附された大内青巒《せいらん》署名文が三篇あり（後述の如く、代作文の可能性があるものを含む）、また、『亜細亜』掲載文中には、湖南執筆を示すと推測されるしるしが附された三宅雪嶺署名文や高橋健三署名文がある。

さらに、内藤文庫所蔵の全集未収父親宛書簡中にも、後述の如く、自身が執筆した他者署名文への言及は少なくない。

これまでに判明しているこの種の代筆文は、すべて政教社時代までに書かれている。

他者の署名がある代筆文中には、時として湖南の所説に酷似する見解が見出されることがある。しかし、これを以て、その文章を湖南の著作とすることはできない。湖南は、自らと志を同じくすると見なしたからこそ、諸氏の代筆を引き受けたのであり、かつ、それが学問や思索を深める機会ともなっていた以上、口授者の見解と湖南のそれとの間に境界線を引くのは不可能であり、酷似する見解が見出されるのは、むしろ当然と言うことができる。

【湖南にとっての代筆の意義】 湖南が執筆していても、他者署名の代筆文は署名者の著作とすべきことは、湖南が自らの代筆という行為をどのように考えていたかを知れば、明確となる。たとえば、明治二六年一月一日付父親宛書簡には、代筆を依頼する諸氏の意図に対する認識や、自分がそれを引き受ける理由などに関して、真情を吐露する記述が見える。この書簡は、政教社時代末期、雑誌編纂の日々に疲れ、帰農すら考えていた時期に書かれたものであり、大阪朝日新聞の主筆格となった高橋健三から代筆者となるよう依頼されたことを報告するくだりで、次のように述べている。

すなわち、高橋は「人道の興起」を「畢生《ひっせい》（一生涯）の事業」と志しており、湖南に「其《そ》の生平《せいへい》（つねひごろ）の志願をかたりて助力を求むる」際の言葉は、「平等主義を適宜に社会に応用して細民《さいみん》（貧しい人々）の為《ため》にするに在るが如く、大《おおい》に児《じ》（父親に対する湖南の自称）が心に合へり」、「児は家《いえ》儒業に生れし因縁か、始終かやうの人に信ぜらるゝ也」。また、「大内は児を得て其の仏教革新の業を為《な》さんことを欲し、三宅は児が哲学の事に夙悟《しゅくご》ある（早くから熟知していること）を信ずるが故に、其の書は専《もっぱ》ら児に主宰してかゝしめ」、而《しこう》して「志賀（重昂）は文を以て児を取りしなれど、文とても道を表はすの一端なれば、必ずしも軽《かろん》ずべきにあらず」。

以上のような文面には、諸氏からの期待や代筆の依頼を自らの学識や才能に対する評価の証左と見なし、それを自負する気持ちがうかがわれる。しかし続けて、自力で「大業」を成し遂げることができない自分を嘆き、諸氏の依頼を甘んじて受けざるを得ない心境を、以下のように記している。

児が力、若し能《よ》く儒仏の教を究めて、之を成すに哲学的理論を以てし、之を行ふに美麗の文章を以てせば、家業にも背《そむ》かず、大内三宅志賀高橋諸氏にも負《そむ》かざるべきも、遅暮《ちぼ》の歎《たん》あり、又《また》才薄ければ、此《この》大業、中道《ちゆうどう》にして廃せんことを恐る。然れども、児が如き迂《う》男子《だんし》にあらざれば、浮世の栄華をすてゝ此の不朽《ふきゆう》の業に志し得ること少かるべし。児をして貧窮に終らしむるものも是《これ》ならん、児をして心は当世よりも貧しからず終らしむるものも是ならん。力の及ぶ丈《だけ》は諸知己《ちき》の知遇に酬《むく》いんこと、世の為《ため》国の為にもなるべきか。高橋氏は……児が生計の為《ため》にも常に心配し呉《く》るゝ也。児を視ること殆《ほとん》ど叔姪《しゆくてつ》の如きは大内氏也、児を視ること上客の如きは高橋氏也、児を視ること朋友の如きは三宅氏也。

すなわち、儒仏の教えを究め、その成果を哲学的理論によって表し、流麗な文章によって世に問う、ということを、自分の力で成し遂げることができるならば、我が内藤家の「儒業」にも背かず、諸氏の期待を裏切ることもない。しかし、悲しいかな、もはや若いとは言えず、才能も乏しい。このような「大業」は、途中で挫折することになるかもしれない。それでも、自分のような愚直な人間でなければ、この世の栄華を捨てて、「不朽の業」を志すことはできない。自分を貧窮のまま終わらせるのもこの愚直さだろう、逆に心は、世間に名を知られた人士よりも賤《いや》しからず終わらせるのもこの愚直さだろう。力の限り代筆を務め、自分の理解者である諸氏の知遇に酬いたならば、それは、世のため国のためにもなるはずである。しかも、諸氏が代筆を依頼するのは、才能を認めてくれているからのみではなく、自分を甥や大切な賓客、あるいは朋友の如く見なし、生計を心配してくれているからでもある。

自身にとっての代筆の意義を以上のように考える湖南は、その真情を一篇の詩に托し、父に送っている（明治二七年一〇月六日付書簡）。

自嘲

人に代わりし文字は、江湖に播《ひろ》まり、
充棟の詩書、腹肚に撐《あ》くも、
百事生平、人後《じんご》に落《お》つ、
齢《よわい》三十に垂《なんな》んとして、未だ名を成さず。

自嘲

人に代わって作った文章は世間に広まり、
溢れる書物を飽きるほど読んだというのに、
万事、常に、人に後れをとる、
年も三十になろうというのに、いまだ名を成しえていない。

【代筆文は他者の著作】 湖南にとっての代筆の意味は、書簡に見える次の記述にもうかがうことができる。すなわち、『哲学涓滴《けんてき》』に関して、「三宅の思想、実に超絶。三宅、当時（現在）の傑士《けつし》也。井上哲（次郎）などの所及《およぶところ》にあらず」と絶賛したうえで、「其の思考の秘訣は、児、已《すで》に暗に学得《まなび》たり。是《これ》より児が新方法を加へば、更に面白きこととなるべし」とその胸中を披瀝している（明治二六年四月二〇日付父親宛）。『哲学涓滴』は湖南が代筆したものではないが、ここに見える記述によって表現すれば、代筆とは、「実に超絶」なる三宅の思想を忠実に書き表す行為であり、そこに「児が新方法」を加えたりすることはない。湖南は、書物を通してのみならず、先輩諸氏と日々接し、その代筆を務めることを機会として、「其の思考の秘訣」を自らのものとした。それに「児が新方法」を加えてさらに「面白きこと」にすることにこそ、湖南の本意があったのである。

他者署名の代筆文を、湖南があくまでも他者の著作と見ていたことは、たとえば、自らが代筆した『我観小景』（明治二五年一〇月刊）を刊行直後に書評し、同書の説を学説変遷の前兆と位置づける文章に表れている。すなわち、同書の説を、「唯物的の学理に慣れたる頭脳」の者も、それとは逆に唯心的に世界を見る者も、いずれも自分が信じる見方に従ってしか読まないだろうと予測し、さらに、新説とは常にそのような読まれ方しかしないものであり、『我観』も、「唯物的の挙証十分ならぬ弱み」に付け込まれ「理想の乏しき十九世紀風の学者」に相手にされないのは言うまでもなく、簡単に分かったというような者も褒めることができるわけではない、と、読む者自身の見方や既成の概念に基づく反応を批判したうえで、実は自分もそのような一人だったと告白している（一巻六五〇～六五一頁）。つまり、湖南自身、現に代筆にあたりながら、自分がそれまで信じてきた見方や既成概念に従って、三宅の説を批評したり、また理解したつもりになったりしていた、というのである。その時期の父親宛書簡中に（明治二五年九月三〇日付）、『我観』について、「簡略なるものなれど、過半は児の懐中《かいちゅう》の哲学と一致せり。哲学の思想に於《おい》て、当時（現在）、三宅氏の右に出るもの殆《ほとん》ど無之《これなき》ほどならんが、其の思想の児の考と大異なきを見れば、児の如《ごと》きも亦《また》自ら軽ずべからずと存候《ぞんじそうろう》」と、その哲学思想の「過半」は自分の心中にすでにあるとするくだりがあるが、このような自身の反応を念頭に置いているのであろう。

しかし、代筆時の湖南のこのような理解や批評は、あくまでも一読者としてのものであり、代筆者としては、三宅の口述を忠実に筆記して自らの考えを交えることは一切なく、他者の見解と自らのそれとを明確に切り分けていた。だからこそ、完成した著作には、まぎれもなく三宅の学説が展開されており、代筆時の湖南には考え及ばなかった、学説変遷の前兆と言うべき新説が、世に問われることとなった。その後、『我観』の説の学術史的意義に気づいた湖南は、書評においてそれを明確にするとともに、書評者の立場で、かつての自分の読者としての軽率な姿勢を批判の俎上に載せたのである。このような湖南の代筆ぶりに感嘆した志賀は、「あれだけ自分を殺して三宅を出そうとするのは、三宅に優るとも劣らぬ天分がなければ出来ないことだ、と評した」と伝えられている（『上野理一伝』四四三頁、朝日新聞社、一九五九年）。代筆者としての湖南の姿勢を、喝破する言葉と言えよう。

三宅は、『真善美日本人』「凡例」で、本章三二七頁で引用した文章に続けて、「全体の意義は分毫《ふんごう》（ほんの少し）も責任を辞せずと雖も、文字の責任に至りては二氏（代筆者である湖南と長沢）の負ふ所とす。蓋《けだ》し文字のみに着目して思想を軽忽《けいこつ》に附するは、現今の通弊の如くなれば、余は務めて之を避けたるなり」と述べている。これによれば、当時、その思想内容をおざなりにして文章そのものにのみ目を奪われ、またそれのみを論評の対象とする風潮があった。それを三宅は「通弊」と見なしているが、そのような時代に湖南は、「文とても道を表はすの一端」（本章三三〇頁参照）という認識を以て、他者の思想をあくまでも他者のものとして文字化することに徹したのである。

【代筆か代作か】 ただし、ここで注意しておかなければならない重要なことがある。それは、湖南が執筆した他者の署名文には、代筆文と代作文とがあるということである。本章における代作文の定義は、本章三二七〜三二八頁に記した如く、編者が「代作」と明記して収録する文章の内容に従っており、代筆文とは異なって、湖南自身の見解や心情も反映されている。一方で、代作という言葉は、内藤文庫所蔵紙誌の書き込みや父親宛書簡にも見えており、たとえば本章三二九頁で、『大同新報』掲載の大内青巒署名文三篇（一四号「永世の計」、一六号「大同団の成功」、二〇号「哲学涓滴はしがき」）に湖南執筆を示すしるしが附されていることを指摘したが、書き込みや書簡ではそれらを「代作」としている。三篇中、「哲学涓滴はしがき」は、もともと『哲学涓滴』の巻末に附された評言であるが（わずかに文字の異同あり）、その執筆についても「児代作仕《つかまつ》り候」と父親宛書簡に記している（明治二二年一一月一一日付）。これら「代作」の意味するところが、本章と同じなのか、それとも本章で言う代筆に相当するのかについては、各文章の執筆経緯やその内容について検討しなければ、判断することはできない。かりに、書き込みや書簡に言う「代作」文が、口述筆記によるものであれば、大内になり切って執筆した代筆文と見なして間違いない。しかし、口述筆記でない場合には、執筆にあたって自身の見解や心情を交えなかったとする保証はない。この点を明確にするには、各文章が論じるテーマに関して大内や湖南がどのような見解をもっていたか、また、それらが執筆内容に反映されているか否かについて、確認する必要がある。ただし、先述の如く、大内の見解と湖南のそれとの間に境界線を引くことができない以上、この検討は容易ではない。それがたとえ代作文であったとしても、その内容のいずれが湖南の見解であるのかを明確にできない以上、言論人たる大内が署名し、責任の所在を明確にしている文章を、湖南のものとして、その著作と同様に扱うのは、控えるべきである。

編者も、書き込みや書簡が「代作」とする大内署名文三篇を、「著作目録」に著録していない。大内署名文に限らず、他者署名の文章については、編者はまったく言及しておらず、また、前に見た儀礼的性格を帯びた代作文を除き、著録も収録もしていない。すなわち、湖南執筆の他者署名文が代筆、代作のいずれであろうと、それらは署名者の著作として扱われるべきであり、湖南の著作と見なすべきではないと、編者もしているのである。

内藤文庫所蔵の父親宛書簡中には、同文庫所蔵の紙誌によっても知ることができない代筆文、あるいは代作文への言及が少なくない。たとえば、政教社入社後も大内のために文章を執筆しており、明治二三年一二月五日付書簡には「大内氏……又々書物の序文代作申《もうし》来れり」、同年一二月二二日付書簡には「ユニテリアン中に大内青巒として載せてある論文は児の起草なり」等の記述がある。後者には「児の起草」と記しているが、「代作」との間に意味の相異があるのか否か、にわかには判断し難い。また明治二三年三月二七日付書簡には、父の依頼に応えて執筆した「所懐を述ぶ」が同封されており、その封筒には「児代予作文（児が予に代わりて作りし文）」と、父親が朱でメモ書きしている。高橋健三に関しても、明治二五年一月四日付書簡に「危言欄の『僻論《へきろん》派の史家』（僻論は偏見に満ちた議論の意）は高橋健三氏に代りて児が作る所」という記述が見え、明治二六年四月二〇日付書簡には「高橋氏の為に二篇の論文、同新聞へ書き候」と記している。前者は『亜細亜』二八号掲載の高橋署名文であるが、後者の大阪朝日新聞掲載文については、どの二篇なのか、また署名の有無についても、今は知る術《すべ》がない。

以上のような湖南執筆文が代筆文なのか代作文なのかについては、これらの記述のみによっては判断できないものの、書簡に見える例から推して、未だ知られていない他者署名の湖南執筆文は、少なくないと考えられる。しかし、先に指摘したように、それらは署名者の著作として扱われるべきものである。ところが、唯一の例外として、「新年に際し日本人の地位を論ず」なる一文が、「著作目録」に著録されている。原載誌『日本人』六五号（明治二四年一月）には無署名で発表されたこの一篇が三宅の著作であることは、『真善美日本人』「凡例」に明記されている。にもかかわらず、編者は湖南の著作として著録したのである。これについては、後文で『日本人』掲載の無署名文について検討する際に、改めて触れることとしたい。

④無署名文

湖南執筆の無署名文は、新聞記者時代を通じて存在する。それを湖南の著作として「著作目録」に著録するには、確実な客観的根拠が必要である。「あとがき」にはこの根拠に関する説明があるが、本章第一節で指摘した問題を始め、疑問とせざるを得ない点は少なくない。それらはすべて、結局のところ、編者による弁別基準が不明という問題に帰着する。以下、無署名文の弁別について検討するが、その前に確認しておかなければならない重要な点がある。それは、「代筆」の定義である。

【不可解な弁別】「あとがき」によれば、無署名文には、湖南の著作と見なすことができるもののほかに、「代筆したもの」がある。不可解なことに、「代筆」文は採録しないという方針を明記する一方で、その数篇を、理由を述べることもなく収録している。繰り返すように、本章の定義においては、代筆とは口授者の見解を当人に成り代わって文章化することである。かりに編者も同じ意味で「代筆」という言葉を使用しているとすれば、他者の見解を記す文章を、湖南の著作を収録する全集に入れたことになる。こうしたことから考えても、編者の定義は本章のそれと異なることが明らかである。結論を先に言えば、編者の言う「代筆」文には、本章で定義するところの代筆文のみならず、代作文も、さらには湖南の著作と見なすことができる文章までも含まれている。この点を、以下で明確にしておきたい。

まず、政教社時代の「代筆」について、編者は次のように記している。「論説は主筆である三宅雪嶺、志賀矧川《しんせん》及び一時主筆代理をした杉浦天台道士の意を承《う》け又は自らの意見で代筆したものであるから、本巻には殆ど採録せず、ただその中の『亜細亜大陸の探検』『言論の自由と国悪隠諱《こくあくいんき》』『社会主義を執《と》れ』の三篇だけを載せた」（一巻六九二頁）。ここに言う「論説」は社説に相当し、わずかの例外を除いて無署名である。「代筆」するにあたり、主筆や主筆代理の「意を承け」たのは、論説とは本来、主筆が書くものだからである。加えて、「自らの意見で」執筆することも、編者は「代筆」と称している。しかし本章の定義では、「自らの意見で」執筆することは代筆とは見なさない。編者が「代筆」と称するのは、本来書くべき立場にあるものに代わって執筆しているからではないだろうか。

【多様な無署名「代筆」文】 この推測が間違っていないことは、第一次大阪朝日在社時代の「代筆」に関する説明によって確認することができる。編者によれば、この時期に執筆した論説には、「高橋健三氏の代筆者の立場にあったため、自らの名を著わすことはなかった」（三巻六三一頁）。それらの中、湖南自身の回想によってその執筆が判明する二篇、すなわち「受賞後の美術館」と「新内閣の方針」について、前者のみを「高橋氏の代筆として書かれたもの」と見なしている（一巻六九三頁）。加えて、「代筆」と見なさない後者について、六巻「あとがき」では、タイトルを「施政方針の発表」と訂正したうえで、本来は一巻に入れるべき湖南の「作」と記している（六九五頁）。しかしながら、湖南の回想による限り、両者の間に判断を分けなければならないほどの顕著な差はない。

すなわち、まず「受賞後の美術館」とは、その執筆を回想する「憶旧記一」によれば、「雅邦が龍虎図は神来《インスピレーション》の作なり、審査会が雅邦に取りては凡作たる羅漢図を賞して、龍虎図を無賞としたるは、眼なきなり」と断じた高橋が、「直ちに已れをして二日間に渉る論文を草せしめ」たものである。「大意は先づ其の神来の作たることを述べて、審査官が之を賞せざりしは、審査官が此の傑作に落第したるなりといひ、之を所蔵する岩崎家に取りて、其の宝たることは、其の富の全額よりも大なる者なりといふに在りき」という（二巻六三五頁）。

一方、「施政方針の発表」とは、「思ひ出話」によれば、改竄《かいざん》されてしまった施政方針に対し「大阪朝日新聞の論説は手加減をしてよい意味に解釈してくれ」と高橋から依頼され、「解釈をなるべく高橋先生の最初の意見の如く論じた」ものである（二巻七四二頁）。

以上によれば、二篇はどちらも、高橋の依頼に従って執筆され、高橋の見解が明記されており、同じ性格の文章である。もっとも、高橋が述べるままを文章化したもの、すなわち口述筆記ではない。高橋の見解に従ってはいても、湖南が独自に執筆している。「憶旧記一」によれば、湖南は病床にあった高橋より先に龍虎図を何度も観《み》に行き、最初に「動神駭魄《どうしんがいはく》の思をなし」、観《み》るごとに「其の凡《なみ》ならぬふしの頭脳に鮮《あざや》かに印象せられ来て」、「無双の傑作なり」と信じるに至っている。病床の高橋は、世間の話題となっていた龍虎図に対する湖南の評価を聞き、その後ようやく、自ら鑑賞に赴き、上掲の如く「神来の作なり」と評したのである（二巻六三五頁）。無署名文「受賞後の美術館」の実際の内容は、「神来の作」であることを指摘するにあたって、「能《よ》く人をして駭魄動心《がいはくどうしん》せしむる」（一三巻四七五頁）作品であることを詳述している。すなわち、湖南自身が龍虎図を観て「頭脳に鮮かに」残った印象に基づいて執筆しており、高橋の見解に加えて、湖南の見解や心情も込められていることは明らかである。このような文章は、本章の定義では、代筆文ではなく、代作文である。

「施政方針の発表」にもまた、湖南自身の心情や見解が反映されていると考えられる。そもそもこの施政方針は、松隈《しょうわい》内閣の「お守役《もりやく》として」内閣書記官長となった高橋が、「政治論の上でいちばんの相談相手」であった陸羯南《くがかつなん》とともに起草したものであり、湖南も大阪から呼び寄せられ、その作業を手伝っている。最初に書き上げたそれは、湖南によれば、「言論とか結社とかいふもの丶自由を認める、その他あらゆる当時の官僚政治の弊害を打破《うちやぶ》つた」、「非常な明白の進歩自由主義で書いたもの」であった。ところが、内閣会議において、少しずつ「意味が弱められ方針が枉《ま》げられて」しまう。高橋は湖南に、「大へん不満足に出来上つた、……今更これをどうすることも出来ぬから、これはなるべく善く解釈してこれを自分等の意味の通りに解釈するより仕方がない」と語っている（以上、二巻七三七～七四二頁）。「諸先輩の苦心が更《さら》に（少しも）酬いられなかつた」ことに「失望」（同上）する湖南が執筆した同論説には、たとえば末尾近くに次のような一文がある。「之《これ》（施政方針）を其の良好なるべき傾向に解し、新内閣をして輿情《よじょう》の冀望《きぼう》（世間一般の期待）する方向に趨かしめ、以て其の美を成さん（より良い結果を実現する）ことは、言責ある吾人が宜《よろ》しく務むべき所とす」（六巻一七六頁）。すなわち、政治の主義も方針改竄に対する無念の思いも高橋と共有する湖南が、先に引用した如く、高橋が起草した当初の通りに方針を解釈して論じたのは、高橋の依頼に応えるためのみではなく、そうすることが言論に責を負う自らの使命と考えるからでもあった。このような論説は、やはり単なる代筆文ではない。

すなわち、口述筆記ではない場合、他者の見解に従って執筆していても、そこに湖南の見解や心情が反映されているか否かによって文章の性格は変わり、代筆文と見るべき場合もあれば、代作文と見るべき場合もあることになる。加えて、本章三三〇頁以下でも見た如く、高橋の見解と湖南のそれとの間に境界線を引くことは難しく、「憶旧記二」の末尾には、絵画についての評価が高橋と一致することを確認して安堵したことを記している。そのような湖南には、高橋の見解通りに書くことと、自身の考えに即して書くこととは、矛盾することなく両立し得た。その場合、でき上がった文章は、二人の共著、内容によっては湖南の著作とすら見ることが可能である。すなわち、文章の内容と湖南の見解との関係、また依頼者の見解と湖南のそれとの関係如何《いかん》によって、代筆、代作、共著、著作のいずれの可能性もあり、その文章の性格を見極めるのは容易ではない。編者が「(主筆や主筆代理の)意を承け又は自らの意見で代筆した」という政教社時代の論説についても、同じことが言えよう。

【編者による「代筆」の定義】 以上のように、無署名の「代筆」文の性格を見極めるには内容の検討を要するものの、湖南自身の回想によって考えれば、上掲の二篇には湖南の見解や心情も反映されていることが明らかであり、しかも両者の間に、弁別結果が分かれるほどの差異はない。しかし編者は、一篇のみを「代筆」とし、もう一篇はそうではないとした。その理由については説明がないが、本章と異なる判断になったのは、「代筆」の定義が異なっているためと考えられる。編者の定義は、「受賞後の美術館」について、「当時著者は朝日の主筆であった高橋氏の代筆者の地位に居ったから、この論説が公には高橋氏のものであることは当然」(一三巻五五二頁)と述べる記述に表れている。すなわち、先に政教社時代についての記述によって推測したように、主筆が書くべき論説を主筆に代わって執筆するから、「代筆」なのである。一方、「施政方針の発表」が紙上に掲載されたのは明治二九年一〇月半ばであり、高橋はそれ以前の九月二〇日を以て内閣書記官長の命を拝している(二巻六八七頁)。高橋はもはや主筆ではないため、「代筆」とは見なさないのである。

このように、編者は、その立場にある者に代わって執筆することを「代筆」と称していると考えられる。「思ひ出話」には、高橋の書記官長就任後も「先生の意見を聴いて相変らず朝日新聞に論文を書くやうにといふことをいはれた」という記述がある(二巻七四二頁)が、編者の定義では、「先生の意見を聴いて」書いた論文であっても、高橋が主筆でなければ「代筆」とは見なさない。しかし本章では、その論文をいずれに弁別すべきかを、その内容と湖南の見解、さらに「先生の意見」との関係によって判断する。したがって、編者の言う「代筆」には、本章で定義する代筆のみならず、代作や共著、著作も含まれていることになる。

以上を踏まえて、以下、無署名文の弁別について検討を加えたい（以下の文中、特に説明なく「代筆」とカギカッコを附すのは、編者の言う「代筆」である）。

【「代筆」文採録の「手掛り」】 先に指摘した如く、編者は「代筆」文を採録しないという方針に反して、その数篇を収録している。たとえば政教社時代の論説については、「亜細亜大陸の探検」・「言論の自由と国悪隠諱」・「社会主義を執れ」の三篇を収録した（一巻六九二頁、上掲参照）。「あとがき」には言及がないが、「著作目録」では、さらに五篇を加え、計八篇を著録している。これらを、なぜ方針に反して収録・著録したのか、編者は説明していない。もっとも、政教社時代の執筆文に関しては、内藤文庫所蔵紙誌に書き込みやしるしがあり（本章三二九頁参照）、編者は「それによって著者の文を選ぶ手掛りを得ることができる」と述べている（一巻六八九頁）。根拠ではなく「手掛り」と記しているが、実際に所蔵紙誌にあたって確認してみると、収録・著録する文章には、確かに湖南が執筆したことを示す書き込みがある。ところが不可解なことに、著録されていないにもかかわらず同様の書き込みのある論説が、別になお五篇存在する。著録の八篇と未著録の五篇、計一三篇のタイトルを、書き込み（丸カッコ内）とともに列挙すれば、以下の如くである（◎は全集収録、○は「著作目録」著録、●は未著録を示す）。

●「吏権党は国権拡張を唱ふべからず」第一次『日本人』六一号（三宅ノ意見　虎代筆）
●「内閣は取て代り得べきか」同『日本人』六二号（三宅ノ意見　虎代筆）
○「大政治家の経綸あるか」同『日本人』六三号（三宅ノ意見　虎代筆）
◎「亜細亜大陸の探検」同右（虎起草）
○「歳晩に際し天を仰で絶叫す」同『日本人』六四号（三宅氏ノ意　虎代筆）
○「新年に際し日本人の地位を論ず」同『日本人』六五号（三宅ノ意　虎筆）
●「権略家と新聞雑誌」同『日本人』六六号（三宅意　虎筆）
○「立憲改進党に過を貳《ふたたび》せざらんことを望む」同『日本人』六七号（三宅意　虎筆）
○「衆議院の豪傑奚《なん》ぞ軍人の心を収攬せざる」同『日本人』六八号（三宅立案　虎筆）
●「度量衡法案は当さに大に稽査せざるべからず」同右（志賀意　虎筆）
●「兵備の拡張を欲せば大に軍人を譲責すべし」同『日本人』七一号（三宅立案　虎執筆）
◎「言論の自由と国悪隠諱」『亜細亜』三七号（児）
◎「社会主義を執れ」同右（児）

一見して明らかなように、収録文三篇の書き込みは、未収録の一〇篇とは異なり、ただ「虎起草」、あるいは「児」と記すのみである。加えて、三篇中の二篇を掲載する『亜細亜』三七号は、発行停止処分解除の直後に刊行されたが、収録文の欄外には、「二篇共、皆能《よく》時弊ヲ洞破し、刺撃シテ不剰《あまさず》」、「之ヲ停止前ニ比スレハ、其論議、高尚緻密ヲ覚フ」という父の讃辞が書き込まれている。編者は、このような書き込みを根拠として収録したと考えられる。

しかし、未収録の一〇篇については、著録文にも未著録文にも、三宅や志賀の意見・案を湖南が文章化したことを示す書き込みがある。「代筆」を含め、書き込みの言葉が意味するところは、文章の内容の検討を踏まえて理解する必要があるが、どのような意味であれ、たとえば六一号から六三号の三篇や、六六号・六七号の二篇のように、書き込みがまったく同文であるにもかかわらず、著録と未著録とに分かれている例がある。したがって、著録の根拠は書き込みではなく、別にあると考えざるを得ない。加えて、著録文五篇には他者の意見や案によるという書き込みがあるにもかかわらず、それらを湖南署名文と区別することなく著録している。これら五篇を署名文と同等に扱う根拠は、いったいどこにあるのだろうか。

【書簡に見える執筆状況】 ここで想起されるのは、内藤文庫所蔵の全集未収父親宛書簡である。すでに紹介しているように、そこには、湖南の執筆活動や代筆・代作等に関して多くの記述が見られる。上掲の書き込みに関しては、書き間違いの訂正から推測して、父親が湖南からの書簡に基づいて記した可能性が高いものの、湖南自身によるものか、父親によるものか、確定し難いのに対し、書簡は間違いなく湖南によって書かれたものである。編者はまったく言及していないが、あるいは書簡には書き込み以上の何らかの事実が記されており、それによって弁別した可能性も考えられる。

ところが、実際に参照してみると、想定とはまったく別の事実が明らかになる。すなわち、収録文に関する書簡の記述には編者による弁別結果と矛盾するものがあり、それによって、編者の弁別に間違いがあることが判明するのである。先の一三篇について、書簡では以下の如く述べている（引用文中の丸カッコは、原文のまま）。

[一]六十一「吏権党云々」六十二「内閣は取て代り得へき歟《か》」は三宅氏意見にて児の起草なれど、人の意見なれば筆力透《とお》らず、甚だ拙《つたな》く出来候。……近日送り上《あぐ》べき六十三「大政治家云々」も三宅氏意見児起草。「亜細亜探検」の「聞くならく」以下は児の起草志賀氏意見也。

（明治二三年一二月二二日付）

[二]歳暮《さいぼ》の日本人も、三宅氏の「仰天絶叫す」といふ論文、児代筆の約束也。

（同右）

[三]日本人正月新刊（六日発兌《はつだ》）の分は、「日本人の地位を論す」といふは、三宅氏ヨホド心血をそゝぎし考にて、児之を文章にするも、一夜眠らず執筆し頗る骨折りドーか見られる様な文章は出来たり。三宅は、之を大学へでもやって学術上の問題にすべしと喜び居候。三宅の見識の透徹は中々可驚《おどろくべき》ものにて、此人と交遊するは実に得益不少《えきをうることすくなからず》候。

（明治二四年一月二日付）

[四]六十六号　権略家と新聞雑誌（三宅立案）……

六十七号　立憲改進党（三宅立案）……

六十八号　衆議院の豪傑（三宅立案）

度量衡云々（志賀立案）……

以上は皆、児の筆になり候。

（明治二四年二月七日付）

[五]日本人は長々の停止にて、ヤツト先月二十日解停《かいてい》に相成候処、又々三回目にて七十一号は停止に相

成候。此度は軍人の攻撃気にさはり候事と被考《かんがえられ》候。立案は矢張り三宅にて執筆は児也。困つた者に御座候。　（明治二四年四月一二日付）

[六]あじあは解停に相成、三宅氏も帰朝故《ゆえ》、新刊は少しく生気あるべく存候。最初の社説一篇は児の筆にて、其次は三宅氏の話を矢張り児の文字にしたるものに御座候。　（明治二五年五月七日付）

[七]かの三十七号の論文は、最初のは全く児の立案・執筆と申《もうす》程にて、自由なりし故《ゆえ》、頗る心のまゝに出来候得共《そうらえども》、其後は更に心にかなひしものとては出来不申《もうさず》……　（明治二五年七月二五日付）

以上のうち、[五]・[六]・[七]にはタイトルが記されていないが、書簡の日付と内容から、[五]は「兵備の拡張を欲せば大に軍人を譲責すべし」について述べていること、また、[六]の「最初の社説」とは「言論の自由と国悪隠諱」、「其次」とは「社会主義を執れ」であることが明白である。[七]は、[六]と同じ『亜細亜』三七号への言及であり、「最初の」とは[六]の「最初の社説」と同じである。なお、[五]・[六]に見える「解停」とは、発行停止処分解除のことである。

書き込みとの相違について見る前に、使用されている言葉の意味を確認しておきたい。書簡の記述を正確に解釈するためには、湖南の意図にしたがってそれを理解しなければならないが、真に理解するには、文章の実際の内容と湖南や三宅・志賀の見解との関係を検討しなければならず、これは容易なことではない。ただし、[一]と[二]は同じ書簡中の記述であり、そこで使用されている「起草」と「代筆」については、それぞれの意味を示唆する記述が書簡中に見えている。

まず㊁に見える「代筆」については、同じ書簡中に、「『現日本』は五十九号は長沢の代筆、以下三篇は宮崎晴瀾《せいらん》と中少年詩人の代筆也」という記述がある。「現日本」とは、第一次『日本人』五九号から六三号まで、四回にわたって連載された「千頭清臣《ちかみきよおみ》述」の文章である。これによって、千頭が口述したものを長澤・宮崎が文章化したことを「代筆」と称していると分かる。すなわち、㊁に見える「代筆」の意味は、本章の定義と同じである。

つぎに、同じ書簡中の㊀の記述で用いられている「起草」は、雑誌掲載文について「児の起草」した文章が拙いと言い訳していることから考えて、他者のために草案や原稿を用意するという意味ではなく、文章を書き起こして完成させる、という意味である。しかも、同一書簡中に、「革新後の日本人『東洋問題』はすべて志賀氏の起草、又は志賀氏の意見にて長澤などの起草也」（紙面一新後の『日本人』掲載の「東洋問題」に関する論説はすべて、志賀の「起草」であるか、または志賀の「意見」を長澤などが「起草」したものである）という記述があり、「志賀氏の起草」の場合、志賀が他者の見解に従っていることを示す記述はない。すなわち、自分の見解に基づいて執筆し完成させることも「起草」と称しているのである。したがってこの言葉は、その見解が誰のものかに関係なく、掲載文を構想し、執筆、完成させるという意味であり、他者の「意見」に従う場合でも、先の「代筆」とは異なり、口述筆記を意味することはない。なお、本章三三六頁に引用した「ユニテリアン中に大内青巒として載せてある論文は児の起草なり」は、同様に「起草」を使用しているが、これも㊀・㊁と同一書簡中の記述である。附言すれば、書簡で「起草」とするものを所蔵紙誌の書き込みでは「代筆」としているが、それらは、先述の如く、父親が記した可能性が高く、書き込みに見える「代筆」の意味については別に考えなければならない。

【書簡と書き込みの異同】書簡の記述と書き込みとの相異に戻れば、収録文三篇の中、二篇については両者が一致していない。すなわち、「亜細亜大陸の探検」は、「聞説《きくな》らく」（一巻五三六頁）以下、つまり全体の約四分の三についてのみ、志賀の「意見」・湖南の「起草」としており（一）、「社会主義を執れ」は「三宅氏の話」を「児の文字にしたるもの」である（六）。書き込みと矛盾しないのは、「児の筆」と記す「言論の自由と国悪隠諱」のみである（六）。しかもこれについては、［七］で、「全く児の立案・執筆」であり、「自由」に「頗る心のまゝに」書けたと、充足感を示している。

　このように、書簡の記述によれば、湖南の著作として収録できるのは「言論の自由と国悪隠諱」のみであり、残る二篇は、湖南の著作と見なすのは難しい。湖南の見解が反映されていることが証明可能であれば、当然、収録すべきであるが、証明するには、二篇の内容と、湖南や志賀、三宅それぞれがもつ見解との関係を検討する必要があり、判断は容易ではない。かりに、編者がこの書簡の記述内容を知りながら収録したのであれば、不用意と言わざるを得ない。

　未収録文一〇篇についての書簡の記述には、書き込みとの間に矛盾はない。したがってまた、書き込みを著録文弁別の根拠と見ることができないのと同様に、書簡の記述もその根拠ではないと考えられる。たとえば［四］に見える四篇は、三宅か志賀かの違いを除き、記述がすべて同じであるにもかかわらず、著録と未著録とに分かれている。

　ただし、一〇篇中、［三］に見える「歳晩に際し天を仰で絶叫す」のみは、著録すべきでないと、書簡の記述によって判断することができる。すなわち、これは「虎代筆の約束」であり、その「代筆」の意味は、先に確認したとおり、本章の定義と同じである。したがって、約束が果たされ発表されたこの文章は、著録されるべきではない代筆文である。にもかかわらず、編者はこの一篇を著録している。

先述の収録文についてのみならず、著録文についても、編者の弁別結果には書簡の記述と矛盾するものが含まれているのである。このような過誤が生じたということは、間違いなく、編者は弁別に際して書簡の記述を参照しなかったということである。

【編者による弁別の過誤】ここまで、政教社時代の「代筆」について、書き込みや書簡の記述により、著録や収録の理由・根拠について検討してきた。収録については、書き込みを根拠としたと考えられるものの、誤りがあることが判明した。著録については、その根拠は不明のままであるが、やはり代筆文「歳晩に際し天を仰で絶叫す」が間違って著録されていることが明らかとなった。実のところ、著録文中には、ほかにも過誤とせざるを得ないものが含まれている。すなわち、本章三三六〜三三七頁でも言及した「新年に際し日本人の地位を論ず」である。『真善美日本人』の「凡例」に言うとおり、書き込みも書簡の記述[三]も、これを三宅の見解を文章化したものとしているが、これらによらずとも、実は最初に掲載された『日本人』六五号によってすでに、この一篇が三宅の著作であると知ることができる。すなわち、同号裏表紙内側に、「『日本人の地位を論す』といふ『精神』に就ては何等の質問にも応答《おうとう》可仕候《つかまつるべくそうろう》 三宅雄二郎」（「精神」は、この時期の論説欄の名称）と大文字で印刷し、三宅自ら自分に文責があることを明らかにしているので

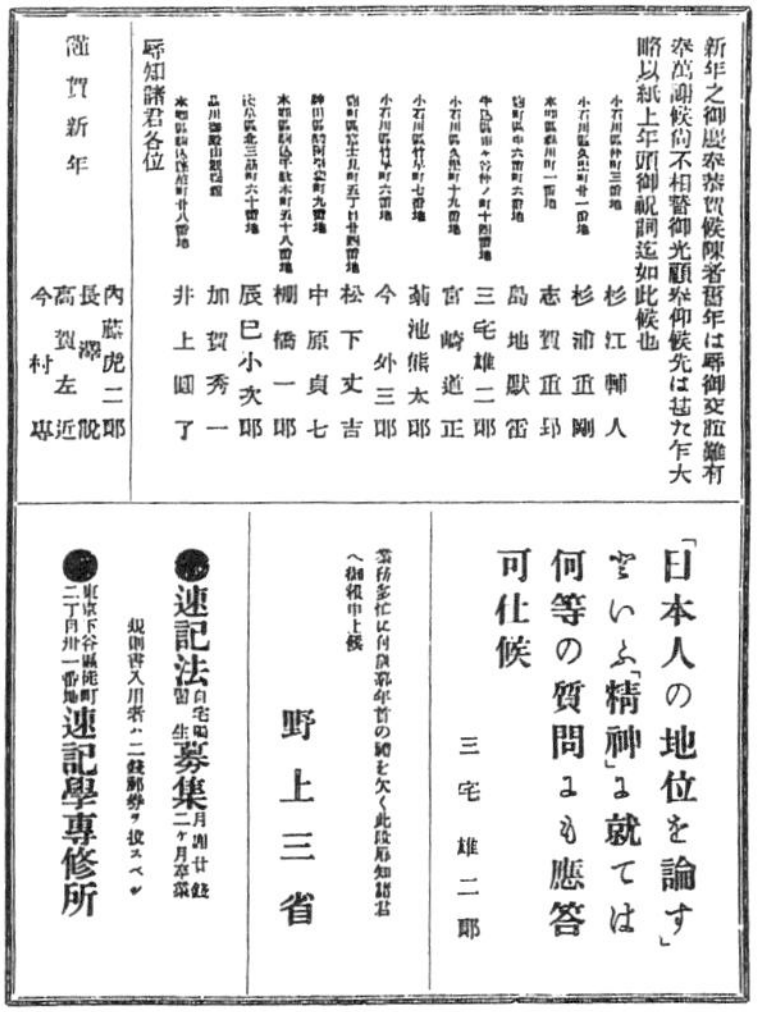

図８　『日本人』六五号裏表紙内側、明治24年

ある（図8参照）。『日本人』の裏表紙内側には通常、その発行日・誌代・注文方法など、いわゆる「奥付」が印刷されており、管見の限り、こうした文言を載せる例はほかにない。これによって、この無署名文は三宅の著作と見なされることになる。編者がこの記述の存在を知っていたか否かは不明であるが、このように、三宅の著作であることを示す根拠が複数存在する以上、たとえ湖南が「頗る骨折りドーか見られる様な文章」（書簡の記述㈢）に仕上げたものであっても、「著作目録」に著録するのは間違いと言わざるを得ない。

【第一次朝日在社時代の「代筆」採録基準】 方針に反して採録する理由・基準が不明であるのは、以上に見た政教社時代の「代筆」のみならず、第一次大阪朝日在社時代のそれについても同様である。この時期の朝日新聞も、湖南は自筆文掲載のものを父親に送っていたようであるが（明治三二年四月八日付父親宛書簡参照）、管見の限り内藤文庫に所蔵がなく、編者が湖南執筆文を見分ける手掛かりにしたものは、政教社時代までについてのそれとは異なっている。一巻「あとがき」によれば、湖南執筆の第一次在社時代掲載文は、湖南が自著に入れていること、また湖南による回想、さらに同新聞社史編修室関係者による指摘によって知ることができる（六九三頁）。それら執筆文のうち、編者が「代筆」と判断しているのは、回想によって判明する「受賞後の美術館」と、社史編修室編『村山龍平伝』・『上野理一伝』の年譜で湖南執筆とされている「戦局善後策」である。ほぼ同時期に書かれたこれら二篇を「代筆」と判断する理由は、すでに確認したように、高橋が主筆であったことにある。

ここで問題とすべきは、二篇の「代筆」文について、収録する基準についての説明がないことである。すなわち、「受賞後の美術館」は、「代筆」は収録しないという方針に反して収録しているのに対し、「戦局善後策」は方針通り収録していない。「受賞後の美術館」を収録する理由については、一三巻「あとがき」に、湖南がその執筆経緯を回想する文章と「参照する便をも考えて」採録すると記している。しかし、全集に収録するか否かは、「参照する便」によってではなく、湖南の著作であるか否かによって決定されなければならない。収録する「受賞後の美術館」は「著作目録」にも著録しており、これは、この「代筆」一篇を湖南の著作として扱っているのと同じであるが、収録していない「戦局善後策」は著録もなく、つまり、湖南の著作として扱っていない。同様に「代筆」と見なしながら、二篇の扱いがこのように異なる理由について、編者はまったく説明していない。

一方で、編者が方針通り収録も著録もしていない「戦局善後策」については、同社史編修室の上西鵬一氏が、全集一四巻の月報一四で「湖南先生の事態を洞察された社説」と主張している。もっとも、その理由は、高橋の社説には「今日の問題へ息せき切って突込んでゆくような筆の動きを感じる」のとは異なり、湖南の場合は「それより一歩退いて明日を、明後日をよく洞察して、静かにしかも深い造詣を傾けて説いておられる」ことである。これは上西氏の主観的判断に過ぎず、客観的根拠が示されているわけではないが、収録・著録すべき著作であるとするこのような主張に対し、編者は特に何も述べてはいない。

以上の「代筆」文二篇に「施政方針の発表」を加えた三篇は、いずれも湖南が高橋の「私設の秘書の如きもの」（一巻六九二頁）であった時期の執筆文である。これらの弁別について、「代筆」とする基準も、収録・著録する基準も、編者は明確に説明しておらず、全集編纂における弁別基準が不明という不備を象徴しているかの如くである。

【「代筆」ではない文章の著録基準】「代筆」に見られるのと同様の不備は、湖南の著作として扱う無署名文についても存在する。たとえば、『大同新報』の「大同新報」欄掲載文（社説に相当する）はすべて無署名であり、編者は、内藤文庫所蔵本のしるしを「手掛り」に弁別したと説明している（一巻六八九・六九一頁）。

実際に所蔵本にあたってみると、全集収録文については、すべてに湖南執筆を示すしるしが附されており、しるしを根拠に収録したと確認することができる。ところが、「著作目録」に著録された三一篇について見ると、うち九篇にはしるしが附されていない（一〇号「僧侶と被選権」、一二号「再び条約改正を論ず」・「憲法の解釈法」、一七号「正義の光漸く明かならんとす」・「風俗壊乱」、一八号「内閣諸公に望む」、一八・一九号「文学上仏教の功績」、一九号「我同胞に望む」、二一号「僧侶の被選権」）。実は、それら九篇を掲載する号には、いかなる事情によるのか不明であるが、湖南執筆を示すしるしはまったく附されておらず、時に多少の書き込みがあっても、湖南執筆を明示するものはない。にもかかわらず、根拠を説明することなく、著録文を選択しているのである。また逆に、しるしが附されているのに未著録となっている同欄掲載文が二篇ある（七号「再び信教の自由に就て」、二四号「政治界に於ける僧侶の運動」）。

このように、著録文選択の基準や根拠については、編者は説明を尽くしているわけではない。しかも、先の政教社時代の無署名文の場合と同様に父親宛書簡を参照してみると、この「大同新報」欄掲載文についても、弁別に誤りがあることが判明する。すなわち、明治二三年一月一二日付書簡に「大同新報は十九号は『我同胞に望む』とあるは後藤氏の作、其他の二篇及び時事は児の手に成り候」と記されているのである。一九号は、上述の如くしるしが附されていない号であり、その「大同新報」欄には掲載文が三篇ある。編者はその中の「クリスマスに就て」を未著録とし、残る「我同胞に望む」・「文学上仏教の功績」（一八・一九号連載文）を、根拠不明のまま著録した。しかし書簡によれば、著録されるべきは「クリスマスに就て」と「文学上仏教の功績」であり、「我同胞に望む」は湖南ではなく後藤祐助の著作なのである。

また、明治二二年六月一二日付書簡には、しるしが附されているにもかかわらず未著録の七号「再び信教の自由に就て」に関して、「新報第七号は社説二つとも児の手に成り」と、湖南の文章であることが明記されている（七号掲載の残る一篇は、六号からの連載文「現今の文学」）。

このように、「大同新報」欄掲載文の弁別結果と矛盾する点があることによっても、編者が書簡の記述を弁別の根拠としなかったことは明らかである。なお、しるしと一致しない著録文九篇・未著録文二篇のうち、書簡中に具体的記述があるのは以上のみである。しかし、本章三二八頁で言及した如く、依頼を受けて僧侶の被選権に関する論文を二本執筆したことを記す記述が書簡中にあり、一〇号「僧侶と被選権」・二一号「僧侶の被選権」は、この際に執筆した文章と関係があるとも考えられる。弁別結果の当否については今は問わないとしても、弁別の基準や根拠について説明が尽くされておらず、無署名文が根拠不明のまま著録されていることは、極めて重大な不備であると言わざるを得ない。

弁別の根拠が不明の無署名文は、以上にとどまらない。ほかにもたとえば、もう一人の編者である神田喜一郎氏が選別した『台湾日報』の社説についても、根拠に関してはまったく言及がない（二巻七五八頁）。また、第一次朝日在社時代の「読宋史」（六巻）は前出の上西鵬一氏（朝日新聞社史編修室）の指摘によって収録されているが、湖南の著作とする根拠を、上西氏も編者も示してはいない。同社史編修室による『「日本」新聞と「朝日新聞」』（一九六三年）には、「湖南は……（明治）二十七年七月『大朝』に入社した。七月十一日の『大朝』紙上には、湖南執筆の『中学校の増設及其位置』

と題する社説が載っている」（二三二頁）という記述もある。同編修室には、あるいは、湖南執筆文について記録や伝承のようなものが存在したのだろうか。この点について、二〇一五年九月、同新聞社の湖南研究家・野嶋剛氏に直接確認させていただいたところ、そのようなものを個人的には承知しておられないとのことであった。なお、湖南は明治二七年七月に大阪に赴いているが（同年七月八日付父親宛書簡）、大阪朝日新聞社の客員となったのは同年九月末であり、それ以降、「是迄《これまで》通り高橋氏の論文代筆」するのみならず、「自分でもかくことある」ように、つまり、無署名ながら自分の論文を執筆できるようになっている（同年一〇月六日付父親宛書簡）。客員となって「最初の論文」は「大任を受くるの覚悟」（同年一〇月二日掲載）である（同年一一月一五日付父親宛書簡）。

【文章そのものによる弁別】実は、編者が明記していない弁別基準、あるいはその方法を示唆する次のような記述が、第二次朝日在社時代の無署名文収録に関する説明の中にある。

著者の手許には、第二次在社時代に書いた文の載った新聞は、或る程度、取分けて保存されていた。……就中《なかんずく》、当時著者の最大関心事であった満洲問題に関する論説は大部分保存されているが、特に明治三十六年一月二十三日の「韓国の総税務司」から三十七年二月十日、十一日の「交渉顚末の発表」に至るまでの論説中、満洲問題に関係のあるもの四十四篇は、美濃紙の台紙に貼った切抜の形で残っている。これは装訂をせず、表題も目次もついてはいないが、中に著者の筆蹟で日附を書き入れたところが一箇処あるので、著者の意で作られたものであることが明らかである。この切抜の範囲は、恰《あたか》も（ちょうど）著者が第二回目の支那旅行で、露国の満洲経営の状況を視察して、満洲問題に対する確信を得て帰国した直後から、著者のかねての主張であった露国との開戦が実現するに至るまでの時期に当るもので、これだけで一つの論著と見ることもできないことはないものであるから、或は著者がいつか上梓《じょうし》するつもりがあって準備したものであるかも知れない。その中に含まれている……五篇は無署名である。

なおその外に、編者がこの「あとがき」を書くに当って、著者の保存していた新聞を再検討した結果、著者の筆に相違ないと思われる無署名の論説十二篇を見出した（三巻六三一〜六三二頁）。

これによれば、まず五篇は、「満洲問題に関係のあるもの四十四篇」の切り抜きファイル中に、署名論説とともに含まれていた。しかし、収録の理由は、署名論説とともにファイルされていたことにあるのではない。編者は、湖南の意で作られたこのファイルの「切抜の範囲」について、テーマや掲載時期を確認し、それに基づきファイルが未刊の論著である可能性を指摘している。すなわち、五篇の文章そのものが、署名のある文章とともに未刊の論著を構成しているため、湖南の著作と見なし、収録したのである。

さらに一二篇については、右の五篇に比して説明が非常に簡潔であるが、湖南保存の新聞を「再検討」し、「著者の筆に相違ないと思われる」ため、収録している。つまり、文章そのものが湖南執筆と見なし得ることを、理由としている。

以上は三巻「あとがき」に見える記述であるが、四巻「あとがき」でも、同新聞所載「雑文」中の四篇について、「無署名であるが、その著者の文であることは、これらが著者が取分けて保存していたものであることと、その内容とから判断して明らかである」と説明している。やはり、湖南保存のものから、文章そのものの「内容」によって選択している。

以上のように、第二次朝日在社時代の無署名文については、湖南保存のものから、文章そのものに依拠し、その内容・テーマ、また湖南の主張・署名文との関係などを考慮して、選択している。文章そのものに依拠したことを明記するのは、この時期のもののみである。ただし、編者が文章そのものによって湖南執筆文を判別していたことを示す記述は、内藤文庫所蔵紙誌による弁別について述べる文中にも見えている。すなわち、湖南が最初に編集に従事した雑誌『明教新誌』の掲載文弁別に関して、著録している二篇には湖南の論文であることを示す附箋や書き込みがあること、その外にも、湖南自身が誤植を訂正している文章や「文章の特徴によって著者の筆と推測されるもの」が若干あることを説明したうえで、これらのうち、湖南の回想中に言及がある一篇のみを収録したと断っている（一巻六九〇頁）。これによれば、所蔵紙誌に見えるしるしや書き込み、また湖南自身による回想を手掛かりとして採録した際にも、同時に、文章そのものが備える特徴によって湖南執筆文を判別していたことが確かである。もっとも、この際には、文章の特徴によって推測されるのみでは採録せず、客観的に確認できる手掛かりに依拠して著録文を選択し、収録文についてはより厳格に、湖南自身が執筆を明言する一篇に限っている。

さらに、第一次朝日在社時代についての記述中では、すでに見た三篇の無署名文、「受賞後の美術館」・「施政方針の発表」・「戦局善後策」について述べるのに続けて、これら以外にも、『朝日新聞』を精査すれば「著者執筆の文を見分けることは或る程度可能であると思う」が、それを未だ試みていない、と記している（一巻六九三頁）。どのように見分けるのか、その方法についてはまったく触れていないが、『明教新誌』掲載文弁別に関する上掲の説明によって考えれば、文章そのものによって見分けることが可能と考えていたことは明らかである。

【慎重な弁別姿勢】 このように編者は、第二次朝日在社時代についてのみならず、他の時期の湖南の著作についても、文章そのものに依拠して判別可能と考えていた。ただし、実際に行うにあたっては慎重であり、『明教新誌』掲載文弁別においては、確実な客観的手掛かりがあるものに限って採録しており、第一次在社時代については、試みることなく終わっている。慎重な姿勢は第二次在社時代についても同様であり、弁別の対象としたのは、湖南が保存していた新聞掲載文のみである。湖南保存の新聞であれば、掲載の無署名論説が湖南の著作である蓋然性は高い。保存されていなかった同新聞、また『万朝報』について、調査したい意向をもちながら果たしていないのは、第一次在社時代についてと同じである（二・三巻「あとがき」参照）。その理由として、「鑑別採集する遑《いとま》はなかった」こと（二巻七五九頁）や、「荏苒《じんぜん》（わけもなく先延ばしにして）日を過す中に、編者が老病併せ至る身と」なったこと（三巻六三一頁）等を挙げている。しかし、湖南が保存していた新聞掲載文のみを弁別対象としたのは、文章そのものによる判断は容易でないため、慎重にならざるを得なかったことも、理由の一つであろう。容易でなかったことは、上引の三巻「あとがき」に見える、無署名論説一二篇の収録経緯に表れている。すなわち、それらは、三巻編纂作業も終わりに近く、校正もほぼ完了して「あとがき」を書く段になり、もう一度検討した結果、ようやく見出しえたのである。そのため、三巻に収めるべき文章を四巻に収録することとなり、「読者の諒恕《りょうじょ》を請わなければならない」と謝罪している（三巻六三二頁）。保存紙からの弁別すら、再検討を経てようやく結論に至ることができるほど、容易ではなかったのである。

【湖南の心知と編者の方法】 編者は、文章による弁別に慎重であっただけではなく、文章そのものに依拠して湖南の著作を見分ける際の基準や方法について、具体的に説明してはいない。上引の如く、論説一二篇については「著者の筆に相違ないと思われる」、また雑文四篇については「取分けて保存していたものであることと、その内容とから判断して明らか」等、結論のみを主観的に述べるにとどまっている。これらの文章の中には、記されている事実によって、間違いなく湖南の文章と判断できるものもあるが、そのような例はわずかに過ぎない。このような説明では、弁別の基準や根拠が明らかになったとは言い難い。

もっとも、以上のような説明とは非常に対照的に、「満洲問題に関係のあるもの四十四篇」に含まれている五篇については、具体的かつ丁寧に判断の理由・根拠を説明している。これは、時によって説明の仕方を変えたわけではなく、可能であれば明確に説明したということではないだろうか。つまり、編者は、基準や根拠を明確にする必要性を認めており、その努力を怠ることはなかったのである。にもかかわらず具体的説明がない場合は、その判断が説明可能な分析や論証の次元を超えている、ということなのではないだろうか。

ここで想起されるのは、本書第四章第三節「史料論」で明らかにした、湖南自身の史料の扱い方である。すなわち、その特徴の一つとして、考証や論理的分析によってではなく、歴史家としての直観によって、史料を鑑別したことを指摘した。古代史研究においては事実の完全な解明は不可能という前提のもと、湖南は疑古や釈古の方法を駆使して、史料に臨み、史実を読み取ろうとした。とりわけ、史料に内在する時代精神を直観により感得してその価値を判断するという方法は、湖南の史料論における最も顕著な特徴である。おそらく、史料に接した時点で、瞬時にそれをなし得たと考えられる。

編者は、その湖南の長男であり、湖南と同様、中国学を専門とし、能書家でもあった。湖南が編者に自らの学問を伝えようとしていたことは、「長男を私の後継者とするには学問のやり直しをせねばならない。それで私の手許においてをります」（『報知新聞』秋田版、一九二九年八月二三日）という湖南生前の言葉に表れている。湖南を最も近いところで観察し、やがてその全集の編纂を担うことになる編者は、湖南の学問と思想の真の理解者の一人であったに相違なく、直観によって判断するという方法の有効性と意義についても、知悉《ちしつ》していたに違いない。そのような編者が、湖南の著作を判別するという困難な課題に、同様の方法によって臨んだとしても、不思議ではない。湖南が史料を鑑別する際の直観が時代精神の把握に基づいていたように、編者が湖南の著作を判別する際の直観は、湖南の思想に対する深い理解に基づいていた。

直観による判断は、その理由や根拠を言語によって論理的に表現するのが難しい。編者が著録の基準や根拠について説明を尽くしていないかの如く、また、結論のみを主観的に述べるにとどまっているかの如く見えるのは、そのためであろう。そうではあっても、湖南の学問や思想を深く理解し、その精神を真に内在的に把握することができれば、編者が採った方法によって、湖南の著作を特定するという課題を解決する可能性は確実に高まる。

そもそも、無署名文の著者特定が困難な理由は、古代史において事実の確定が困難な理由と、同じである。確実かつ客観的な証拠は常に充分ではなく、緻密な分析や論証によって解明される範囲には自ずと限界がある。そのような課題に対しては、認識対象に対する深い理解に基づく研究者独自の見識が重要な役割を果たす余地が小さくない。直観による判断とは、この独自の見識による判断であり、内在的理解の深度に比例して有効性を増す。言語による説明が不可能に近くとも、文章そのものと著者の思想に対する深い理解とに基づくこの方法こそ、文献研究の王道であるとすら言うことができよう。富永仲基の加上法が「思想の上から歴史の前後を発見する方法」（九巻三七八頁）であるならば、これは、思想の上から著者を特定する方法、である。

著者の思想の内在的理解に基づくこの方法は、誰にでも可能なわけではない。学問上の研鑽に加え、著者と同じ立場に立ち、同情と共感を以てその心理に肉薄するための忍耐強い修錬、さらにそれらを成し遂げる能力が求められる。これら研鑽、修錬、能力とは、まさに本書第五章で論究した「心知」に不可欠のそれらと同じものである。すなわち、真の内在的理解に基づく弁別とは、「心知」そのものと言うことができる。心知とは、一個の表現者が作品に結晶化した内面世界をあるがままに感得・了解することであり、不断の修錬によってその表現者と同等の境地に達し得た者にして、始めて可能となる。言わば、直観的な悟得であり、言語による説明は不可能に近い。

【編者の弁別法】 編者が説明を尽くしていないかの如くに見える弁別の方法とは、まさに心知であったと言うことができる。編者は、無署名文のみでなく、署名文に対しても、心知という姿勢を以て臨んだと考えられる。本節①で見た如く、署名があるにもかかわらず未著録の文章について、判断の基準を明記していないのは、そのためであろう。編者による心知は、署名の有無にかかわらず、あらゆる湖南執筆文に及び、一読すれば、ただちに感得するところがあったに違いない。

無論、編者の弁別が心知のみによったわけではないことは、本章でも見てきたところであり、これは各巻の「あとがき」を読めば明らかである。編者はまず、客観的に確認できる手掛かりを根拠として弁別し、それらを優先して明確に説明している。学問研究は、確実かつ客観的な論拠に基づいて進められるべきものである以上、これは当然のことである。しかし客観的な手掛かりが見出せなければ、心知を以て弁別する以外に方法はない。さらに、手掛かりがあっても、直観・心知するところに確信がもてれば、それを以て弁別したのである。

しかしながら、編者がたとえ湖南の最良の理解者の一人であったとしても、心知に完璧を期すのは難しく、編者の判断結果が常に正しいとは限らない。編者自身、それを自覚していたからこそ、先に見た如く、文章そのものによる判断には慎重であったと考えられる。実際、既述の如く、「著作目録」の著録には誤りが見られる。編者の判断が正しいとは限らない以上、史料論的検討を加えることは必須であるが、では、採録した基準・根拠について具体的説明がない無署名文について、どのように検討するのか。この検討もまた、確実な客観的根拠を見出せなければ、湖南に対する真の内在的理解を深め、心知する以外に方法はない。

【心知の困難と有効性】しかし、これは容易なことではない。中野目氏は「当時の読者はごく自然に著者を推測できたのではないかと思う」と述べているが（本章三一九頁参照）、その推測を誤る例は少なくない。たとえば、『近世文学史論』が「関西文運論」なる題名で『大阪朝日新聞』に連載されていた当時、無署名であるがゆえに高橋健三の著作と誤解され、高橋の健在を祝する新聞があったという（一巻一四〇頁）。高橋は当時、一流の知識人として名が知られており、主筆格で大阪朝日の客員となった際には、新聞第一面の年頭社告においてそのことが周知されたほどの人物である。「関西文運論」の文章や内容は高く評価され、まさにその故に、当時なお無名に等しい湖南ではなく、高橋こそが著者であると判断されてしまったのである。文章そのものによる著者の特定は、判断する側の知識や情報、また思い込みに左右されやすい。また、『大同新報』に連載された無署名文「咳唾皆珠」（英独仏伊語の金言・箴言の抄訳欄）は、直ちに『涙珠唾珠』を想起せしめるその題名に加え、内容も『涙珠唾珠』の厭世的虚無的な傾向と重なっており、読む者に湖南の著述と推断させかねない。しかしこれについては、書き込みによって後藤祐助の執筆にかかることが判明している。

かく言う本章執筆者の一人も、編者が「著作目録」に著録した「我同胞に望む」(『大同新報』一九号)が湖南の著作でないなどとは思いもよらず、そこには早期湖南の思想が典型的に表れていると見なし、自身の立論の根拠として疑うことはなかったのである。

心知による弁別は、確かに容易にできることではない。しかし、それが可能であるならば、ほかには有効な方法が見出し難い複雑な史料論的課題の解決に、大きく寄与することは間違いない。たとえば、本節①でとりあげた、未確認・未整理・未校訂のまま残されている湖南署名文の史料論的検討においても、また、編者の言う「代筆」文に湖南自身の見解がどの程度反映されているかという難題に対しても、心知は有効な方法であると考えられる。

【他の全集の収録基準】 ここまで、無署名文の弁別に関し、心知という方法について見てきたが、本章第一節で言及したように、無署名文の著者特定は明治大正期の史料論において避けては通れぬ重要な課題である。いま、湖南とほぼ同時代に生きた三名の人物の『全集』が、無署名文をどのように扱っているかを簡単に見て、心知なる方法の意義を確認しておきたい。

まず『中江兆民全集』(岩波書店、一九八三~八六年)であるが、その刊行にあたり、編纂委員会は、無署名論説を兆民執筆と認定するための客観的基準なるものの確立を試みている。これについては、同『全集』一四巻附載の松永昌三「無署名論説認定の方法と基準」、ならびに同『全集』月報所載の溝口雄三「認定作業をふり返って(一)~(五)」に詳しく紹介されている。それらによれば、「漢字表記の特徴」、「送り仮名表記の特徴」など、文体・言語上の五つの特徴を、弁別の基準として具体的に設定している。しかしこの基準は、著者が読者層に合わせて文体や表記を意図的に変える可能性を想定していないなど、その有効性に疑義が提出されている。斬新な試みとして評価はされながらも、こうした基準を設定することが広く承認されているわけではないようである。

また、著者特定が容易ではないために、無署名文を極力収録するという方針が採られたことも、逆に極力控えるという方針が採られたこともある。たとえば、『内藤湖南全集』とほぼ同時期に編纂された『陸羯南全集』全一〇巻（みすず書房、一九六八〜七五年）の編者は、羯南執筆の可能性がいささかでもあれば極力収録するという方針を採っている。すなわち、各巻末の「解説」によれば、無署名文については「陸家伝来の社説切抜帳」に依拠して収録するのみならず、「内容や文体からみて羯南の執筆でないのではないかと疑われるものでも、明確な証拠のない場合にはすべて収録」したり（三巻）、「羯南の文章かどうかについては、文章の感じ以外には証拠がないので、本巻には社説はすべて収録」したり（七巻）している。

これに対し、疑わしきは極力収録しない方針を採った例として、一〇年余り遅れて刊行された『杉浦重剛全集』全六巻（明治教育史研究会、一九八二〜八三年）がある。無署名論説に苦心した状況は、二巻「あとがき」に詳しい。特に『読売新聞』論説について、杉浦が執筆したのは総計二五〇篇前後（すべて無署名）と推定されているが、そのうちの約一〇〇篇を収録するに止まっている。収録にあたって判断の基準としたのは、杉浦執筆が判明している文章と同一の題名を掲げて関連テーマを論じていること、また、杉浦執筆と疑問の余地なく断定する根拠となり得る文言（杉浦作の和歌を含む）が文中にあること、この二つである。ほかにも「文体や内容から」推定できるものは多いが、それのみでは「材料が乏しい」として、右の二つの基準を満たさないものは収録を見送っている。『東京朝日新聞』掲載文については、署名論説四九二篇を収録し、無署名論説については、杉浦執筆と断定するに足る傍証を文中に見出すことができる一篇を収録するのみである。さらに無署名の雑誌論文についても、なお相当数が存在するのではないかと推定しつつ、疑わしきは収録せずという方針を貫いている（一巻「あとがき」）。

極力収録するにせよしないにせよ、明確に方針を説明したうえでそれを貫いており、どちらがあるべき姿勢なのか、軽々に判断を下すことはできない。いずれにせよ、以上の三例はすべて、無署名文の著者を特定する鍵を、文章そのものに求めている点において、『内藤湖南全集』と共通している。しかし、その判断基準はやはり定め難く、いずれも真の課題解決に至っているとは言い難い。『陸羯南全集』の如くゆるやかに設定すれば、著者のものではない可能性がある文章を多く含むこととなり、改めて史料論的な検討が必要となる。反対に、『杉浦重剛全集』の如く客観的基準を厳格に定めれば、著作の多くを排除し、著者に対する理解が十全なものとはならない可能性も出てくる。一方、『中江兆民全集』の如く、客観的基準なるものを設定しても、その基準そのものが信頼されなければ、『全集』に対する信頼も揺らぐことになりかねない。

【心知による弁別の意義】心知による弁別結果を含む『内藤湖南全集』の場合、本章で見た如く、判断基準の説明が尽くされているとは言い難く、そのために、『中江兆民全集』同様、信頼は揺らぎかねない。しかし、編者が心知を以て困難な課題を解決しようとしたように、湖南に対する内在的理解を深め、心知を以て再検討する努力を続ければ、その検討作業が、さらに湖南に対する内在的理解の深化をもたらし、それとともに、心知なる方法による検討の有効性も高くなる。理解の深化と有効性の高まりとの相互連関・相互作用こそ、上記三者の解決法には見られない、まさに心知なる方法の特長である。

心知なる方法が可能であれば、無署名文を極力収録した『陸羯南全集』はさらに弁別の精度を高めることができ、『杉浦重剛全集』に収録されなかった無署名文も、再度、弁別の対象とすることができる。『中江兆民全集』についても、収録の無署名文を心知によって検討することができれば、設定した客観的基準なるものによる判断の当否を確認することができ、それにより客観的基準の有効性も確認することができる。

容易には実行し難い心知ではあっても、真に課題を解決しようと志すならば、研究者各自が湖南に対する理解を真に深め、心知する能力を獲得するほかはない。

【「売文」――湖南が筆を枉げることはあったか】無署名文について述べるべきは以上であるが、最後に、無署名文に関する疑念、すなわち、湖南が生活の糧《かて》を得るために己の主張を枉《ま》げ、他者の主張を展開するために執筆したことがあったかという問題について、述べておきたい。若き湖南にとって、文筆活動が糊口を凌ぐ手段でもあったことは、たとえば「緇《し》心《しん》録」において政教社時代を振り返り、「先輩の後《しり》へに随て、糊口の資とも頼み、進学成名の路《みち》とも辿りたる、『亜細亜』編輯の事」（一巻四二〇頁）と記していることによっても明らかである。『亜細亜』編輯の事のみならず、新聞記者時代を通じて執筆活動がそのような意味をもっていたことは、様々な文章にうかがうことができる。

しかし、「緇心録」の半年前に発表された「売文」と題する短篇（一巻三二四頁）が、上記のような疑念が杞憂《きゆう》に過ぎないことを証明している。すなわち、詩人の中の「汚るゝ者」は、技を弄して物欲を満たし、権力者に追従しようとさえしている。世の汚濁を知る彼らは、時流に乗るもやむなしと考え、真摯《しんし》な努力を懸命に重ねる人間を笑いとばしている。しかし、やがて彼等にも、自己欺瞞《ぎまん》に堪えられず、「羞悪《しゅうお》の情」がこみ上げる時が必ず来るはずである。そんな処世より、正道を進むが故に不遇であったとしても、「自反して誠なるの楽（自らを省みて誠実であると思うことができる喜び）」が大きい生き方を選ぶべし。以上のように論じたうえで、こうした主張も、「汚る丶者」の嘲笑の的となるに違いないと述べ、世の売文輩と自らを峻別している。

このような湖南が、たとえ無署名であろうと、自らの保身や生活のために「自反して誠なる」道を捨て、信念を枉げて唯々《いい》諾々《だくだく》と他者の主張を展開することがあったとは、到底考えられない。

3 研究の深化が全集を完成させる

本章では、史料論的検討を目的として、湖南執筆文を四種に分類し、それぞれの性格について考察するとともに、関連資料によって編者による弁別を検証し、全集「著作目録」の著録基準が必ずしも明確ではないことを指摘した。同時に、史料論的検討の方法自体についても考えた。

無論、本章での検討は、中国の成語に言う「拋磚引玉《ほうせんいんぎょく》（レンガを投げて玉《ぎょく》を引き寄せる）」、すなわち、初歩的で未熟なたたき台を提示することにより、質の高い本格的検討が進み、豊かな成果が生み出されることを期待するものでしかない。無署名文の判別や代筆に関する諸問題など、課題のほとんどは未解決のままである。しかし少なくとも、湖南研究に関わる者であれば史料論的課題の存在を認識する必要があることを明確にできたと信じている。

本章における検討は、父・十湾、湖南、編者の三代にわたって蓄積・保存されてきた貴重な資料と、関西大学図書館によるその丁寧な整理があって、初めて可能となった。同じ意味において注目されるのは、鹿角市先人顕彰館調査資料・内藤湖南生誕一五〇年記念『内藤湖南・十湾書簡集』（鹿角市教育委員会、二〇一六年）の出版である。ここには、内藤文庫所蔵の全集未収書簡の中から、父親宛一五九通・母親宛三通を収め、加えて同文庫所蔵の父・十湾から湖南宛九通・親族宛一通の書簡、さらに地元に伝わる湖南の書簡三二通（うち三通は父親宛）を収録している。父親宛書簡は全集にも四九通が収録されているが、内藤文庫には、この書簡集にも全集にも未収の父親宛書簡が、少なくともなお九九通（うち三八通は葉書、また三三通は年または年月日不詳）所蔵されている。

本章でも触れたように、湖南は父親に、執筆文掲載紙誌を送っていたのみでなく、書簡により自らの執筆活動について可能な限り報告していた。とりわけ、無署名文・代作文・代筆文に関する記述には、書簡によってしか知り得ない貴重な事実が豊富に含まれている。加えて、湖南が自身の第一の理解者である父親にしか語り得なかった、執筆活動にまつわる複雑な真情が吐露されており、父親宛書簡は、湖南理解と湖南執筆文の史料論的検討において、第一級の史料である。今後、書簡を手掛かりに、湖南の著作と見るべき無署名文が新たに明らかとなり、それによって湖南理解が進むことは間違いない。

たとえば、明治二三年八月二九日付父親宛書簡には、同年二月創刊の『江湖新聞』に関して、「隔日にかき候事《そうろうこと》に相成《あいなり》、殊更《ことさら》本月に入りては毎日の社説引受《ひきうけ》多忙なり」という記述がある。『江湖新聞』は資金難による休刊が多く、七月に再刊されるも、八月は六日までしか刊行されていない。この限られた範囲の記事の中に、湖南の無署名文が確実に含まれているのである。

また、『万朝報』についても、明治三一年一一月六日付書簡に以下のような記述がある。

支那の政変後、万朝報の支那に関する論文は署名なきものも児の筆多く、先月中、「清国政変と皇帝の安否」と題する議論などは、その後日本新聞その他も同様の議論有之《これあり》候へ共、児の論、最も先んじ候事にて、／強力なる忠告の必要／皇帝安否確認の必要／主権所在不確定の詰問／矢野公使謁見の必要／等は、すべて児の論第一に発し候。先月末「支那改革説の二時期」三篇も児の筆に御座候。その他、張之洞の地位外、「八面鋒」と称する欄内の支那関係のもの、大抵児の筆多く、凡そこの問題は、万朝報にては児の意見を以て定見とすること丶相成居《あいなりおり》候。その多少世間に効力あり、又先見の適中せることは聊《いささ》か執筆の本懐《ほんかい》かなひ申《もうし》候。

文中、「支那改革説の二時期」は全集二巻所収であるが、「清国政変と皇帝の安否」（明治三一年一〇月一二・一三日掲載）や「張之洞の地位外、『八面鋒』と称する欄内の支那関係のもの」（「張之洞の地位」は同年一〇月一七日掲載）については、未収である。これら、戊戌政変後の『万朝報』掲載中国関係無署名文も、湖南研究の進展とともに明らかになるに違いない。さらに、このように湖南がその内容を強く自負する文章の発掘が、湖南理解のより一層の深化につながることは言うまでもない。

湖南研究が盛況に向かいつつある現在、多くの研究者が、それぞれの個別テーマに即して湖南の真の姿を明らかにしようとしている。史料面から見ても研究環境は画期的に整備されてきており、湖南理解は確実に進みつつある。しかし自覚すべきは、研究者各自が個別的研究に埋没することなく、湖南研究の全体、ならびに関連分野の研究成果を最大限に吸収・把握し、湖南自身の思想や世界観を、湖南が置かれていた社会的文化的状況とともに徹底的に解明しようと努めることであろう。この努力と研鑽こそ、湖南を真に深く内在的に理解することを可能とし、湖南を心知する前提を確実なものとする。心知という、思想の上から著者を特定する方法は、容易でないばかりでなく、その主観性の故に、誤解を受ける可能性も大きい。しかし、湖南研究の拠り所となる「著作目録」の信憑性は、湖南理解の深化に基づく心知によってこそ、高めることができる。研究者の努力と研鑽は、湖南の思想と学問が現実世界で意味を失わない限り、永遠に続けられなければならない。

湖南執筆文の新たな発掘

最後に、近年、内藤文庫所蔵書簡以外にも、全集未収の書簡、また書画の題跋の新たな確認が相次いでいることに触れておきたい。たとえば、金程宇「内藤湖南全集補遺」（『域外漢籍叢考』中華書局、二〇〇七年）、印暁峰「湖南文存新補」（『内藤湖南漢詩文集』広西師範大学出版社、二〇〇九年）は、ともに漢詩文を収録している。印氏が「王叔明古木含秋図軸跋」を「北京保利国際オークション」の出品図録（『二〇〇八年秋季オークション中国古代書画専場図録』）中に発見していることに象徴されるように、いずれも、湖南と交流のあった人物の遺品・遺物を集めた資料集や、書画の目録類を出典としている。

『湖南』三六号（内藤湖南先生顕彰会、二〇一六年）の表紙に掲載された「識語」は、題跋に類するものである。これは、父・十湾が那珂梧楼から与えられ、内藤家で大切にしてきた二つの「便面（扇子）」に記された詩二篇に関して、その内容や評価を簡略に記し、内藤家の家学の由来を子孫に伝えようとしたものである（関西大学図書館内藤文庫所蔵）。

多田英俊「新村出と短歌——内藤湖南・柳田国男との交流から」（『嵯峨野高等学校研究紀要』一五号、二〇一四年）は、本書第二章で述べたように、湖南が同僚の新村出に宛てた病気見舞いの葉書を紹介している（新村出記念館所蔵）。

陶徳民・藤田高夫「内藤書簡研究の新しい展開可能性について」（『関西大学東西学術研究所紀要』四

七輯、二〇一四年）は、湖南関連書簡を、時代背景や周辺状況の解明を通じて、より深く理解しようとした意欲作であるが、湖南が斉藤実首相に宛てた新出書簡（清朝実録刊行経費に関する内容）を引用・紹介している（国立国会図書館憲政資料室所蔵）。

芳村弘道「内藤湖南の手書詩稿と全集未収書簡」（『書論』四一号、二〇一五年）は、芳村氏が「近頃、甚だ幸運にも」架蔵するに至った湖南の自筆詩稿（詩はすべて全集一四巻『湖南詩存』所収）と吉村犀江宛の書簡二通を紹介している。湖南と犀江はほぼ同年で、ともに歴史研究と教育に携わり、詩作を好む。かなり長文の書簡は、両者隠棲後の交友状況を知ることができる貴重な史料である。

杉村邦彦「内藤湖南の『謝行啓牋』を読む(1)」（『湖南』三六号、同前）は、湖南が秋田県会議長・山本修太郎に宛てた書簡を紹介している。内容は、大正一四年に時の皇太子が秋田県下へ行啓《ぎょうけい》（訪問）した際、湖南が山本にかわって行啓を奉謝するための文章「謝行啓牋《せん》」を代作し、その完成稿を送付した時の添え状である。「謝行啓牋」の漢文は全集一四巻、和文は全集六巻に収録されているが、この逸文により、代作の状況を具体的に知ることができる。

以上はいずれも、湖南に近づく貴重な手掛かりを提供している。

終章

湖南の面白さの意味——誠と恕の精神

1　湖南の至誠が読者を動かす

湖南はなぜ面白いのか。この素朴な疑問の解答を得るため、本書では六章にわたって、湖南の歴史叙述の特徴や思想的背景、テキスト理解の態度などについて探ってきた。その概要は、すでに序章で述べた通りであり、最後に、湖南の面白さが持つ意味について考えておきたい。

文章により社会を匡正し人々を覚醒させる

いま一度、確認すると、早期湖南の面白さは、読み進めるうちに読者が自ずと自身の生き方を振り返り、自己反省をせざるをえないような緊張感を有することにある。たとえば、「国家の将さに興らんとする必ず禎祥あり」（『大同新報』五号）の一節に次のように記されている。

況《いわ》んや吾党の力は微なり、弱し、智見《ちけん》は狭し、陋《いや》し、又強援の後を継ぐべきなく、富資の頼て事業を恢《おおい》にすべきあるにあらず、愚にして自ら揣《はか》らず、蚊虻《ぶんぼう》の山を負はんとするが如きあり、唯々聖天子の威霊に頼り、仏祖の遺誡を奉じ、天下愛国正義の士に訴へて、道義の光を発揮し、世の暗冥を照さんとするの外《ほか》他心あることなし、洵《まこと》に若し天下の憂に先《さきだち》て憂ふるの士、吾党と提携相援けて、腐敗の社会を洗滌《せんでき》し、世俗の酔眠を醒覚《せいかく》し非徒《ひと》を芟除《さんじょ》して、国礎を鞏固《きょうこ》にし（腐れ切った社会を浄化し、世の惰眠を目覚めさせ、無法者を取り除き、国家の基礎を盤石にする）……

天下に先立って憂うる士は、自らの非力・無力を顧みず、一心かつ愚直に、社会や国家のために前進すべし、と訴えている。また次の一節でも、理想実現（天職の完遂）に向かい、直面する困難や危険を回避せず、覚悟を持って実行すれば、いかなるものもそれを阻むことはできない、と鼓舞している。

難に遭て必ず避け、険に値て必ず逃れば、其の能力を磨礪《まれい》して、天の賦与せる職分を完《まっと》うする所以の者、将《はた》何《いずれ》の日にか之を成さん、故に為す有るの国民は、至危も患へざる所あり、至艱《しかん》も懼れざる所あり、篤く必至の命を信じて、而して奮って死地に投ず、是を以て其の鋒《ほこ》能く当るなく、其の勢能く遏《とど》むるなし（二巻三〇八頁）。

これらの文章から強く感ずるのは、自分は天に選ばれ、理想実現の大任を賦与されているという湖南の強烈な自負と矜持であり、まさに孟子の「今の世に当たりて我を舎《お》きて其れ誰ぞや」（公孫丑下）という語を彷彿とさせる。また「自由意志が成就せる徳義の堅実強忍は、人為の約束に聴従する操守の比にあらず」（一巻五四九頁。本書一一三頁参照）、あるいは「夫の士が自ら立つ所以よりすれば、必ず其の心志を困苦せしめ、その行為を拂戻《ふつれい》せしめ、艱難の間に玉成して、困頓《こんとん》の余に樹立す、尤も貴ぶべしと為す」（二巻二九五頁）の如く、意志や信念の貫徹に最大の価値を見出している。さらに、尊皇奉仏の徒の職分は、「心を欺かざるの言を言ひ、言に負《そむ》かざるの行を行ふ、退くに一身を以てし、進むに一身を以てし、以て天下の擾々《じょうじょう》たる者を攪醒《かくせい》せんこと」（『大同新報』一三号）、すなわち生命をかけて自らを欺かぬ言動を貫き、騒ぎ乱れる天下の民を覚醒させることであると記している。こうした文章に接するうち、読者は、湖南の熱い覚悟を感じ取ると同時に、覚えず知らず自己の生き方を顧みさせられることになる。

そもそも当時の湖南にとって、文学・文章とは、「社会の風尚の模型」、「人心道義の綱紀」、「社会を匡正」する道であり、文学者は、法律上の責任の外に徳義の責任を有する。それ故、腐敗堕落した社会を完美なる理想を以て点化《てんか》（啓発教化）して、「吾儂が国家の為、社会の為、世道人心の為、正義道徳の涙を揮《ふる》うべき」（一巻四六五頁）であるとしている。また文章は不朽の盛事であり、それを行うには「匡済《きょうさい》の力」、すなわち社会を糾し救う力が必要である（一巻六六七頁）とも述べている。

要するに、早期湖南は、経世の志を実行する唯一の手段としての文学・文章を通じて「腐敗の社会を洗滌し、世俗の酔眠を醒覚し非徒（匪徒）を芟除して、国礎を鞏固にする」という目的を実現しようとしていたのである。

誠意が人を動かす

しかも湖南によれば、社会を変え人を動かすために最も必要なものは、当事者の誠意であった。「誠意誠心」（大同新報一三号）なる一文では、「諄《くど》うも諄うも願はしきは誠意誠心のみ。誠の至るは天地をも動かすべし……誠をこめたる一滴の熱涙、丈夫児が腸を鎔《と》かしたる一行の血の雫《しずく》、同類の人間を泣かし得ぬことやあるべき」として、誠意誠心のみが人を動かし天地を動かす、とした。また、その名もズバリ「至誠而不動者未之有也」（一四号）でも、以下のように記している。

其誠実熱心なるに激まされて、能く力量には余らんと思ふ程の決心をも奮ひ起こすことあるべし……天下の公事を議せんとする者は、苟も一点の私心を其念頭に存すべからず……道は人に依て弘まり、其の人存すれば其の政行はる……至誠着実の心事行為を以てこれに処する……誠実なれ、熱心なれ、若《も》しさる人あらんには数人にて可なり、一人にて可なり。

このように早期湖南は、誠意によって行動すること、すなわち一切の私心をもたず、自己を裏切らず怠らず、ひたすら一事に専心して貫徹することに、無限の可能性を見いだしていた。至誠でさえあれば、たとえ一人でも、必ずや天下を動かし、道は開ける、というのである。このように考える湖南が、理想実現ための行動を他者にではなく自分自身に求める誠意を持って、また人間の善性を根底から信じて疑わぬ誠実さを持って表した文章は、そのひたむきな純粋さ（時に過激で激越な現実批判となる）が、自ずと読者に伝わり、共鳴・共感の情を懐かせ、さらには自らの脚下を見つめ直し、自己認識、自己反省を迫ることになる。

本書第二章で述べたように、湖南を含む幕末維新期の多くの人々は、『孟子』から大きな影響を受け、規定されていた。まさに、かの吉田松陰が『講孟劄記《さつき》』で、「此の語、孟子自任し千萬世に向ひて吾が輩を呼び醒すの語なり」（尽心下三八章）、あるいは「此の章、明白痛快、一語の論弁を待たず。唯《ただ》危坐朗誦すれば（ただ正座して大声で読みあげるだけで）、義勇の念、油然《ゆうぜん》として（さかんに）湧出するなり」（告子上一〇章）などと述べたように、孟子の至誠が彼らを動かし、奮起させていた。それと同様の関係が、湖南と読者の間にも生じ、読者は湖南の誠意によって動かされ、粛然として背筋を伸ばさざるをえなくなる。そこに、冷厳さを伴いつつも、爽やかな好ましさを感ずることができ、「面白い」という語を以て表現できるのである。

2　恕の精神と歴史の追体験

一方、研究者となってからの歴史叙述の面白さは、湖南自身が「古を論ずるの快は、之を其身其時に切にするより快なるはなし、尚友《しょうゆう》の義、実に此に存す」（一巻一四六頁）と述べているように、歴史的世界に没入し、同情と共感を以て観察・思考する湖南の方法によって、読者もまた臨場感を以て歴史的世界を追体験でき、時代と人間をリアルに感じ取ることができるという点にある。それを可能にしたのは、歴史的特徴をつかみ取る湖南の抜群の感性とテキストを当事者の立場に立って内側から理解しようとする「心知」の能力であった。たとえば本書第四章で述べたように、湖南が『韃靼《だったん》漂流記』の史料価値を高く評価したのは、「睿親王《えいしんおう》の来歴を知つて居る歴史家などには、誠に眼前に睿親王を見る心地が致します。さういふやうに、この漂流記は余程の面白味をもつて読むことが出来る」（八巻二三七頁）からであり、また「睿親王の人と為りが活動するやうな心持ちがする」からである（四巻四一四頁）。こうした史料が意図的に多用されることにより、読者も具体的なイメージとともに歴史を追体験できるのである。

恕の精神で古人を理解する

この意味での面白さは、研究者となる前、すなわち早期湖南の叙述からも感じ取ることができる。一例を挙げれば、「西行上人像賛」（『大同新報』九号）において、西行法師の短歌「すてはてて、身はなきものと、おもへども、雪のふる日は、さふくこそあれ」に、芭蕉が「花のふる日は、うかれこそすれ」なる二句を添えて賛としたことを取りあげて、「霊妙活動の趣、言ふべからず」としている。芭蕉の加えた二句によって、西行の和歌が霊妙に活動する面白さは、筆舌に尽くせぬとの意である。これに関連する記述が「消間雑記」（一巻五六四頁）にも見え、そこには、「芭蕉は西行兼好の作に平生枕藉（書物を大量に集め）して含英咀《がんえいそ》華《か》の境に達したれば、一転語を下して西行の面目を現前せしめる」とある。やや難解な「含英咀華」とは、この時期の湖南がしばしば用いた語で、韓愈「進学解」を典拠とし、思想や文化の極致を把握・吸収して自分のものとするの意である。たとえば、子思や孟子は諸文化の「英《はな》を含《ふく》み華《はな》を咀《くら》」った、あるいは、邦人も西洋の油絵から「英を含み華を咀」えば、「醸《かも》して而して新致を生ずべき」（一巻六三一頁）などとあり、本書で取りあげた「心知」の言い換えであると理解できる。

この理解が正しければ、湖南が述べているのは、西行を心知する芭蕉が加えた二句によって、西行の和歌（一切の執着を断ち切ったはずではあるが、なおも弱くて悲しい生身の人間の感覚が残ることを、いとおしさを込めて表白している和歌）が、湖南の中で霊妙に活動し、人間西行が眼前に浮かんでくる。その過程が筆舌に尽くせぬほどに面白い、ということである。湖南の読者もまた、芭蕉と湖南に導かれて西行を心知することができ、西行の心持ちを、自らのものとして追体験することになる。本書第四、五章で述べたように、章学誠は、心知、すなわち古人を理解するに際し、古代世界へと我が身を没入させ、当事者の立場で理解するというテキスト理解の方法を、「恕」の実践であるとした。

湖南はまた、芭蕉の俳文について、「一たび誦《よ》み過さば、苦茶《にがちや》一服両腋に風《かぜ》生ずる快味なきにもあらざるべし」（『大同新報』九号）とも述べているが、湖南の読者は、湖南が「恕」の精神を以て古人を内側から理解（心知）して感じ取った「快味」を、湖南の文章からそのまま受け取ることができ、それ故に面白いのである。

3 誠・恕と現代社会

このように湖南の文章は、湖南がその誠意を尽くし、恕の精神を最大限に発揮していたからこそ面白いのである。両者のうち、早期湖南の面白さの理由である誠意は、言うまでもなく、『中庸』や『孟子』が強調する、人として最も肝要な心のあり方、処世の道であり、孔子も同じことを、「篤く信じて学を好み、死を守りて道を善くす」（泰伯）、あるいは「内に省みて疚《やま》しいことがなければ、憂いも懼れも一切なく、それが君子の証である」（顔淵）などと表現している。また湖南の面白さのいま一つの理由は、古人（他者）は、現代人が己の価値観を一方的に押しつける形で理解されることを望むはずがない。それ故、古人が欲せざる観点ではなく、古人が望む古人の立場で理解すべし、という歴史認識に不可欠の態度、すなわち恕の実践にあった。言うまでもなく、恕とは、「己の欲せざる所を、人に施すことなかれ」（衛霊公）ということであり、人が終身の間、実行すべしと孔子が力説した徳目である。

つまり湖南の面白さとは、湖南が儒家思想を自らの処世の基盤におき、それを文筆生活において実践していたことに由来すると言えよう。ちなみに湖南の人となりについて、若い時期に関しては、「誠意の人なり。正直正太夫と云ふ者なり」（『亜細亜』六二号、明治二五年一〇月二四日、長沢別天評）、あるいは「温厚の君子人にして、其人を待つ、藹然《あいぜん》として親しむべし」（『万朝報』明治三四年一一月二六日、「当今の新聞記者」）といった記述が残されている。死後の追悼文でも、「寛容で温雅で親切で……先生と対座する時、自分までが、高格の人となり了《おわ》つたかの如く、思はれたものだ。かくの如き感を抱いたのは、恐く自分一人のみではあるまい」（工藤文哉「憶湖南先生」、『書芸』昭和九年九月号、平凡社）と回顧されている。さらに、湖南の最初の評伝の作者、青江舜二郎氏は、取材過程で湖南の「イキがかかっている」多くの人から受けた好意に感謝しつつ、彼らは一人の例外もなく「名利に淡泊で、自分の教養をひけらかさず、親切であたたかく、しかも率直で、生きることを楽しんでいる」と記し、湖南の最大の真価、一番の偉さは、「師としての人間たることにおいて、湖南ほどすばらしい存在はなかったということ」であると述べている（『アジアびと・内藤湖南』四四三頁、時事通信社、一九七一年）。いずれの評価もたんなる過褒ではなく、湖南が儒家思想を処世の基盤とし、その実践に努めていたことを正しく指摘している、と理解すべきであろう。同時に、学問や芸術の最終的な極致は、人格的に高尚でなければ到達しえない、という真理をあらためて確認できる。

以上の如く、湖南が儒家思想を処世の基盤とし、誠意と恕の精神とによって成し遂げた学問が、序章で紹介したように東アジア世界において、ゆっくりではあるが着実に浸透し、その著述が刊行・翻訳され続けていることは、いかなる理由によるのであろうか。その理由をつきつめれば、読者および読者の属する社会が、理想に向かう誠意を忘れ去り、他者に対する恕の精神を放棄しつつあり、人と社会を根底から支えてきたこれらの精神が機能不全に陥っている反面、それ故にこそ心の奥底からそれらを強く希求していることにある、と思われる。そこで、今少し、誠と恕について考えることにしたい。

文筆における修己治人

誠とは何か。理想主義としての儒家思想の最大の弱点は、自らを律する基準や規制力が、自分自身の心の力でしかないということである。そのため儒家思想においては、自らのたえざる努力、克己を要請し、常に自己を失わず裏切らないように、自分自身と戦うことが必要になる。自らと戦い己を裏切らず、理想を貫徹しようとする心が誠である。

つぎに恕とは、他者を責めることなく、そのまま認めることである。中国の碩儒・柳詒徴《りゅういちょう》『中国文化史』（正中書局、一九四八年）によれば、人が自らの人格完成のために終身行うべき道は、まさに恕であり、それにより人間関係のあらゆる不徳が解決できるという。

人類が共存するために、最も困難なことは、それぞれが心の安らぎを得ることである。あらゆる場面で、他者を責める心を以て自らを責めれば、自ずと落ち着き心安らかとなり、人に対する怨みや妬《ねた》みはなくなる。そうなれば他者もまた自分に対して、必ず和やかに接する。こうした処世の効能を、人ひとりの人生に止めることなく、世の中全体に行き渡らせれば、戦争や紛争、猜疑や詐偽など、あらゆる不徳を除き去ることができ、人類全体が互いに安らかに、生き続けていくことが可能となる。

儒家の目的は、「修己治人（己を修め人を治む）」、すなわち、まず自分自身の人格を確立して（修己）、それを他者に及ぼし他者を君子にすることにある（治人）。修己は誠によって可能となり、それを踏まえての治人は恕によって実現する。この意味において、湖南はまさしく孔孟の徒、儒者であったのであり、文筆において修己治人を実践していたのである。かくて湖南の面白さは、孔孟の徒としての湖南が、儒学思想の最も根底にある誠意を尽くし恕の精神を発揮したからこそ可能となったのであり、我々がそれらを希求しているが故に、面白く感ずる、という結論を導くこととなった。

4　理想の追求と不断の努力

それにしても、ここに至って特筆すべきは、湖南は自らが面白いと感じた歴史叙述に学び体得し、自身もそれと同様に面白い歴史叙述、すなわち人を動かし、過去の世界を眼前に浮かびあがらせるような叙述を行った、ということである。さらにまた、本書において、湖南の学問の特徴として私が述べたことの大半は、実は湖南自身があるべき学問や研究の姿として、簡潔ではあるが明確に口にしているということも強調しなければならない。生涯にわたって方法論の模索を自らに課していた湖南は、その膨大な著述の処々において、先哲・先学の学問や研究に言及し、自らの理想とする学問や研究のあり方について述べているが、その内容と本書で明らかにした湖南の学問の特徴とが重なっているのである。いま、湖南のそうした発言をいくつか簡単に見てみたい。

たとえば、中村敬宇の文集は、「内に充実せる者、溢れて而して文と為る」点において、他の文筆家の追随を許さず、その点こそ先生の文章の最も貴ぶべき所である。それ故、中村の文章を善く読めば、「文より大なる者が、温然たる和気の如く、身辺を繞《めぐ》る」ように感じ、たとえ些細な短文であっても、「大なる教訓」として受け取ることができる。また中村は「世人未だ読まざるの書」の価値を指摘して、読者の知見を広めたが、その博覧強記には驚嘆せざるをえず、学問的蓄積の深さが思い知られる、と絶賛している（「敬宇文集を読む」四巻四〇〇頁）。

中村に対する絶賛には、湖南が理想とする文章や学問のあり方が象徴されている。「内面を吐露した文章こそが最も貴重であり、短かくとも教訓たりうる。博覧強記であってこそ、未知の書物の価値を弁別できる」。これらは本書において湖南の学問について述べた所と全く一致している。

湖南はまた同時代の碩儒・根本通明について、「頭髪の末端より足の爪先に至るまで尽《ことごと》く経義註疏」（一二巻二六五頁）であると評する。さらに、その『経史講義』なる著作に対して、「純然たる旧説を純然たる老儒者に就いて聴く」べきであるとし、「儒道の耆宿《きしゆく》碩学」の大半が世を去った明治なかばにおいて、なお残る老儒達が汲々と世に迎合している中、ひとり根本は「老て而して惓々《けんけん》怠らず、介然孤立、其の道とする所を固信して、苟も曲げて世に阿《おもね》らず、清貧憂へざる」（本書一二三頁）と、その処世を激賞している。

根本の学問的蓄積と人格・見識に対する崇敬の言葉は、まさに湖南が目指すべき学問と処世を象徴しており、それはまた本書で述べた湖南の学問、処世とも重なる。

湖南はさらに明治期の人物評論で知られた鳥谷部春汀について、「評論の目的たる人物と同一地平に立て、其の前後左右より観察し、其人の如く其人を写すに有りと謂ふべき」（『万朝報』明治三一年一二月一四日）と述べている。ここで湖南が評価する鳥谷部の評論の方法とは、本書で見た如く、その人物と同一の地平に立ち、共感的に理解することを重視した湖南自らの人間理解の核心的方法そのものであった。

先学の学問や研究に対するこうした湖南の発言を網羅し、それらと湖南自身の学問との関係を考察することは今後の課題としなければならない。しかし上に挙げたわずかの例からだけでも、極めて重要なことが指摘できる。すなわち、湖南が理想として志向した学問や研究の方法は、本書で詳述した湖南自身の学問や研究のそれと一致している。つまり湖南は若い頃から晩年に至るまで理想とする学問のあり方を模索し続け、生涯を通じての絶えざる研鑽によって、それらを自分自身の学問として体現・体得していた、と言えるのである。常により高い理想を追求し、実現へ向けての努力を絶えず継続する、それが湖南の学問であり、人生であった。湖南を碩学・湖南たらしめた理由としては、幕末維新期の時代や社会の状況、さらには父祖や先輩諸氏の影響も当然考慮しなければならないが、その最大の要因は、湖南自身の努力研鑽にあったのである。研究者として、人として、湖南から学ぶべき最も厳粛にして肝要なる一点を確認したところで、本書における考察の区切りとしたい。

あとがき

私が、湖南を真剣に読み始めたのは、不惑の年、四〇を過ぎた頃からである。しかし不惑とは名ばかりで、当時の私は、専門である中国古代文化の研究において、自分なりの視点や方法の確立の必要性を強く感じていた。奇しくもその頃、湖南研究会に参加して、湖南の学問と正面から向き合うことになった。参加理由は後に述べることとして、研究会で湖南を読み進め、その学問を少しずつ理解するとともに、湖南研究によって学ぶべきは、湖南が成し遂げた個々の業績の内容にとどまらない。それと同時に、自らの視点や方法の確立に資すべく、湖南の学問自体を吸収して自らの一部とし、湖南のように中国を理解しなければならない。より端的に言えば、湖南から中国研究の方法を学び、湖南以上に中国を理解したいと考えるようになった。こうした観点から湖南の学問に臨み、この二〇年の間に執筆した論文をまとめたのが本書である。

私に本書刊行の契機、より正確に表現すれば湖南研究の機縁と条件を与えていただいた方々に対する感謝の言葉を記して本書を閉じることとしたい。

まず第一には、故谷川道雄先生に対してである。正直に告白すれば、当初、湖南に対する私の興味は極めて希薄であった。修士一年の時、湖南関連の豊富な資料と論考を満載した『書論』一三号が刊行され、先生をはじめ名古屋大学東洋史研究室の先輩諸氏が目を輝かせて湖南談義をされている場に何度も遭遇した。しかし、その頃の私の湖南に対するイメージは、「ちょっと書道がうまい大昔の学者、しかも反動的な」といった程度で、要するにほとんど何も知らず、せっかくの談義の輪には入れなかった。熱い議論をよそ目に、こそこそと、その場を抜けてソフトボールに出かけた記憶すらある。

その後、一九九〇年代半ば、先生が内藤湖南研究会を主宰され始めて一年が過ぎた頃、お誘いを受け私も参加させていただくことになった。しかし、その時点においても、湖南はなお縁遠い存在であり、上記の印象を大幅に変えるには至っていなかった。にも拘《かか》わらず、参加した理由は、湖南研究のためではなく、「大好きな」谷川先生に一月に一度お会いして改めて謦咳《けいがい》に接する機会を得ることにあった。そのため厚かましくも、毎回必ず先生のすぐ隣の席を独占し続けた（先生の最後のご参加に至るまで）。今の時点で研究会をふり返ると、それは湖南理解を通じて、先生ご自身の人生観、学問観、さらには研究姿勢、研究方法などを学ばせていただく機会にほかならなず、ある意味で学生時代の演習授業の再現であった。

このようなわけで、研究会に参加した頃は、自分が将来、湖南に関する論文を書物にまとめることなどは、まさに夢想だにできなかった。しかし、研究会に出席し、湖南の文章をかなりランダムに読み続け、会員諸氏の研究発表を聞き、時には自分でも報告を行い、またそれらに対する先生独特の啓発的な、豊かで深く、かつまた鋭く厳しい解釈や解説、時には過激かつアイロニックな放談を拝聴しているうちに、上記の湖南イメージは完全なる誤りであると悟るとともに、湖南の学問の面白さや深さを感ずるようになっていった。

先生の晩年における湖南研究の意図が、湖南の学問の理解と顕彰にあったことは言うまでもない。しかし同時に、それを通じて、日本における中国認識ならびに中国研究の閉塞状況を打破すること、さらには、中国や日本社会のあるべき姿の方向性を模索することを強く念頭に置かれていた。そのため先生は、演習授業における「レポート提出」同様、絶えず我々会員に対して湖南研究の成果を形にすることを求め続けた。また、必ずしも完全ではなくとも、研究会として湖南像、あるいは湖南研究の意義について共通の認識を持ったうえで、会員個々がテーマを定めてそれぞれの成果を出し、積極的に世に問うべきである、と強く考え実践しようとされた。そうした先生の思いに動かされ、引きずられていくなかで、結実したのが『内藤湖南の世界』、ならびに『研究論集・内藤湖南研究』（第五集）、『研究論集・現代中国農民運動の意義』（第一〇集）などである。いずれも、それぞれの時点における段階的な成果ではあったが、研究会としての努力が、ゆっくりではあれ前に向かって続けられていることに、先生は満足されているように見えた。

私もまた会員の一人として、先生から「それをやるのが君の天職ではなかったのですか」などと叱咤（恫喝?）されて書いたのが、湖南の面白さにこだわった論文（本書第三章）であり、また上記『研究論集』に載せた「『玉石雑陳』解題と翻訳」と「中国における国家と民の関係」である。先生が亡くなられた年の五月、「検査入院（先生の表現）」をされる直前に、お電話をいただき、『商君書』など法家の文献に見える「自治」という言葉の意味、ならびに、その語を湖南が主張する郷団自治など中国社会における農民問題一般との関係でどう理解すべきか、とのお尋ねがあった。突然のことであり、法家の「自治」は、権力に従うことをよしとする主体性のない自治なのでは、といった程度の常識的な考えしか思い浮かばず、電話を切ってから、やや悔やまれた。しかし、先生との最後の対話は、決してお尋ねなどではなく、湖南がそうであったように、中国社会の歴史は現代社会の問題と結びつけて考察すべし、というご指導であった、と今になってようやく気づくことができた。

要するに私の湖南研究は、谷川先生の学恩なくしては存在しえなかったのである。学生時代以来、ほぼ四〇年間、公私にわたり絶えず導いていただいた幸運を改めて感謝している。湖南研究会に属していた二〇年近くの間、色々とお世話をいただいた河合塾・河合文化教育研究所の方々、また親しくお付き合いいいただいた湖南研究会の諸氏に、深謝の意を表したい。

湖南研究を行うようになってから、湖南研究会以外の方々にも様々な形でお教えいただき、たくさんのことを学んだ。すべての方のお名前を挙げることはできないが、とくに陶徳民氏（関西大学）には、かつて譚汝謙氏が湖南研究会で講演をされた際にお近づきになって以来、頻繁にご指導いただいている。さらに、陶氏に与えていただいた機会に出会った銭婉約氏（北京語言大学）、呉偉明氏（香港中文大学）からも、学問的な刺激を与えていただくこととなった。連清吉氏（長崎大学）には、湖南を近代日本思想史に位置づけることの必要性・重要性を気づかせていただいた。

やはり陶氏のおかげで、大里浩秋先生から何度も私の発表や報告にコメントをいただくこととなり、大所高所からのあたたかいご鞭撻を仰いでいる。陶先生が企画された天津のシンポジウムでは、内藤湖南先生顕彰会の勝田尚、小田嶋隆一両氏の知遇を得、さらに、そのご縁から鹿角の高木英子、高木豊平両氏とお近づきになることができた。これらの諸先輩方のご厚情によって、湖南生誕の地である鹿角・毛馬内の文化や風土、さらには南部藩、縄文以来の東北について大きく目を開くことができた。

末筆となってしまったが、湖南の嫡孫、内藤泰二氏には、唐突な申し出にもかかわらず、湖南の書簡の撮影および公表について、寛大なお許しと温かいお心遣いをいただいた。関西大学図書館内藤文庫には、貴重な資料の閲覧に便宜をはかっていただいた。膨大な資料を厳密に整理分類したうえで、丁寧かつ周到に保管されていることに、敬意とともに感謝の意を表したい。また、第六章の執筆にあたり、内藤湖南先生顕彰会の方々による書簡解読文を参照させていただいた。ご配慮に衷心より感謝申し上げたい。山口県立山口図書館にも、様々に便宜をはかっていただき、謝意を表したい。筑摩書房の松田健氏には、多方面に目配りをしつつ、キビキビと編輯作業を進めていただくとともに、当初は、たんに六篇の学術論文を寄せ集めただけの状態であった原稿を、より幅広い読者を念頭に置いたものに改めるため、また、曲がりなりにも一冊の書物としての形に整えるために、文字通り身を削っての御尽力をいただいた。

これらの方々のご指導に深謝するとともに、将来においても同様の鞭撻をいただけることを心より願っている。今後の湖南研究においては、近代日本思想史の文脈に位置づけたうえで湖南を理解することに主眼を置いていきたい。あわせて先秦史研究においては、本書で考察した湖南史学の特徴を可能な限り学び取り、自らの糧としていきたい。力足らざる者は、中道にして廃す、を戒めとして。

二〇一六年一〇月一〇日

高木智見

初出一覧

序章　今こそ内藤湖南――湖南とは何者か
新稿

第一章　中国学者・湖南の誕生――湖南はいかにして「湖南」になったのか
「早期湖南の学問と思想――『内藤湖南全集』未収録文を中心として」、『山口大学文学会志』六六巻、一～一七頁、二〇一六年三月。

第二章　孟子と湖南――早期湖南はなぜ激越だったのか
「早期湖南と孟子の思想（上）」、鹿角市先人顕彰館『湖南』三六号、一～三〇頁、二〇一六年五月。（下）は、同誌三七号に掲載予定。また中国語訳「早期内藤湖南和孟子思想」（銭婉約氏訳）が、北京外国語大学『漢学研究』二〇一六年秋冬巻ならびに二〇一七年春夏巻に掲載予定。本稿は、二〇一五年九月一三日開催・鹿角市先人顕彰館シンポジウム「現代に生きる湖南」の参加論文「少年湖南と孟子の思想」ならびに二〇一五年一〇月二三・二四日開催・香港中文大学シンポジウム「近代日本における中国学――漢学から支那学への変容」参加論文「早期湖南と孟子の思想」に加筆訂正を加えたものである。なお香港中文大学におけるシンポジウムの成果が台湾大学日本学叢書の一冊として二〇一六年度中に刊行されることとなり、本稿の主要論旨に若干の新たな知見を加えて執筆した論文「孟子の思想と早期湖南」を掲載予定である。

第三章　歴史認識とその背景――湖南はなぜ面白いのか
「内藤湖南の歴史認識とその背景」、谷川道雄編『内藤湖南の世界』河合文化教育研究所、三六～七二頁、二〇〇一年三月。なお同書の中国語版『内藤湖南的世界』（三秦出版社、二〇〇五年）の刊行に伴い、本論文も「内藤湖南的歴史認識及其背景」（馬彪氏訳）として収録された。

第四章　湖南史学の形成――面白い歴史はいかにして書かれたのか

「湖南史学の特徴と形成」、関西大学文化交渉学研究拠点『東アジア文化交渉研究』別冊三号、七五～一二八頁、二〇〇八年一二月。なお本稿は、二〇〇八年六月二八日開催関西大学シンポジウム「内藤湖南への新しいアプローチ・文化交渉学の視点から」の参加論文として執筆した。

第五章　湖南史学の核心・心知――テキストはいかに理解するのか

「『支那人に代つて支那の為めに考える』再考」、『研究論集』第一一集、一二七～一四三頁、二〇一四年三月。なお本稿は、二〇一三年九月二八日開催南開大学国際シンポジウム「近代における中国と世界の相互認知・内藤湖南と中国」の参加論文として執筆した。

第六章　湖南を以て湖南を読む――湖南執筆文をいかに鑑別するのか

新稿。本稿は、妻・高木尚子との共著である。

終章　湖南の面白さの意味――誠と恕の精神

新稿

人名索引

［ア］

［カ］

［サ］

［タ］

［ナ］

［ハ］

［マ］

［ヤ］

［ラ］

高木智見（たかぎ・さとみ）
一九五五年生まれ。専門は中国先秦文化史・中国古代思想。名古屋大学大学院博士課程修了。現在、山口大学人文学部教授。著書に『先秦の社会と思想』（創文社）、『孔子――我、戦えば則ち克つ』（山川出版社・世界史リブレット人）、訳書に『中国出土文献の世界』（創文社）、『伝統中国の歴史人類学』（知泉書館）、『歴史激流楊寛自伝』（東京大学出版会）などがある。

内藤湖南《ないとうこなん》
近代人文学《きんだいじんぶんがく》の原点《げんてん》

二〇一六年十一月十日　初版第一刷発行

著　者　高木智見《たかぎさとみ》
発行者　山野浩一
発行所　株式会社筑摩書房
東京都台東区蔵前二―五―三　〒一一一―八七五五
振替〇〇一六〇―八―四一二三
印　刷　三松堂印刷株式会社
製　本　加藤製本株式会社

ISBN978-4-480-84744-7　C0020

乱丁・落丁本の場合は、左記あてにご送付ください。
送料小社負担でお取り替えいたします。
ご注文・お問い合わせも左記へお願いいたします。
筑摩書房サービスセンター　電話番号〇四八―六五一―〇〇五三
さいたま市北区櫛引町二―六〇四　〒三三一―八五〇七